Embedded Linux Projects
Using Yocto Project Cookbook

Embedded Linux Projects Using Yocto Project Cookbook

임베디드 리눅스 전문가들의 Yocto 노하우 70가지 레시피

알렉스 곤잘레스 지음 | 배창혁 · 손현수 · 조주희 옮김

추천의 글

임베디드 시스템 분야의 지난 15년을 되돌아보면 모든 것이 빠르게 변해왔다. 임베디드 시스템은 점점 더 강력해지고 새로운 기능을 도입해 왔다. 오늘날 수년 전의 데스크톱 컴퓨터와 견줄 만한 1GB 램과 수 GB의 저장 공간을 가진 임베디드 쿼드 코어 시스템을 볼 수 있다. 요즘에는 임베디드 시스템의 요구 사항이 저전력, 그래픽 가속, 멀티미디어 기능, 충분한 저장 공간 등이라는 점은 자연스러운 일이다.

소프트웨어 측면에서 15년 전을 되돌아보면 그 당시 리눅스가 동작하는 임베디드 시스템은 가장 밑바닥에서부터 시작하는 자체 개발이었음을 알 수 있다. 주요 동작성은 디바이스를 부팅하고 디자인한 특정 애플리케이션(일반적으로 그래픽이 아닌)을 실행하는 것이었다. 당시 일반적인 시스템은 기본 사용자 공간과 특정 애플리케이션이나 애플리케이션 집합으로 최소한의 리눅스 커널, 작은 C 라이브러리(uclibc), 비지박스BusyBox를 갖고 있었다.

하드웨어가 더욱 강력하고 더 많은 기능을 가짐에 따라 소프트웨어 요구 사항도 함께 증가했다. 데비안이나 우분투 같은 주로 데스크톱용으로 고안한 배포판을 실행하기에 충분할 만큼 강력해진 임베디드 시스템에서 더 이상 최소한의 소프트웨어 패키지 집합(uclibc, BusyBox, 커맨드라인 애플리케이션)을 빌드하는 것과 같이 간단하지 않다. 이제 여러 윈도우 시스템(X11, Wayland 등)이나 그래픽 라이브러리(Qt, GTK 등)를 선택해야 한다. 하드웨어가 비디오 처리(VPU)나 그래픽 처리(GPU)를 위한 전용 장치를 갖고 있고, 자신의 펌웨어로 동작할 것이다.

이런 모든 별도의 복잡함이 임베디드 시스템 소프트웨어 개발자로 하여금

일을 쉽게 해주고 개발 속도를 높이는 새로운 도구를 찾게 한다. 이것이 여러 리눅스 빌드 시스템이 나타나기 시작한 전후 사정이다.

처음에 등장한 빌드 시스템은 uClibc 프로젝트에 기원을 가진 빌드루트^{BuildRoot}다. 빌드루트의 초기의 목표는 테스트로 uclibc 라이브러리 기반의 루트 파일 시스템을 생성하기 위함이었다. 빌드루트는 설정 도구로 kconfig와 Makefile 구조에 기반을 두고 있고, 빌드하기 전에 여러 소프트웨어 패키지에 패치를 적용한다. 요즘 빌드루트는 여러 아키텍처를 지원하고 루트 파일 시스템, 커널, 부트로더 이미지를 빌드할 수 있다.

이후에 오픈임베디드^{OpenEmbedded}가 나타났다. 리눅스 배포판 빌드를 위한 것이기 때문에 목표는 약간 달랐다. 오픈임베디드는 비트베이크^{BitBake} 빌드 엔진에 의해 해석한 레시피^{recipe}에 기반을 둔다. 비트베이크는 Portage(젠투의 배포 패키지 관리자)에서 파생한 도구다. 오픈임베디드의 흥미로운 특징은 패키지들 사이에 의존성을 지정할 수 있고 나중에 비트베이크가 모든 레시피를 파싱하고 의존성을 만족하는 올바른 순서로 태스크^{task}(오픈임베디드에서 일의 단위) 큐를 생성한다는 점이다. 오픈임베디드로 생성한 두 예제 배포판이 Angstrom과 OpenMoko다.

또 다른 오픈임베디드에 기반을 둔 배포판은 포키^{Poky} 리눅스다. 포키는 욕토^{Yocto}가 배포하는 방식이다. 욕토 프로젝트는 리눅스 기반의 임베디드 시스템 빌드에 도움을 주는 도구를 제공하는 것을 목표하는 오픈소스 프로젝트다. 욕토 프로젝트 아래에 포키, 비트베이크 빌드 엔진, 오픈임베디드 코어^{OpenEmbedded-Core} 같은 여러 소프트웨어 프로젝트가 있다. 이것들은 주요 프로젝트지만, 결코 단순한 프로젝트가 아니다. 이 새로운 발달 단계에서 포키는 오늘날 욕토의 빌드 시스템이고, 바탕에 오픈임베디드 코어 메타데이터(레시피, 클래스, 설정 파일)와 비트베이크 빌드 엔진을 사용하면서 욕토 프로젝트의 레퍼런스 시스템이 됐다. 이것 때문에 개발자들은 포키 빌드 시스템과 욕토 프로젝트를 혼란스러워 한다.

포키는 임베디드 시스템 개발 팀을 위한 거의 완벽한 솔루션이다. 특정 하드웨어를 위한 배포판을 생성하며, 소프트웨어 개발 키트^{SDK}도 생성한다. 이 소프트웨어 개발 키트는 나중에 리눅스 시스템에서 실행할 사용자 공간 애플리케이션을 컴파일하기 위해 팀의 다른 개발자가 사용할 수 있다. 포키는 다른 빌드 시스템에 비해 진입 장벽이 있다.

알렉스 곤잘레스$^{Alex\ Gonzalez}$의 『Embedded Linux Projects Using Yocto Project Cookbook』은 진입 장벽을 극복하는 데 큰 도움이 된다. 이 책의 유용한 강조 부분과 짧게 느껴지는 예제(레시피) 유형에 있는 구조는 임베디드 제품을 빌드할 때 마주칠지 모를 문제를 해결하는 데 도움을 준다.

이 책을 통해 배우고 즐겨라. 투자한 시간에 대한 보답으로 욕토 프로젝트를 이용한 임베디드 시스템 개발에 대한 더 깊은 지식을 얻을 것이다.

자비어 비게라(Javier Viguera)

디지 인터내셔널(Digi international)의 임베디드 소프트웨어 기술자

지은이 소개

알렉스 곤잘레스 Alex Gonzalez

디지 인터내셔널Digi international의 소프트웨어 엔지니어링 감독관이고, 디지Digi 임베디드 욕토 배포판의 관리자 중 한 사람이다.

1999년에 전문적으로 임베디드 시스템 일을 시작했고, 2004년에 리눅스 커널에 IP 네트워크를 통한 음성과 영상을 위한 제품 디자인을 시작했다. 그 후 관심사는 M2M 기술과 사물 인터넷으로 이어졌다.

스페인의 빌바오Bibao에서 태어나서 자랐고, 영국에 두 번째 집을 보유하고 있다. 그곳에서 10년 넘게 살고 있고, 포츠머츠Portxmouth 대학에서 통신 시스템 석사 학위를 받았다. 현재 라 리오하La Rioja(에브로 강 와인 생산 계곡이 있는 북부 스페인 지역 - 옮긴이)에 살고 있고, 사진과 좋은 리오하 와인을 즐긴다.

헌신적으로 욕토 프로젝트를 진행하는 욕토, 오픈임베디드 커뮤니티, 이 책의 근간인 프리스케일 BSP 커뮤니티 레이어 개발에 참여하는 모든 사람에게 감사의 말을 전한다.
또한 시간과 공간, 그리고 이것을 가능하게 지원해준 나의 가족에게 감사한다. 특히 자신감을 갖게 해준 어머니께 감사드린다.

기술 감수자 소개

버트 얀츠 Burt Janz

1975년에 미 해군에서 마이크로컴퓨터를 처음 조립한 이후로 컴퓨터 시스템 개발에 참여하고 있다. 1980년 초 NIX 시스템에 대한 디바이스 드라이버와 저수준 인터페이스 개발을 시작으로 30년 넘게 복잡한 소프트웨어 제품을 고안하고 있다. 그의 전문 분야는 저수준 운영체제 내부 및 디바이스 드라이버 디자인과 구현, 임베디드와 소형 장치를 위한 복잡한 애플리케이션, 정부와 엔터프라이즈 시스템을 포함한다.

1988년에 프랭클린 피어스Franklin Pierce 대학을 좋은 성적으로 졸업하고, 낮에는 임베디드 및 엔터프라이즈 소프트웨어를 개발하면서 야간에는 다니엘 웹스터 대학Daniel Webster의 교육 프로그램에서 11년 동안 겸임 교수를 역임했다. 커리큘럼은 컴퓨터 기본 소개에서 프로그래밍 언어(C, C++, 자바), 네트워크 이론, 네트워크 프로그래밍, 데이터베이스 이론, 인공지능 시스템의 스키마 디자인에 이르는 영역을 포함한다. 동시에 잡지에 칼럼이나 여러 기술 논평을 기고해 왔다. 또한 1994년에 이그드라실Yggdrasil 리눅스 배포판의 첫 번째 관리자 중 한 사람이었다.

리드 아키텍트로서 완벽한 임베디드나 엔터프라이즈 수준의 소프트웨어 시스템을 설계했으며, 새로운 제품에 대한 요구 사항 수집 및 디자인 단계에서부터 완성이나 고객으로의 배포 단계까지의 작업을 이끌어 왔다. x86, 68xxx, PPC, ARM, SPARC 프로세서에 대한 경험이 있으며, 커널 스레드와 kmods, 오픈 펌웨어 디바이스 트리, 새로운 하드웨어를 위한 드라이버, FPGA I/P 코어 인터페이스, 애플리케이션, 라이브러리, 부트 관리 코드를 계속해서 작업하고 있다.

bhjanz@ccseninc.com, burt.janz@gmail.com, 링크드인을 통해 그와 직접 연락할 수 있다.

데이브 (장) 티안 Dave (Jing) Tian

플로리다Florida 대학의 컴퓨터 정보과학 엔지니어링 학과의 대학원 연구원이자 박사 과정 학생이고, SENSEI 센터의 창립 멤버다. 연구 방향은 시스템 보안, 임베디드 시스템 보안, 신뢰 컴퓨팅trusted computing 및 보안을 위한 정적 코드 분석과 가상화 분야다. 리눅스 커널이나 컴파일러 해킹에 관심이 있고, AI와 머신 러닝에도 많은 시간을 보냈으며, 오레곤Oregon 대학에서 파이썬과 운영체제를 가르쳤다. 이전에는 약 4년 동안 알카텔 루슨트Alctel-Lucent의 LCPLinux Control Platform 부서에서 소프트웨어 개발자로 근무했다. 업무는 연구 개발 업무였다. 중국에서 전자 공학 학사와 석사를 취득했다.

root@davejingtian.org로 연락하거나 http://davejingtian.org 홈페이지를 방문하면 그와 만나볼 수 있다.

임베디스 리눅스와 욕토를 위해 좋은 일을 하고, 이런 좋은 책을 리뷰할 기회를 제공한 저자에게 감사의 말을 전한다.

자비어 비게라 Javier Viguera

플로피 디스크로 집에 있는 컴퓨터에 슬랙 웨어^{Slack ware} 리눅스를 설치한 1990년 중반 이후로 리눅스 팬이 됐다. 이는 하나의 디딤돌이 됐다. 대학의 컴퓨터 연구실에서 두 시간 동안 사용하기 위해 비행기로 이동하는 대신 집에서 편안하게 프로그래밍 연습을 수행할 수 있었기 때문이다.

정보통신 석사 학위와 컴퓨터공학 학사 학위를 보유하고 있고, 현재 저자와 같이 임베디드 소프트웨어 기술자로서 디지 인터내셔널에서 근무 중이다. 이전에 디지 임베디드 리눅스 관리자 중 한 사람이었고, 현재 디지 임베디드 욕토의 관리자다.

스페인 라 리오하^{La Rioja}에 살고 있다. 여가 시간에 좋은 고전 영화를 보는 것을 좋아한다. 그러나 비행기와 항공에 대한 팬이기 때문에 하늘에서 그를 볼 수도 있다. 여전히 개인 비행기 조종사 라이선스를 취득하는 꿈을 갖고 있다.

옮긴이 소개

배창혁 (locust2001@gmail.com, http://www.linkedin.com/in/locust2001, http://www.yocto.co.kr/)

현재 LG전자 소프트웨어 플랫폼 연구소에서 빌드/시스템 개발자로 근무하면서 SCM 관련 업무를 하고 있다. GDP^{GENIVI Development Platform}의 메인테이너, 오픈임베디드 TSC^{Technical Steering Commitee} 멤버로 활동 중이며, LG전자를 대표해 Yocto 프로젝트 이사회 멤버로 참여하고 있다. 에이콘출판사에서 출간한 『Yocto 프로젝트를 활용한 임베디드 리눅스 개발』(2014), 『BeagleBone Black을 사용한 Yocto 프로젝트 활용』(2015)을 번역했다.

가장 먼저 저를 항상 응원해주는 사랑하는 아내 승희와 매일 집에서 행복을 만끽하게 해주는 네 살 딸 소은이에게 진심으로 감사의 말을 전하고 싶습니다. 그리고 언제나 든든하게 지원해주는 가족들과 많은 관심을 가져준 회사 동료들에게도 감사의 인사를 드립니다. 마지막으로 번역에 흔쾌히 응해준 손현수 님, 조주희 님, 그리고 에이콘출판사에 깊은 감사를 드립니다.

손현수 (earnest.son@gmail.com)

LG전자에서 16년간 근무하면서 아날로그 TV에서 시작해 디지털 TV를 거쳐 스마트 TV까지 TV의 변천사와 함께 해오고 있으며, 언제나 변화를 두려워하지 않는 용기를 가진 엔지니어가 되기 위해 오늘도 노력 중이다. 우연한 기회로 욕토를 접하게 됐으며, 이와 관련된 TV 개발 업무를 수행하고 있다.

이렇게 번역을 통해 좋은 지식을 나눌 수 있게 돼서 기쁘고 이 일을 할 수 있게 옆에서 도와준 행복의 원천이며 내 삶의 원동력인 가족에게 고마움을 전하고 싶습니다. 또한 공동 역자인 배창혁, 조주희 님 그리고 에이콘출판사 관계자 여러분께도 많은 감사를 드립니다. 그분들의 도움으로 번역을 시작하고 끝을 맺을 수 있었습니다.

조주희 (juhee.cho212@gmail.com)

LG전자 HE연구소에서 욕토 기반의 TV 소프트웨어 빌드 시스템 개발 관련 업무를 하고 있다. 욕토 노하우를 활용해 소프트웨어 개발 환경을 개선하고 있으며, 빌드 시스템 커스터마이즈를 통해 개발 업무를 효율화할 수 있는 방안에 대해 고심 중이다.

번역 작업을 통해 많은 것을 배울 수 있었습니다. 이 책의 번역을 제안해준 배창혁 님께 감사드리고, 함께 작업한 손현수 님께도 감사드립니다. 오랜 시간 공들여 검토해주신 출판사 분들, 귀한 시간 들여 리뷰에 도움을 준 회사 동료들께도 감사드립니다. 마지막으로 항상 저를 응원해주는 가족들과 친구들에게 감사의 말을 전하고 싶습니다.

옮긴이의 말

가전, 모바일, 차량, IoT 등 산업 전반에 걸쳐 임베디드 리눅스를 채택하는 움직임이 확산되고 있다. 특히 차량용 인포테인먼트^{infortainment}와 텔레메틱스 ^{telematics} 분야에서는 기존 RTOS 등에서 임베디드 리눅스로 옮겨 가려는 움직임이 더욱 거세지고 있다.

욕토^{Yocto} 프로젝트는 임베디드 리눅스 프로젝트를 위한 툴체인, 커널과 BSP, 애플리케이션의 통합된 개발 환경을 지원하는 좋은 솔루션이다. 임베디드 리눅스 프로젝트에 욕토를 활용하면 최신 버전의 툴체인과 보안 패치가 적용된 오픈소스 컴포넌트를 비교적 쉽게 제품 개발에 적용할 수 있다. 또한 검증을 거친 공개된 소프트웨어를 자신의 프로젝트 빌드 환경에 쉽게 포함시킬 수 있다. 이처럼 욕토 프로젝트는 확장성 높은 개발 환경을 제공하지만, 추천의 글에서도 언급했듯이 개발자가 욕토 활용 노하우를 익히기까지의 진입 장벽이 높은 편이다.

이 책은 욕토 레시피의 기본 문법을 자세하게 다루지는 않는다. 하지만 임베디드 리눅스 시스템 개발을 위한 BSP 레이어, 소프트웨어 레이어, 애플리케이션 개발 시나리오에 맞는 다양한 예제(레시피) 작성 사례를 단계별로 보여준다. 저자는 책에 언급된 사례들을 통해 실제 개발에서 부딪히는 문제를 해결하기 위한 노하우를 공유하고, 욕토에서 제공하는 다양한 이미지 특성 ^{feature}을 설명하며, 이를 손쉽게 빌드에 포함시키는 방법을 소개한다. 이 책을 읽고 나면 개발자는 요구 사항에 맞는 이미지를 구성하는 방법을 배울 수 있다.

이 책을 임베디드 리눅스 시스템 개발자뿐만 아니라 임베디드 리눅스 제품 배포판의 커스터마이즈 방법을 고민하고 있는 개발자에게도 권하고 싶다. 이 책을 통해 실전에 적용하기 위한 욕토 활용 방법을 체득할 수 있기를 바란다.

옮긴이 일동

차례

4 애플리케이션 개발   219

5 디버깅, 추적, 프로파일   309

들어가며

오늘날 리눅스 커널은 많은 임베디드 제품의 중심이다. 지난 10년 동안 서버 시장 주도에서 임베디드 시스템은 가장 많이 사용하는 운영체제로 발전했다. 그러던 중 리눅스는 진화했고 임베디드 산업에는 다음과 같은 몇 가지 독특한 특징이 있다는 점을 알게 됐다.

- 리눅스는 새로운 기술을 빠르게 수용하고 최초로 혁신이 일어나는 곳에 있다.
- 강력하며, 개발 커뮤니티는 문제에 대해 빠르게 반응한다.
- 안전하고 비공개 경쟁 제품에서 훨씬 빠른 방식으로 취약점을 발견하고 처리한다.
- 오픈돼 있어서 회사에서 소유하고, 수정하고, 기술을 이해할 수 있다.
- 마지막으로 리눅스는 무료다.

이러한 모든 것이 리눅스를 임베디드 개발을 위한 매력적인 선택 조건으로 만든다.

그러나 동시에 임베디드 리눅스 제품은 리눅스 커널 자체만이 아니다. 회사는 운영체제 위에 임베디드 시스템을 빌드할 필요가 있고, 그것이 욕토Yocto기 있기 전까지 임베디드 리눅스를 어렵게 만드는 부분이었다.

욕토 프로젝트는 임베디드 시스템 개발에 모든 리눅스의 이점을 가져왔고, 임베디드 제품을 빠르고 신뢰할 수 있으며 통제 가능한 방법으로 개발하게 하는 표준 빌드 시스템을 제공한다. 리눅스가 임베디드 시스템에 강점이 있는 것처럼 욕토도 다음과 같은 특징이 있다.

- 욕토는 최신 소스를 사용하고 제품의 보안 취약점을 빠르게 대응하는 방법을 제공하기 때문에 안전하다.
- 문제에 대해 빠르게 반응하는 거대한 커뮤니티가 있기 때문에 강력하다.
- 오픈돼 있어 회사에서 기술을 소유하고 이해하면서 특정 요구 사항에 대응할 수 있다.
- 무료다.

욕토 프로젝트는 6개월 주기의 안정 버전 릴리스 프로세스, 패키지 관리 갱신, 유연성을 통해서 신뢰할 수 있는 시스템상에서 빌드하고 있는 것을 알고 있기 때문에 임베디드 애플리케이션에 집중할 수 있다. 그 결과 개발 주기를 단축할 수 있어 뛰어난 제품을 생산할 수 있다.

그러나 욕토는 새로운 기술이고, 개발자들이 적응할 필요가 있다. 이 책의 목적은 ARM 아키텍처 기반의 제품화된 시스템을 개발하기 위한 리눅스와 욕토의 기본 지식을 가진 독자에게 실용적인 가이드를 제공하는 것이다.

이 책의 구성

1장, 빌드 시스템에서는 포키 빌드 시스템의 사용법을 알아보고, 프리스케일 BSP 커뮤니티 레이어로 확장한다. 또한 빌드 시스템 설정과 타깃 이미지 빌드 최적화에 사용하는 기능을 설명한다.

2장, BSP 레이어에서는 제품을 위한 BSP의 커스터마이징에 대해 알아본다. 그리고 나서 유부트U-boot, 리눅스 커널과 디바이스 트리를 설정, 수정, 빌드, 디버깅하는 방법을 설명한다.

3장, 소프트웨어 레이어에서는 라이선스 준수를 위한 릴리스 프로세스에 대해 알아보고, 새로운 애플리케이션, 서비스, 기존 패키지를 수정하기 위해 새로운 소프트웨어 레이어를 생성하는 방법을 설명한다.

4장, 애플리케이션 개발에서는 애플리케이션 개발 키트^{ADT, Application Development} Toolkit와 툴체인으로 시작해서 이클립스나 Qt 크리에이터^{creater}와 같은 개발 환경을 포함한 애플리케이션 개발에 대해 설명한다.

5장, 디버깅, 추적, 프로파일에서는 디버깅 도구와 기술에 대해 알아보고, 사용자 공간 추적이나 프로파일을 위한 여러 도구와 함께 리눅스 커널에서 제공하는 트레이싱 기능을 설명한다.

준비 사항

이 책은 grep, patch, diff 등의 표준 도구와 bash 셸, 파생 도구 애플리케이션 같은 GNU/리눅스 시스템 기본 지식이 있다고 가정한다. 예제는 우분투 14.04 LTS 시스템에서 테스트했지만, 욕토 프로젝트에서 지원하는 어떠한 리눅스 배포판에서든 사용할 수 있다.

이 책은 욕토 프로젝트에 대한 입문서가 아니다. 입문서를 읽으려면 팩트출판사에서 출간한 『Yocto 프로젝트를 활용한 임베디드 시스템 개발』(에이콘출판, 2014)을 추천한다.

이 책은 임베디드 리눅스 제품의 일반적인 개발 흐름을 따라 구성돼 있지만, 특정 장이나 절은 독립적으로 읽을 수 있다.

예제는 기본 하드웨어로 프리스케일 i.MX6 기반 시스템인 완드보드 쿼드^{wandborad-quad}를 사용하는 실용적인 접근법을 취하고 있다. 그러나 다른 종류의 i.MX 기반 하드웨어도 예제를 따라 하는 데 사용할 수 있다.

이 책의 대상 독자

이 책은 임베디드 리눅스와 욕토 프로젝트에 대해 배우려는 임베디드 개발자가 임베디드 개발에 바로 적용 가능한 예제를 이용해서 지식을 숙달하고 확장하기 위해 적합한 책이다.

개발 경험이 많은 임베디드 욕토 개발자는 ARM 개발 능력과 작업 방법에 대한 새로운 통찰력을 얻을 수 있다.

절의 구성

이 책에 자주 나타나는 여러 제목이 있다(준비, 예제 구현, 예제 설명, 부연 설명, 참고 사항).

하나의 절을 완성하기 위한 방법에 대해 명확한 지침을 전달하기 위해 다음과 같은 절들을 사용한다.

준비

이 절에서 설명하는 것을 알려주고, 어떤 소프트웨어를 준비하기 위한 방법이나 그 절에 필요한 주요 설정 사항을 기술한다.

예제 구현

이 절을 수행하기 위해 필요한 절차를 기술한다.

예제 분석

이전 절에 있었던 것에 대한 세부 설명으로 이뤄져 있다.

부연 설명

이 절에 관련된 더 많은 지식을 얻기 위한 추가 정보로 구성돼 있다.

유용한 추가 정보를 위한 도움이 되는 링크를 제공한다.

편집 규약

이 책에서는 독자의 이해를 돕고자 다루는 정보에 따라 다음과 같이 글꼴 형식을 다르게 적용했다.

단어 단위의 코드는 텍스트, 데이터베이스 테이블명, 폴더명, 파일명, 파일 확장자, 경로명, 더미 URL, 사용자 입력 값, 트위터 핸들러에서 다음과 같이 표기한다.

"RM_WORK_EXCLUDE 변수에 그것들을 추가해서 지우지 않도록 패키지 목록에 추가할 수 있다."

코드 블록은 다음과 같이 표기한다.

```
SRC_URI = "file://helloworld.c"

S = "${WORKDIR}"
```

코드 블록에서 주목해야 할 부분을 표현하고자 할 때는 연관된 줄이나 아이템을 굵게 강조 처리한다.

```
SRC_URI = "file://helloworld.c"
DEPENDS = "lttng-ust"

S = "${WORKDIR}"
```

커맨드라인 입력이나 출력은 다음과 표기한다.

```
$ ls sources/meta-fsl*/conf/machine/*.conf
```

새로운 용어와 중요한 단어는 굵게 표기한다. 화면에 나타나는 메뉴 또는 대화상자는 다음과 같이 표기한다.

"프로젝트 ❯ 빌드 프로젝트를 왔다 갔다 하면서 프로젝트를 빌드한다."

 경고나 중요한 내용 표시는 이와 같은 상자 안에 나타난다.

 유용한 팁과 요령을 이와 같이 표현한다.

독자 의견

독자 의견을 언제나 환영한다. 이 책에 대한 생각을 알려주기 바란다. 이 책의 좋은 점이나 싫었던 점을 가리지 않아도 된다. 독자에게 더욱 유익한 도서를 만들기 위해 무엇보다 독자 의견이 중요하다.

일반적인 의견이라면 도서 제목으로 이메일 제목을 적어서 feedback@ packtpub.com으로 이메일을 보내면 된다.

자신의 전문 지식을 바탕으로 도서를 집필하거나 기여하는 데 관심이 있다면 http://www.packtpub.com/authors에 있는 저자 가이드를 읽어보기 바란다.

고객 지원

팩트출판사는 책을 구매한 독자에게 다양한 방식으로 최대한 지원한다.

이 책에서 사용된 예제 코드 다운로드

독자는 http://www.packtpub.com에 있는 자신의 계정을 통해 구매한 모든 팩트 도서의 예제 코드 파일들을 다운로드할 수 있다. 이 도서를 그 밖의 곳에서 구매한 경우에는 http://www.packtpub.com/support에 방문해 사용자 등록을 하면 해당 파일을 이메일로 직접 받을 수 있다. 에이콘출판사의 도서 정보 페이지인 http://www.acornpub.co.kr/book/embedded-linux-yocto-cookbook에서도 예제 코드를 다운로드할 수 있다.

이 책에 있는 예제 코드는 https://github.com/yoctocookbook의 여러 깃허브 GitHub 저장소에서도 받을 수 있다. 컴퓨터에 소스를 복사하기 위해서는 깃허브에 있는 안내서를 이용하면 된다.

오탈자

내용을 정확하게 전달하려고 최선을 다했지만 실수가 있을 수 있다. 팩트출판사의 도서에서 문장이건 코드건 간에 문제를 발견해서 알려준다면 매우 감사하게 생각할 것이다. 그런 참여를 통해 그 밖의 독자에게 도움을 주고, 다음 버전의 도서를 더 완성도 높게 만들 수 있다. 오자를 발견한다면 http://www.packtpub.com/submit-errata를 방문해 책을 선택하고, Errata Submission Form 링크를 클릭해서 구체적인 내용을 입력해주기 바란다. 보내준 오류 내용이 확인되면 웹사이트에 그 내용이 올라가거나 해당 서적의 정오표 부분에 그 내용이 추가될 것이다. http://www.packtpub.com/books/content/support에서 해당 도서명을 선택하면 기존 정오표를 확인할 수 있다. 한국어판은 에이콘출판사 도서정보 페이지 http://www.acornpub.co.kr/book/embedded-linux-yocto-cookbook에서 찾아볼 수 있다.

저작권 침해

인터넷의 모든 매체에서 저작권 침해가 심각하게 벌어진다. 팩트출판사에서는 저작권과 사용권 문제를 아주 심각하게 인식한다. 어떤 형태로든 팩트출판사 서적의 불법 복제물을 인터넷에서 발견한다면 적절한 조치를 취할 수 있도록 해당 주소나 사이트명을 알려주길 부탁한다.

의심되는 불법 복제물의 링크를 copyright@packpub.com으로 보내주기 바란다.

저자와 더 좋은 책을 위한 팩트출판사의 노력을 배려하는 마음에 깊은 감사의 마음을 전한다.

질문

이 책과 관련해 질문이 있다면 questions@packtpub.com으로 문의하기 바란다. 최선을 다해 질문에 답하겠다. 한국어판에 관한 질문은 이 책의 옮긴이나 에이콘출판사 편집 팀(editor@acornpub.co.kr)으로 문의해주길 바란다.

1

빌드 시스템

1장에서 다루는 내용은 다음과 같다.

- 호스트 시스템 설정
- 포키^{Poky} 설치
- 빌드 디렉토리 생성
- 이미지 빌드
- 프리스케일^{Freescale} 욕토^{Yocto} 에코시스템 설명
- 프리스케일 하드웨어 지원 패키지 설치
- 완드보드^{Wandboard} 이미지 빌드
- 완드보드 부팅 문제 해결
- 개발을 위한 네트워크 부팅 환경 설정
- 다운로드 디렉토리 공유
- 셰어드 스테이트 캐시^{shared state cache} 공유
- 패키지 피드^{package feed} 설정
- 빌드 히스토리 사용

- 빌드 통계 사용

- 빌드 시스템 디버깅

소개

욕토 프로젝트^{Yocto project}(http://www.yoctoproject.org/)는 임베디드 리눅스 배포판을 만들기 위해 여러 오픈소스 프로젝트를 갖고 있는 상위 프로젝트다.

포키^{Poky}는 욕토 프로젝트의 임베디드 리눅스 레퍼런스 빌드 시스템이고, 비트베이크^{BitBake}와 오픈임베디드 코어^{OE-Core, Openembedded-Core}를 갖고 있다. 포키의 목적은 다음과 같은 임베디드 리눅스 제품에 필요한 컴포넌트를 빌드하는 것이다.

- 부트로더^{bootloader} 이미지

- 리눅스 커널 이미지

- 루트 파일 시스템 이미지

- 애플리케이션 개발에 필요한 툴체인^{toolchain}과 **소프트웨어 개발 키트**^{SDK}

이것들과 함께 욕토 프로젝트는 시스템과 애플리케이션 개발자들의 요구 사항을 만족시키고, 부트로더, 리눅스 커널, 사용자 공간 애플리케이션의 통합 환경으로 사용한다.

애플리케이션 개발을 위해 욕토 프로젝트는 애플리케이션 빌드를 독립적으로 할 수 있게 SDK를 제공한다.

욕토 프로젝트의 릴리스 주기는 6개월이다. 이 책이 쓰여질 당시 가장 최신 버전의 릴리스는 욕토 1.7.1 Dizzy이고, 이 책에서의 모든 예제는 1.7.1 릴리스 기반이다(이 책을 번역할 때의 최신 릴리스는 2.2 Morty다 - 옮긴이).

욕토 릴리스는 다음과 같은 컴포넌트로 구성된다.

- 포키 레퍼런스 빌드 시스템
- 욕토를 사용할 수 있게 구성한 호스트 시스템 VMware 빌드 이미지
- 호스트 시스템을 위한 애플리케이션 개발 툴킷^{ADT} 인스톨러
- 다른 플랫폼 지원을 위한
    - 미리 빌드한 툴체인
    - 미리 빌드한 패키지 바이너리들
    - 미리 빌드한 이미지

욕토 1.7.1 릴리스는 http://downloads.yoctoproject.org/releases/yocto/yocto-1.7.1/에서 다운로드할 수 있다.

호스트 시스템 설정

이 절에서는 욕토 프로젝트를 사용하기 위한 호스트 리눅스 시스템 설정 방법을 설명한다.

준비

임베디드 리눅스를 개발할 때 리눅스 워크스테이션의 사용을 권장한다. 데모와 테스트 용도로 가상 머신을 사용해 개발하는 것은 권장하지 않는다.

욕토는 크로스컴파일 툴체인$^{Cross-compilation\ toolchain}$과 네이티브 도구를 포함해서 필요한 모든 컴포넌트를 처음부터 빌드하기 때문에 고사양의 프로세싱 파워, 하드웨어 공간, I/O를 요구한다.

욕토는 저사양 머신에서도 잘 동작하지만, 전문 개발자 워크스테이션으로 8GB 이상의 시스템 메모리, 높은 처리 능력, 빠른 하드 드라이브를 가진 대칭적 다중 처리$^{SMP,\ symmetric\ multiprocessing}$ 시스템을 사용하는 것을 추천한다. 빌드 서버는 분산 컴파일을 사용할 수 있지만, 이것은 이 책의 영역이 아니

다. 빌드 과정에서는 다른 병목 구간 때문에 8코어 CPU 또는 약 16GB 램보다 높은 사양에서 더 큰 속도 향상을 볼 수 없다.

처음 빌드는 인터넷에서 모든 소스를 다운로드하기 때문에 인터넷 속도가 빠르면 좋다.

예제 구현

욕토는 여러 배포판을 지원하고, 각 욕토 릴리스에 따라 지원하는 배포판 목록은 문서화돼 있다. 지원하는 리눅스 배포판을 사용하는 것을 강력히 추천하지만, 다음 3가지를 만족한다면 어느 리눅스 시스템에서도 잘 동작한다.

- 깃git 1.7.8 이상
- 타르tar 1.24 이상
- 파이썬 2.7.3 이상(파이썬 3은 아님)

욕토는 이 도구의 압축 파일을 다운로드하거나 지원하는 호스트 머신에서 빌드해 설치하는 방법도 제공한다. 사실상 거의 모든 리눅스 배포판에서 욕토를 사용할 수 있고, 향후에는 욕토 빌드 시스템을 복제하는 것이 가능할 것이다. 이것은 장기간 사용해야 하는 임베디드 제품에서 중요하다.

이 책에서는 우분투 14.04 LTSLong-Term Stable 리눅스 배포판을 사용한다. 다른 리눅스 배포판에서의 설치 가이드는 욕토 개발 매뉴얼의 지원 리눅스 배포판 절을 참고하면 되지만, 이 책의 예제는 우분투 14.04 LTS에서만 테스트했다.

욕토와 이 책의 예제를 따라 하기 위한 필수 패키지는 셸에서 다음 명령어를 실행해 설치한다.

```
$ sudo apt-get install gawk wget git-core diffstat unzip texinfo gcc-
  multilib build-essential chrpath socat libsdl1.2-dev xterm make
  xsltproc docbook-utils fop dblatex xmlto autoconf automake libtool
  libglib2.0-dev python-gtk2 bsdmainutils screen
```

예제 분석

앞의 명령어는 APT^{Advanced Packaging Tool} 커맨드라인 도구인 apt-get을 사용한다. apt-get은 우분투 배포판에 있는 dpkg 패키지 관리자 전처리부다. 이 도구는 욕토 프로젝트의 모든 기능을 지원하기 위해 필요한 모든 패키지와 의존성 있는 것들을 설치한다.

부연 설명

빌드 시간을 향상시키기 위해 디스크를 구성할 때 고려할 수 있는 최적화 방법은 다음과 같다.

- build 디렉토리를 별도의 디스크 파티션이나 속도가 빠른 외장 장치에 설정한다.

- 욕토를 사용하는 파티션에 저널링^{journalism}을 사용하지 않고, ext4 파일 시스템을 사용한다. 하지만 전원이 나갔을 때 빌드 데이터가 변질될 수 있다.

- 다음과 같이 파일 접근 시간 기록을 비활성화, IO 장벽 해제, 파일 시스템 변화 기록을 지연하는 옵션을 지정해 파일 시스템을 마운트한다.

    noatime,barrier=0,commit=6000.

- 네트워크 마운트된 드라이브에서 빌드하지 않는다.

이러한 수정 사항은 데이터 무결성에는 좋지 않지만, 디스크에서 build 디렉 토리를 분리했기 때문에 문제가 발생했을 때 지우거나 다시 만들 수 있는 임시 빌드 데이터만 영향을 받는다.

참고 사항

우분투와 지원하는 다른 배포판의 욕토 프로젝트 설치 가이드는 욕토 프로젝트 레퍼런스 매뉴얼(http://www.yoctoproject.org/docs/1.7.1/ref-manual/ref-manual.html)에서 찾을 수 있다.

포키 설치

이 절에서는 욕토 프로젝트의 레퍼런스 시스템인 포키를 호스트 리눅스 시스템에 설치하는 방법을 설명한다.

준비

포키는 오픈임베디드 빌드 시스템과 젠투의 포테지^{Gentoo's Portage} 도구에서 나온 파이썬으로 구현된 비트베이크 태스크 스케줄러를 사용한다. 욕토의 비트베이크를 메이크^{make} 유틸리티와 비유할 수 있다. 비트베이크는 환경 설정 파일과 메타데이터 파싱, 태스크 목록 스케줄링, 빌드를 실행한다.

비트베이크는 커맨드라인 인터페이스다.

포키와 비트베이크는 욕토에서 사용하는 오픈소스 프로젝트다. 욕토 프로젝트는 욕토 커뮤니티에서 관리하고, 포키는 http://git.yoctoproject.org/cgit/cgit.cgi/poky/ 깃 저장소에서 받을 수 있다.

개발에 대한 논의는 https://lists.yoctoproject.org/listinfo/poky 개발자 메일링 리스트에 가입하면 할 수 있다.

비트베이크는 욕토와 오픈임베디드 커뮤니티 모두가 관리한다. 비트베이크는 http://git.openembedded.org/bitbake/에서 다운로드할 수 있다.

개발에 대한 논의는 http://lists.openembedded.org/mailman/listinfo/bitbake-devel 개발자 메일링 리스트에 가입하면 할 수 있다.

포키 빌드 시스템은 다음 아키텍처의 가상화된 QEMU만 지원한다.

- ARM(qemuarm)

- x86(qemux86)

- x86-64(qemux86-64)

- PowerPC(qemuppc)

- MIPS(qemumips, qemumips64)

다음에 열거된 각 아키텍처를 대표하는 여러 레퍼런스 하드웨어 BSP^{Board Support Package}도 지원한다.

- Texas Instruments Beaglebone(beaglebone)

- Freescale MPC8315E-RDB(mpc8315e-rdb)

- Intel x86 based PCs and devices(genericx86과 genericx86-64)

- Ubiquiti Networks EdgeRouter Lite(edgerouter)

다른 하드웨어에서 개발하기 위해 하드웨어 관련된 욕토 레이어를 포키에 추가해야 한다. 이 내용은 2장에서 설명한다.

포키 프로젝트가 안정된 비트베이크를 포함하고 있어서 욕토를 시작하기 위해 리눅스 호스트에 포키만 설치하면 된다.

 배포판 패키지 관리 시스템을 통해 비트베이크를 독립적으로도 설치할 수 있지만, 이 방법을 추천하지는 않는다. 비트베이크가 욕토에서 사용되는 메타데이터와 호환 돼야 하기 때문에 잘못된 버전을 설치하면 문제가 될 수 있다. 이미 비트베이크가 배포판에 설치돼 있으면 삭제하는 것이 좋다.

현재 욕토 릴리스 버전은 1.7.1 Dizzy이고, 호스트 시스템에 이 버전을 설치한다. 설치 경로는 /opt/yocto 디렉토리를 사용한다.

```
$ sudo install -o $(id -u) -g $(id -g) -d /opt/yocto
$ cd /opt/yocto
$ git clone --branch dizzy git://git.yoctoproject.org/poky
```

예제 분석

앞 명령어는 깃^{Git}을 사용해 비트베이크를 포함한 포키 저장소의 dizzy 브랜치를 현재 경로의 poky 디렉토리로 다운로드했다.

부연 설명

포키는 meta, meta-yocto, meta-yocto-bsp 메타데이터와 새로운 레이어를 생성할 때 기반으로 사용하는 meta-skeleton 메타데이터 레이어 템플릿 디렉토리를 갖고 있다. 다음은 포키에 있는 메타데이터 디렉토리에 대한 설명이다.

- meta ARM, x86, x86-64, PowerPC, MIPS, MIPS64 아키텍처와 QEMU 에뮬레이션된 하드웨어를 지원하는 오픈임베디드 코어 메타데이터를 갖

고 있다. 이 메타데이터는 http://git.openembedded.org/openembedded-core/ 깃 저장소에서 다운로드할 수 있다.

http://lists.openembedded.org/mailman/listinfo/openembedded-core 메일링 리스트에 가입하면 개발 논의를 할 수 있다.

- meta-yocto 포키 배포판에 특화된 메타데이터를 갖고 있다.
- meta-yocto-bsp 레퍼런스 하드웨어 개발 보드에 대한 BSP 메타데이터를 갖고 있다.

참고 사항

분산 버전 관리 시스템인 깃 문서는 http://git-scm.com/doc에서 볼 수 있다.

빌드 디렉토리 생성

욕토 이미지를 빌드하기 전에 build 디렉토리를 생성한다.

앞에서 설명한 바와 같이 호스트 시스템에서 콘솔만 나오는 이미지를 빌드할 때 한 시간 정도 걸리고, 약 20기가의 하드 디스크 용량이 필요하다. core-image-sato와 같은 그래픽 이미지는 빌드하는 데 4시간이 걸리고, 약 50기가의 용량이 필요하다.

예제 구현

프로젝트를 위해 우선 필요한 것은 빌드 결과가 생성될 build 디렉토리를 만드는 것이다. build 디렉토리는 프로젝트 디렉토리로 언급하지만, build 디렉토리는 욕토 관련 용어다.

여러 프로젝트 디렉토리를 갖고 있을 때 build 디렉토리를 구조화할 올바른 방법은 없다. 하지만 좋은 예제는 아키텍처나 머신 유형당 하나의 build 디렉토리를 갖는 것이다. 모두 공통으로 사용하는 downloads 디렉토리와 셰어드 스테이트 캐시^{shared state cache}(뒷부분에서 설명)까지도 공유할 수 있다. 따라서 이 디렉토리들을 분리해 유지하는 것은 빌드 성능에 영향을 미치지 않고 여러 프로젝트를 동시에 개발할 수 있다.

build 디렉토리를 생성하기 위해 포키에서 제공하는 oe-init-build-env 스크립트를 사용한다. 이 스크립트를 현재 셸에서 source 명령어로 실행하면 PATH 경로에 비트베이크 유틸리티 경로를 추가하고 오픈임베디드/욕토 빌드 시스템을 사용하기 위한 환경도 설정된다. build 디렉토리를 명시하거나 기본 build라는 이름을 사용할 수도 있다. 이 예제에서는 qemuarm을 사용한다.

```
$ cd /opt/yocto/poky
$ source oe-init-build-env qemuarm
```

이 스크립트는 명시된 디렉토리를 생성하고, 그곳으로 이동한다.

oe-init-build-env는 현재 셸에만 설정이 적용되기 때문에 새로운 셸에서는 항상 source 명령어를 새로 실행해야 한다. 스크립트에서 존재하는 build 디렉토리로 설정하면 환경은 설정되지만, 기존 설정은 변경되지 않는다.

비트베이크는 클라이언트/서버 추상화 구조로 디자인돼 있어서 메모리에 상주 서버를 시작하고 클라이언트를 연결할 수도 있다. 이 설정으로 매번 캐시와 설정 정보를 로딩하는 것을 피하고 일부 오버헤드를 줄일 수 있다. 메모리에서 항상 이용하는 비트베이크를 실행하기 위해 다음과 같이 oe-init-build-env-memres 스크립트를 사용한다.

```
$ source oe-init-build-env-memres 12345 qemuarm
```

여기 12345는 사용하는 로컬 포트의 번호다.

문제가 될 수 있기 때문에 비트베이크를 동시에 사용하지 않아야 한다.

다음 명령어를 사용해 메모리에 있는 비트베이크를 종료시킬 수 있다.

```
$ bitbake -m
```

위의 스크립트는 모두 build 디렉토리를 생성하기 위해 poky 디렉토리에 있는 `scripts/oe-setup-builddir`를 호출한다.

생성된 build 디렉토리는 다음 3개 파일과 conf 디렉토리를 포함한다.

- **bblayers.conf** 프로젝트에 필요한 메타데이터 레이어를 열거한다.
- **local.conf** 프로젝트 관련된 설정 변수를 갖고 있다. site.conf는 다른 프로젝트와 공통으로 사용하는 변수를 설정할 수 있지만, 기본적으로 생성되지는 않는다.
- **templateconf.cfg** 프로젝트를 생성하기 위한 템플릿 설정 파일이 있는 디렉토리를 갖고 있다. 기본적으로 포키 설치 디렉토리에 `meta-yocto/conf`가 초기 값인 templateconf 파일에서 지정한 것을 사용한다.

처음부터 빌드하기 위해 build 디렉토리에 필요한 것은 이 파일들뿐이다. 이 파일들 외에 모든 것을 지우면 빌드를 처음부터 다시 시작한다.

```
$ cd /opt/yocto/poky/qemuarm
$ rm -rf tmp sstate-cache
```

다음 예제와 같이 build 디렉토리를 구성할 때 사용할 다른 템플릿 파일을 TEMPLATECONF 변수를 사용해 명시할 수 있다.

```
$ TEMPLATECONF=meta-custom/config source oe-init-build-env <build-dir>
```

TEMPLATECONF 변수에는 local.conf와 bblayers.conf를 위해 명시된 local.conf, sample과 bblayers.conf.sample 파일을 모두 갖고 있는 템플릿 디렉토리를 적어야 한다.

이미지 빌드

이미지를 빌드하기 전에 빌드할 이미지 유형을 결정해야 한다. 이 절에서는 사용할 수 있는 욕토 이미지를 소개하고 간단한 이미지를 빌드하는 방법에 대한 가이드를 제공한다.

준비

포키는 기본 타깃 이미지의 집합을 갖고 있다. 다음 명령어를 실행하면 그 이미지 목록을 볼 수 있다.

```
$ cd /opt/yocto/poky
$ ls meta*/recipes*/images/*.bb
```

다른 이미지의 전체 설명은 욕토 프로젝트 레퍼런스 매뉴얼을 보면 알 수 있다. 일반적으로 이 기본 이미지 기반으로 사용하고, 프로젝트 필요에 따라 변경한다. 많이 사용하는 기본 이미지는 다음과 같다.

- **core-image-minimal** BusyBox, sysvinit, udev 기반의 가장 작은 콘솔만 갖는 이미지다.
- **core-image-full-cmdline** bash를 포함한 전체 하드웨어와 리눅스 시스템을 완벽히 지원하기 위한 BusyBox 기반의 콘솔용 이미지다.
- **core-image-lsb** 리눅스 표준 Base를 준수하는 콘솔용 이미지다.
- **core-image-x11** 그래픽 터미널을 포함한 기본 X11 윈도우 시스템 기반 이미지다.
- **core-image-sato** SATO 테마와 그놈[GNOME] 모바일 데스크톱 환경을

포함한 X11 윈도우 시스템 기반 이미지다.

- **core-image-weston** 웨이랜드^{Wayland} 프로토콜과 웨스턴^{Weston} 레퍼런스 컴포지터 기반 이미지다.

다음 접미사를 가진 이미지도 있다.

- **dev** 헤더와 라이브러리를 포함하기 때문에 개발 단계에서 적합하다.
- **sdk** 타깃에서 개발하기 위해 사용하는 전체 SDK를 갖고 있다.
- **initramfs** 리눅스 커널에 선택적으로 들어갈 수 있는 램 기반 루트 파일 시스템에서 사용할 수 있는 이미지다.

예제 구현

이미지를 빌드하기 위해 비트베이크에 MACHINE을 설정해야 한다. 예를 들어 qemuarm 머신이면 다음과 같이 실행한다.

```
$ cd /opt/yocto/poky/qemuarm
$ MACHINE=qemuarm bitbake core-image-minimal
```

또는 다음과 같이 현재 셸 환경에서 MACHINE을 환경 변수로 설정할 수 있다.

```
$ export MACHINE=qemuarm
```

하지만 qemuarm으로 기본 머신을 변경하기 위해 conf/local.conf 설정 파일을 수정하는 것이 자주 사용하고 확실한 방법이다.

```
- #MACHINE ?= "qemuarm"
+ MACHINE ?= "qemuarm"
```

그러고 나서 다음 명령어만 실행하면 된다.

```
$ bitbake core-image-minimal
```

비트베이크에서 타깃 레시피를 변경하면 다음 설정 파일을 우선 파싱한다.

- conf/bblayers.conf 모든 설정된 레이어를 찾는 데 사용한다.
- conf/layers.conf 각 설정된 레이어에서 사용한다.
- meta/conf/bitbake.conf 비트베이크 설정을 위해 사용한다.
- conf/local.conf 현재 빌드에서 필요한 사용자 설정을 위해 사용한다.
- conf/machine/⟨machine⟩.conf 머신 설정 파일이다. 여기서는 qemuarm. conf다.
- conf/distro/⟨distro⟩.conf 배포판 정책 파일이다. 초기 값은 poky. conf 파일이다.

비트베이크는 제공하는 타깃 레시피와 그것에 의존성 있는 레시피들을 파싱하고 비트베이크가 순서대로 실행할 상호 의존성 있는 태스크의 집합을 만든다.

대부분의 개발자는 모든 패키지의 전체 빌드 산출물을 유지할 필요가 없다. 따라서 빌드 산출물을 제거하기 위해 다음과 같이 conf/local.conf 파일에 설정하는 것을 추천한다.

```
INHERIT += "rm_work"
```

그러나 동시에 모든 패키지에 이것을 설정하면 개발이나 디버깅을 할 수 없다.

RM_WORK_EXCLUDE 변수에 필요한 패키지 목록을 추가하면 지워지지 않는다. 예를 들어 BSP 작업을 한다면 다음과 같이 설정할 수 있다.

```
RM_WORK_EXCLUDE += "linux-yocto u-boot"
```

모든 개발자 간에 공유, 설정 유지, 모든 프로젝트에 적용하기 위해 자신의
레이어에서 커스텀 템플릿인 local.conf.sample 설정 파일을 사용하는 것을
명심해야 한다.

일단 빌드가 끝나면 build 디렉토리 내의 tmp/deploy/images/qemuarm 디렉
토리에서 결과 이미지를 찾을 수 있다.

기본적으로 이미지는 deploy 디렉토리에서 지워지지 않지만, 프로젝트에서
다음 설정과 같이 conf/local.conf 파일에서 추가하면 이전에 빌드한 같은
버전의 이미지를 지우도록 설정할 수 있다.

```
RM_OLD_IMAGE = "1"
```

다음 명령어를 실행해 QEMU 에뮬레이터에서 이미지를 실행해 테스트할
수 있다.

```
$ runqemu qemuarm core-image-minimal
```

포키의 scripts 디렉토리에 있는 runqemu 스크립트는 QEMU 머신 에뮬레이
터 사용법을 간략화하기 위해 래핑을 해서 실행할 수 있게 한다.

프리스케일 욕토 에코시스템 설명

포키 메타데이터는 meta, meta-yocto, meta-yocto-bsp를 기반으로 더 많
은 레이어를 확장할 수 있게 설계돼 있다.

욕토 프로젝트에서 사용 가능한 오픈임베디드 레이어의 색인은 http://layers.
openembedded.org/에서 관리한다.

임베디드 제품 개발은 대부분 제조사의 레퍼런스 보드로 하드웨어의 초기 개
발을 시작한다. 이미 포키에서 지원하는 레퍼런스 보드 중 하나에서 작업을

시작하고 있지 않다면 다른 하드웨어를 지원하기 위해 포키를 확장해야 한다.

우선 기반이 되는 하드웨어를 선택한다. 여기서는 프리스케일 i.MX6 SoC System on Chip 기반의 보드를 사용한다.

이 절에서는 욕토 프로젝트에서 프리스케일 하드웨어를 지원하기 위한 방법을 설명한다.

SoC 제조사(이 책에서는 프리스케일)는 판매를 위한 여러 레퍼런스 디자인 보드와 욕토 기반의 소프트웨어 릴리스를 갖고 있다. 비슷하게 프리스케일의 SoC를 사용하는 다른 제조사들도 레퍼런스 디자인 보드와 욕토 기반 소프트웨어 릴리스를 제공한다.

적합한 하드웨어를 선택하는 것은 임베디드 제품에 가장 중요한 디자인 결정 사항 중 하나다. 제품 필요에 따라 다음 것 중 하나를 결정하게 된다.

- SBC single-board computer 같이 제품화된 보드 사용
- 모듈을 사용해 커스텀 캐리어 보드 구축
- 프리스케일 SoC를 직접 사용해 보드 디자인

대부분의 보드는 전문적인 임베디드 시스템의 특정 요구 사항을 만족하지는 않는다. 그리고 프리스케일 SoC를 사용해 완벽한 캐리어 보드를 디자인하는 과정도 시간이 많이 걸린다. 따라서 일반적으로 이미 기술적으로 도전적인 문제가 해결된 모듈을 사용한다.

이를 결정하는 데 중요한 특성은 다음과 같다.

- 산업 온도 범위

- 전원 관리

- 장기 가용성

- 사전에 인증된 무선 및 블루투스(해당되는 경우)

프리스케일 기반 보드를 지원하는 욕토 커뮤니티 레이어는 `meta-fsl-arm`
과 `meta-fsl-arm-extras`가 있다. `meta-fsl-arm`에서 지원하는 보드는
프리스케일 레퍼런스 디자인에 제한된다. 프리스케일 SoC에 캐리어 보드
디자인하는 것을 고려한다면 그 레퍼런스 보드가 시작점이 된다. 다른 벤더
의 보드는 `meta-fsl-arm-extras` 레이어에서 유지 관리한다.

`meta-fsl-arm`을 사용하는 임베디드 제조사도 있다. 하지만 `meta-fsl-arm-extras` 커뮤니티 레이어에 그 제조사들의 보드는 포함돼 있지 않다.
이러한 제조사는 그들의 특정 하드웨어를 지원하기 위해 `meta-fsl-arm` 레
이어에 의존성을 가진 자체의 BSP 레이어를 관리한다. 예를 들면 i.MX6
SoC 기반으로 디지 인터네셔널^{Digi International}의 ConnectCore6 모듈이 있다.

예제 분석

프리스케일의 욕토 에코 시스템을 이해하기 위해 프리스케일 커뮤니티 BSP
인 프리스케일 레퍼런스 보드를 지원하는 `meta-fsl-arm` 레이어와 다른 벤
더의 보드를 지원하는 `meta-fs-arm-extras`를 레퍼런스 디자인 보드를 위
해 제공하는 공식 프리스케일 욕토 릴리스와의 공통점과 차이점을 비교하는
것부터 시작하는 것이 좋다.

커뮤니티와 프리스케일 욕토 릴리스 사이에 다음과 같이 크게 다른 몇 가지
가 있다.

- 프리스케일 릴리스는 커뮤니티와 관련 없이 내부에서 개발됐고, 프리스
케일 레퍼런스 보드에서 BSP 검증용으로 사용한다.

- 프리스케일 릴리스는 내부 QA와 유효성 테스트를 통과했고, 프리스케일 고객 지원 팀에서 유지 보수한다.
- 특정 플랫폼을 위한 프리스케일 릴리스가 완성 수준에 도달하면 이후 더 이상 작업을 하지 않는다. 이 시점에 모든 개발 작업은 커뮤니티 레이어에 통합되고, 플랫폼은 앞으로 프리스케일 BSP 커뮤니티에서 유지 보수된다.
- 프리스케일 욕토 릴리스는 욕토 호환성을 갖지 않지만, 커뮤니티 릴리스는 호환성을 가진다.

프리스케일 개발 팀은 공식 릴리스의 모든 개발을 커뮤니티 레이어에 신뢰성 있고 빠르게 통합하기 위해 프리스케일 BSP 커뮤니티와 매우 밀접하게 작업한다.

일반적으로 가장 좋은 옵션은 프리스케일 BSP 커뮤니티 릴리스를 사용하는 것이지만, 제조사의 안정적인 BSP 릴리스 부분인 U-Boot와 리눅스 커널 버전은 사용하는 것이 좋다.

이것은 사실상 제조사로부터 최신 업데이트된 리눅스 커널과 U-Boot를 받을 수 있는 것을 의미한다. 동시에 커뮤니티로부터 최신 업데이트된 루트 파일 시스템을 받을 수 있고, 제품의 생명 주기를 확장할 수 있고, 애플리케이션, 버그 수정, 보안 업데이트 사항을 최신으로 유지할 수 있음을 의미한다.

또한 하드웨어와 밀접한 시스템 컴포넌트는 제조사의 QA 절차를 거치는 이점이 있고, 제조사의 지원도 받을 수 있다. 동시에 커뮤니티로부터 사용자 공간에 대한 업데이트를 받을 수도 있다. 프리스케일 BSP 커뮤니티는 매우 즉각적으로 대응하고 활발하다. 따라서 모든 부분의 이익을 위해 문제는 자주 커뮤니티와 함께 해결한다.

프리스케일 BSP 커뮤니티는 다음 레이어를 지원한다.

- **meta-fsl-arm** 프리스케일 레퍼런스 디자인을 지원하는 커뮤니티 레이어고, 오픈임베디드 코어에 의존성이 있다. 이 레이어의 머신은 프리스케일에서 개발이 멈춘 이후에도 유지 관리된다. `meta-fsl-arm`은 http://git.yoctoproject.org/cgit/cgit.cgi/meta-fsl-arm/ 깃 저장소에서 다운로드할 수 있다.

  https://lists.yoctoproject.org/listinfo/meta-freescale 메일링 리스트를 통해 개발 논의를 할 수 있다.

  meta-fsl-arm 레이어는 리눅스 커널과 U-Boot 소스 모두를 다음 링크에 있는 프리스케일 저장소에서 받는다.

  - **프리스케일 리눅스 커널 깃 저장소**

    http://git.freescale.com/git/cgit.cgi/imx/linux-2.6-imx.git/

  - **프리스케일 U-boot 깃 저장소**

    http://git.freescale.com/git/cgit.cgi/imx/uboot-imx.git/

  다른 리눅스 커널과 U-boot도 사용할 수 있지만, 제조사가 지원하는 버전을 사용하는 것을 추천한다.

  `meta-fsl-arm` 레이어는 여러 하드웨어 특성을 활성화하기 위해 프리스케일 지적 재산권이 있는 바이너리를 포함한다. 특히 하드웨어 그래픽, 멀티미디어, 암호화 기능이 이에 해당된다. 이런 기능들을 사용하기 위해 최종 사용자는 `meta-fsl-arm` 레이어에 있는 프리스게일의 소프트웨어 사용권^{EULA, End-User License Agreement}에 동의해야 한다. 이 라이선스에 동의하기 위해 프로젝트의 conf/local.conf 설정 파일에 다음 줄을 추가해야 한다.

  ```
  ACCEPT_FSL_EULA = "1"
  ```

- **meta-fsl-arm-extras** 완드보드^{Wandboard}와 같은 다른 커뮤니티에서 유지 보수하는 보드를 지원한다. 이 레이어는 https://github.com/Freescale/meta-fsl-arm-extra/ 깃 저장소에서 다운로드할 수 있다.

- **meta-fsl-demos** 데모 타깃 이미지를 위한 레이어고, https://github.com/Freescale/meta-fsl-demos 깃 저장소에서 다운로드할 수 있다.

프리스케일 공식 소프트웨어 릴리스를 위해 레이어의 최상단에 또 다른 레이어 `meta-fsl-bsp-release`를 사용한다.

- **meta-fsl-bsp-release** 공식 프리스케일 소프트웨어 릴리스를 위해 프리스케일에서 유지 보수한다. 여기는 `meta-fsl-arm`과 `meta-fsl-demos`의 수정 사항을 포함한다. 이 레이어는 커뮤니티 릴리스의 범위는 아니다.

참고 사항

더 자세한 정보는 http://freescale.github.io/doc/release-notes/1.7/에 있는 프리스케일 커뮤니티 BSP 릴리스 노트를 참조한다.

프리스케일 하드웨어 지원 패키지 설치

이 절에서는 욕토를 설치한 곳에 프리스케일 하드웨어 지원을 추가하기 위해 커뮤니티 프리스케일 BSP 욕토 릴리스를 설치하는 방법을 설명한다.

준비

여러 레이어를 각각 수동으로 다운받고, 프로젝트의 conf/bblayers.conf 파일에 추가하는 것은 힘든 작업이다. 커뮤니티는 욕토를 설치하기 쉬운 방법으로 안드로이드 개발을 위해 구글에서 개발한 repo 도구를 사용한다.

호스트 시스템에 repo를 설치하기 위해 다음 명령어를 입력한다.

```
$ sudo curl http://commondatastorage.googleapis.com/git-repo-
  downloads/repo > /usr/local/sbin/repo
$ sudo chmod a+x /usr/local/sbin/repo
```

repo 도구는 깃 저장소 목록을 갖고 있는 매니페스트[manifest]로 불리는 XML 파일을 파싱하는 파이썬 유틸리티다. repo 도구는 전체적으로 이 저장소들을 관리하는 데 사용한다.

예제 구현

예를 들어 앞 절에서 열거한 모든 저장소를 호스트 시스템에 다운로드하기 위해 repo 도구를 사용한다. 이를 위해 다음과 같이 Dizzy 릴리스를 위한 프리스케일 커뮤니티 BSP manifest를 가리키게 한다.

```
<?xml version="1.0" encoding="UTF-8"?>
<manifest>
    <default sync-j="4" revision="master"/>
    <remote fetch="git://git.yoctoproject.org" name="yocto"/>
    <remote fetch="git://github.com/Freescale" name="freescale"/>
    <remote fetch="git://git.openembedded.org" name="oe"/>
    <project remote="yocto" revision="dizzy" name="poky"
    path="sources/poky"/>
    <project remote="yocto" revision="dizzy" name="meta-fsl-arm"
    path="sources/meta-fsl-arm"/>
    <project remote="oe" revision="dizzy" name="meta-openembedded"
    path="sources/meta-openembedded"/>
    <project remote="freescale" revision="dizzy" name="fsl-
    community-bsp-base" path="sources/base">
        <copyfile dest="README" src="README"/>
        <copyfile dest="setup-environment" src="setup-
    environment"/>
    </project>
```

```
    <project remote="freescale" revision="dizzy" name="meta-fsl-arm-
    extra" path="sources/meta-fsl-arm-extra"/>
    <project remote="freescale" revision="dizzy" name="meta-fsl-
    demos" path="sources/meta-fsl-demos"/>
    <project remote="freescale" revision="dizzy"
    name="Documentation" path="sources/Documentation"/>
</manifest>
```

이 manifest 파일은 설치할 다른 컴포넌트들을 위한 모든 설치 경로와 저장소 소스를 보여준다.

예제 분석

manifest 파일은 프리스케일 커뮤니티 BSP 릴리스를 위해 필요한 여러 레이어의 목록을 갖고 있다. 이제 이것을 설치하기 위해 repo를 사용해 다음 명령어를 실행한다.

```
$ mkdir /opt/yocto/fsl-community-bsp
$ cd /opt/yocto/fsl-community-bsp
$ repo init -u https://github.com/Freescale/fsl-community-bsp-
  platform -b dizzy
$ repo sync
```

다중 스레드 작업을 위한 멀티코어 머신을 갖고 있으면 sync할 때 -jN 인자를 선택적으로 넣을 수 있다. 예를 들면 8코어 호스트 시스템에서 repo sync -j8을 입력한다.

부연 설명

다른 레이어에서 지원하는 하드웨어 보드를 열거하기 위해 다음 명령어를 사용한다.

```
$ ls sources/meta-fsl*/conf/machine/*.conf
```

그리고 새로 소개된 타깃 이미지를 열거하기 위해 다음 명령어를 사용한다.

```
$ ls sources/meta-fsl*/recipes*/images/*.bb
```

커뮤니티 프리스케일 BSP 릴리스는 다음과 같은 새로운 타깃 이미지를 추가한다.

- **fsl-image-mfgtool-initramfs** 프리스케일 제조사 도구와 같이 사용하는 작은 램 기반 initramfs 이미지다.
- **fsl-image-multimedia** 프레임버퍼상에 gstreamer 멀티미디어 프레임워크 기반 콘솔 기반 이미지다.
- **fsl-image-multimedia-full** fsl-image-multimedia를 확장했지만, 모든 사용 가능한 플러그인을 포함하기 위한 gstreamer 멀티미디어 프레임워크를 지원한다.
- **fsl-image-machine-test** 테스트와 벤치마크를 하기 위해 fsl-image-multimedia-full을 확장한 이미지다.
- **qte-in-use-image** 프레임버퍼상에 Qt4를 지원하는 그래픽 이미지다.
- **qt-in-use-image** X11 윈도우 시스템상에 Qt4를 지원하는 그래픽 이미지다.

참고 사항

프락시 서버와 함께 repo를 사용하는 것을 비롯해 repo 도구 사용 가이드는 안드로이드 문서 https://source.android.com/source/downloading.html에서 볼 수 있다.

완드보드 이미지 빌드

지원하는 보드(예를 들어 완드보드 쿼드) 중 하나에서 이미지를 빌드하는 것은
`oe-init-build-env`를 래핑하는 `setup-environment` 스크립트 사용을
제외하고, 앞에서 설명한 QEMU 머신과 같은 절차를 따른다.

예제 구현

`wandboard-quad` 머신 이미지를 빌드하기 위해 다음 명령어를 사용한다.

```
$ cd /opt/yocto/fsl-community-bsp
$ mkdir -p wandboard-quad
$ MACHINE=wandboard-quad source setup-environment wandboard-quad
$ bitbake core-image-minimal
```

 setup-environment 스크립트의 현재 버전은 build 디렉토리가 설치 디렉토리 하위
에 있는 경우에만 동작한다. 이 경우에는 /opt/yocto/fsl-community-bsp이다.

예제 분석

`setup-environment` 스크립트는 build 디렉토리를 생성하고, `MACHINE` 변
수를 설정하고, 앞에서 설명한 프리스케일 EULA의 동의를 위한 프롬프트를
띄워준다. conf/local.conf 설정 파일에서 지정 머신과 EULA 동의 변수를
변경한다.

터미널 세션을 종료한다면, 비트베이크를 사용하기 전에 다시 환경을 설정해야 한다. 이전에 본 것처럼 안전하게 setup-environment 스크립트를 다시 실행한다. 이것은 기존 conf/local.conf를 수정하지 않는다.

```
$ cd /opt/yocto/fsl-community-bsp/
$ source setup-environment wandboard-quad
```

build 디렉토리에 생성된 `core-image-minimal.sdcard` 결과 이미지를 마이크로SD 카드에 넣고, 완드보드 CPU 보드의 주슬롯에 삽입한 후 다음 명령어를 사용하면 부팅된다.

```
$ cd /opt/yocto/fsl-community-bsp/wandboard-
  quad/tmp/deploy/images/wandboard-quad/
$ sudo dd if=core-image-minimal.sdcard of=/dev/sdN bs=1M && sync
```

여기서 `/dev/sdN`은 호스트 시스템에서 마이크로SD 카드에 할당된 디바이스 노드와 같다.

 dd 명령어를 실행할 때 머신에 큰 영향을 미칠 수 있으니 주의를 기울여야 한다. 반드시 개발 머신의 드라이브가 아닌 마이크로SD 카드와 일치하는 sdN 디바이스를 입력해야 한다.

부연 설명

`repo` 도구에 관한 정보는 안드로이드 문서 https://source.android.com/source/using-repo.html 사이트에 있다.

완드보드 부팅 문제 해결

부팅 이미지에 문제가 있다면, 문제 해결을 위해 이 절의 설명을 참고한다.

준비

1. 마이크로SD 카드를 삽입하지 않고 완드보드의 USB OTG 인터페이스에 microUSB-to-USB 케이블을 연결한다. 완드보드에서 다음과 같은 메시지가 나오는지 보기 위해 리눅스 호스트에서 lsusb 도구로 체크한다.

   ```
   Bus 002 Device 006: ID 15a2:0054 Freescale Semiconductor, Inc.
       i.MX6Q SystemOnChip in RecoveryMode
   ```

   이 메시지를 볼 수 없으면 다른 5V, 10W인 전원 공급 장치를 연결한다.

2. 완드보드 타깃에서 RS232 커넥터와 리눅스 호스트의 시리얼 포트 사이에서 NULL 모뎀 시리얼 케이블 연결을 확인한다. 그러고 나서 다음과 같이 minicom 같은 터미널 프로그램을 실행한다.

   ```
   $ minicom -D /dev/ttyS0 -b 115200
   ```

 dialout 그룹에 사용자를 추가하거나 sudo로 명령어를 실행해야 한다. 115200 8N1로 시리얼 연결을 해야 한다. 시리얼 장치는 리눅스 호스트에 여러 가지가 있다. 예를 들어 USB-to-serial 어댑터는 /dev/ttyUSB0로 보인다. 또한 하드웨어와 소프트웨어 flow control도 비활성화로 설정돼 있는지 확인해야 한다.

예제 구현

1. 기본 보드가 아닌 모듈 슬롯에 마이크로SD 카드 이미지를 삽입한다. 기본 보드의 슬롯은 부팅이 아닌 저장 용도로만 사용한다. 전원을 인가한다. minicom 세션 출력에 U-Boot 배너가 나와야 한다.

2. U-Boot 배너를 볼 수 없으면 시리얼 통신에 문제가 있는 것이다. 기본적으로 프리스케일 커뮤니티 BSP 이미지에서 이더넷 인터페이스는 DHCP로 주소를 요청하게 설정돼 있다. 그에 따라 타깃에서 연결을 위해 DHCP를 사용할 수 있다.

   타깃이 있는 테스트 네트워크에 DHCP 서버가 있는지 확인해야 한다. 리눅스 호스트에서 bootp 프로토콜과 같은 필터 패키지와 네트워크 추적을 캡처하기 위해 와이어샤크^{Wireshark} 같은 패킷 스니퍼를 사용한다. 최소한 타깃에서 일부 브로드캐스트를 볼 수 있다. 그리고 이더넷 허브를 사용한다면 DHCP 응답도 볼 수 있다.

   선택적으로 새로운 IP가 할당됐다면 DHCP 서버에 로그인해 로그를 확인할 수 있다. IP 주소가 할당된 것을 본다면 타깃에 네트워크 연결을 할 수 있도록 core-image-minimal에 dropbear와 같은 SSH 서버를 추가하는 것을 고려한다. conf/local.conf 설정 파일에서 다음 줄을 추가해 dropbear를 설치할 수 있다.

   ```
   IMAGE_INSTALL_append = " dropbear"
   ```

   위의 첫 번째 따옴표 뒤에 공백을 넣어야 한다.

   빌드하고 이미지를 다시 넣으면 리눅스 호스트에서 완드보드로 SSH 세션을 통해 연결할 수 있다.

   ```
   $ ssh root@<ip_address>
   ```

   이 연결은 자동으로 암호 프롬프트 없이 로그인된다.

3. 하드웨어와 설정이 유효한지 확인하기 위해 http://www.wandboard. org/index.php/downloads에 있는 기본 마이크로SD 키드 이미지를 지장한다.

4. 마이크로SD 카드에 다시 이미지를 저장한다. 보드에 정확한 이미지를 사용했는지(예를 들어 dual과 quad 이미지를 섞어 쓰지 않았는지), 또한 다른 카드와 다른 리더를 사용하지 않았는지 확인한다.

이 단계에서 완드보드 부팅을 시작하고, 시리얼 연결을 해 출력이 돼야 한다.

부연 설명

모든 것이 실패한다면 마이크로SD 카드에서 부트로더 위치를 확인한다. 마이크로SD 카드의 첫 번째 블록의 내용을 다음과 같이 덤프한다.

```
$ sudo dd if=/dev/sdN of=/tmp/sdcard.img count=10
```

오프셋 0x400에서 U-Boot 헤더를 봐야 한다. 이것은 boot에서 마이크로SD 인터페이스로 부트스트랩될 때 i.MX6 boot ROM이 부트로더를 찾는 오프셋이다. 다음 명령어를 사용한다.

```
$ head /tmp/sdcard.img | hexdump
0000400 00d1 4020 0000 1780 0000 0000 f42c 177f
```

빌드에서 나온 U-Boot 이미지를 덤프함으로써 U-Boot 헤더를 인식할 수 있다. 다음 명령어를 실행한다.

```
$ head u-boot-wandboard-quad.imx | hexdump
0000000 00d1 4020 0000 1780 0000 0000 f42c 177f
```

개발을 위한 네트워크 부팅 환경 설정

i.MX6 보드는 내장 eMMC^{embedded MMC} 플래시 메모리에서 펌웨어를 부팅하는 방법을 권장한다. 완드보드는 전문적인 용도의 제품은 아니다. 따라서 i.MX6는 eMMC만 갖고 있지 않다. 하지만 시스템을 변경하면 펌웨어 이미지를 다시 넣어야 하기 때문에 eMMC나 마이크로SD 카드를 사용하는 방법 모두 개발하는 데 이상적이지는 않다.

개발할 때 이상적인 설정은 호스트 시스템에서 TFTP와 NFS 서버를 사용하고, eMMC 또는 마이크로SD 카드 중 하나에 U-Boot 부트로더만 저장하는 것이다. 이 설정으로 부트로더는 리눅스 커널을 TFTP 서버에서 받고, 그 커널은 NFS 서버에서 루트 파일 시스템을 마운트한다. 커널이나 루트 파일 시스템 중 하나의 변경은 다시 이미지를 넣지 않고도 가능하다. 부트로더를 개발할 때만 물리적 매체에 다시 이미지를 넣는다.

TFTP 서버 설치

TFTP 서버가 동작하고 있지 않으면 우분투 14.04 호스트에 TFTP 서버를 설치하고 설정하기 위해 다음 절차를 따른다.

```
$ sudo apt-get install tftpd-hpa
```

tftpd-hpa 설정 파일은 /etc/default/tftpd-hpa에 있다. 기본적으로 TFTP 루트 디렉토리로 /var/lib/tftpboot를 사용한다. 다음 명령어를 사용해 모든 사용자가 접근할 수 있도록 디렉토리 권한을 변경한다.

```
$ sudo chmod 1777 /var/lib/tftpboot
```

이제 다음 build 디렉토리에서 리눅스 커널과 디바이스 트리를 복사한다.

```
$ cd /opt/yocto/fsl-community-bsp/wandboard-
  quad/tmp/deploy/images/wandboard-quad/
$ cp zImage-wandboard-quad.bin zImage-imx6q-wandboard.dtb
  /var/lib/tftpboot
```

NFS 서버 설치

NFS 서버가 동작하고 있지 않으면 우분투 14.04 호스트에 NFS 서버를 설치하고 설정하기 위해 다음 절차를 따른다.

```
$ sudo apt-get install nfs-kernel-server
```

NFS 서버의 루트 디렉토리로 /nfsroot 디렉토리를 사용하고, 그곳에 욕토 build 디렉토리에 있는 타깃 루트 파일 시스템의 압축을 푼다.

```
$ sudo mkdir /nfsroot
$ cd /nfsroot
$ sudo tar xvf /opt/yocto/fsl-community-bsp/wandboard-
  quad/tmp/deploy/images/wandboard-quad/core-image-minimal-
  wandboard-quad.tar.bz2
```

다음으로 /nfsroot 디렉토리를 노출시키기 위해 NFS 서버를 설정한다.

```
/etc/exports:
/nfsroot/ *(rw,no_root_squash,async,no_subtree_check)
```

그리고 나서 변경한 설정을 적용하기 위해 NFS 서버를 재시작한다.

```
$ sudo service nfs-kernel-server restart
```

예제 구현

완드보드를 부팅하고 시리얼 콘솔에서 특정 키를 눌러 U-Boot 프롬프트에서 멈춘다. 그리고 나서 다음 과정을 따라 한다.

1. DHCP로 IP를 받는다.

    ```
    > dhcp
    ```

    또는 고정 IP를 설정할 수도 있다.

    ```
    > setenv ipaddr <static_ip>
    ```

2. TFTP와 NFS 서버가 설정돼 있는 호스트 시스템의 IP를 설정한다.

```
> setenv serverip <host_ip>
```

3. 루트 파일 시스템의 마운트 위치를 설정한다.

```
> setenv nfsroot /nfsroot
```

4. 리눅스 커널과 디바이스 트리 이름을 설정한다.

```
> setenv image zImage-wandboard-quad.bin
> setenv fdt_file zImage-imx6q-wandboard.dtb
```

5. 고정 IP를 설정했다면 boot에서 DHCP를 비활성화시켜야 한다.

```
> setenv ip_dyn no
```

6. 마이크로SD 카드에 U-Boot 환경 설정을 저장한다.

```
> saveenv
```

7. 네트워크 부팅을 수행한다.

```
> run netboot
```

리눅스 커널과 디바이스 트리는 TFTP 서버에서 다운로드하고, 루트 파일 시스템은 커널에 의해 네트워크에서 (고정 아이피를 사용하지 않으면) DHCP 주소를 받은 후 NFS 공유 디렉토리를 마운트한다.

암호 입력 창 없이 root 사용자로 로그인할 수 있어야 한다.

다운로드 디렉토리 공유

일반적으로 다른 하드웨어 플랫폼이나 타깃 이미지로 동시에 여러 프로젝트를 진행한다. 이 경우 downloads 디렉토리를 공유해 빌드 시간을 최적화하는 것이 중요하다.

빌드 시스템은 다음과 같이 여러 곳에서 다운로드한 소스를 찾는다.

- 로컬 dowloads 디렉토리에서 찾는 것을 시도한다.

- 조직 내부에 준비돼 있는 premirrors를 확인한다.

- 패키지 레시피에 있는 원본 소스에서 다운로드를 시도한다.

- 마지막으로, 설정한 미러를 확인한다. 미러는 소스를 받을 수 있는 공식 적인 대체 경로다.

패키지 소스가 위의 네 군데에서 발견되지 않으면 패키지 빌드는 에러를 발 생시키고 실패한다. 또한 원본 소스에서 받는 것을 실패하고 미러에서 받는 것을 시도하면 빌드 경고가 발생한다. 따라서 원본 소스 서버에 문제가 있다 는 것을 발견할 수 있다.

욕토 프로젝트는 원본 서버 문제와 빌드 시스템을 분리하기 위해 미러 집합 을 관리한다. 그러나 외부 레이어를 추가할 때 욕토 프로젝트 미러 서버나 다른 미러 서버에 없는 패키지 지원을 추가할 수 있다. 따라서 소스 가용성 문제를 피하기 위해 로컬 premirror를 유지하는 것을 추천한다.

신규 프로젝트에서 기본 포키 설정은 다운로드한 패키지 소스를 현재 build 디렉토리에 저장하는 것이다. 빌드 시스템이 소스 downloads 디렉토리를 찾는 첫 번째 위치다. 이 설정은 프로젝트의 conf/local.conf 파일에 DL_DIR 변수로 설정할 수 있다.

빌드 시간을 최적화하기 위해 모든 프로젝트 간에 downloads 디렉토리를 공유하는 것을 추천한다. meta-fsl-arm 레이어의 setup-environment 스크립트는 repo 도구를 생성한 fsl-community-bsp 디렉토리로 기본

DL_DIR을 변경한다. 이 설정과 같이 호스트 시스템은 downloads 디렉토리를 모두 공유한다.

```
DL_DIR ?= "${BSPDIR}/downloads/"
```

더 확장성 있는 설정은 premirror를 설정하는 것이다. 이는 팀이 원격으로 분산된 경우에 유용하다. 예를 들어 conf/local.conf 설정 파일에 다음을 추가한다.

```
INHERIT += "own-mirrors"
SOURCE_MIRROR_URL = "http://example.com/my-source-mirror"
```

일반적인 설정은 downloads 디렉토리를 제공하는 빌드 서버를 갖고 있는 것이다. 그 빌드 서버는 원본 서버로의 깃 명령 수행을 방지하기 위해 깃 디렉토리에서 타르볼로 만들게 설정할 수 있다. conf/local.conf 파일에서 다음 설정을 하면 빌드 성능에 영향을 미치지만, 빌드 서버에서는 일반적으로 허용 가능한 수준이다.

```
BB_GENERATE_MIRROR_TARBALLS = "1"
```

이 설정의 장점은 향후에 제품의 소스 가용성을 보장하게 빌드 서버의 downloads 디렉토리도 백업할 수 있다는 것이다. 특히 이는 장기간 가용성을 요구하는 임베디드 제품에서 중요하다.

테스트를 위해 다음 커맨드라인을 추가해 premirror만으로 빌드가 가능한지 확인할 수 있다.

```
BB_FETCH_PREMIRRORONLY = "1"
```

프로젝트를 만들 때 이 설정은 conf/local.conf 파일에서 TEMPLATECONF 변수와 함께 팀에 배포한다.

셰어드 스테이트 캐시 공유

욕토 프로젝트는 모든 것을 소스로부터 빌드한다. 새로운 프로젝트를 생성할 때 설정 파일만 생성한다. 빌드 프로세스는 크로스컴파일 툴체인과 일부 빌드에 필요한 중요 네이티브 도구를 비롯해 모든 것을 처음부터 컴파일한다.

이 과정으로 인해 빌드 시간이 오래 걸린다. 따라서 욕토 프로젝트는 변화가 있는 컴포넌트만 빌드하게 하는 증분 빌드incremental build를 사용할 수 있도록 셰어드 스테이트 캐시shared state cache 메커니즘을 구현한다.

빌드 시스템은 태스크에 주어진 입력 데이터의 체크섬을 계산한다. 입력 데이터가 변경되면 해당 태스크는 다시 빌드가 된다. 빌드 프로세스는 각 태스크별로 체크섬 계산과 비교에 사용할 실행 스크립트를 생성한다. 태스크 결과도 기록하기 때문에 재사용이 가능하다.

패키지 레시피는 태스크의 셰어드 스테이트 캐시 사용을 수정할 수 있다. 예를 들어 nostamp를 사용해 강제로 다시 빌드하게 할 수도 있다. 셰어드 스테이트 캐시 메커니즘의 자세한 설명은 욕토 프로젝트 레퍼런스 매뉴얼 http://www.yoctoproject.org/docs/1.7.1/ref-manual/ref-manual.html에 있다.

예제 구현

기본적으로 빌드 시스템은 캐시 데이터를 저장한 build 디렉토리의 sstate-cache를 셰어드 스테이트 캐시 디렉토리로 사용한다. 이 디렉토리는 conf/local.conf 파일에서 SSTATE_DIR 설정 변수로 변경할 수 있다. 캐시 데이터는 해시의 앞 두 자리 값 이름의 디렉토리로 저장한다. 그 디렉토리에 있는 파일명은 전체 태스크 체크섬을 갖고 있다. 따라서 캐시 유효성은 파일명만으로 확인할 수 있다. 씬 설정set scene 태스크 빌드 프로세스는 캐시 데이터를 체크하고, 그것이 유효하면 빠르게 빌드하기 위해 해당 캐시 데이터를 사용한다.

캐시를 사용하지 않고 처음부터 빌드를 하고 싶으면 sstate-cache 디렉토리
와 tmp 디렉토리 모두 지워야 한다.

또한 --no-setscene 인자를 사용하면 셰어드 스테이트 캐시를 무시하도록
비트베이크에게 명령어를 줄 수 있다.

셰어드 스테이트 캐시가 변질되는 경우를 대비해서 깨끗한 셰어드 스테이트
캐시를 백업하는 것이 좋다.

부연 설명

셰어드 스테이트 캐시 공유는 신중해야 한다. 셰어드 스테이트 캐시 동작이
모든 변경 사항을 감지하지 못하는 상황이 발생하면 일부 또는 모든 셰어드
스테이트 캐시를 무효화해야 한다. 셰어드 스테이트가 공유되고 있다면 일
부 또는 모든 셰어드 스테이트 캐시를 무효화하는 것은 문제가 된다.

추천하는 방법은 사례마다 다르다. 욕토 메타데이터에서 작업하는 개발자는
기본적으로 프로젝트마다 다른 셰어드 스테이트 캐시를 유지해야 한다.

그러나 검증 및 테스트 엔지니어, 커널과 부트로더 개발자, 애플리케이션 개
발자는 셰어드 스테이트 캐시를 사용하는 것이 유용할 수 있다.

빌드 속도를 향상시키기 위해 개발 팀에 공유하는 NFS 드라이브를 설정하
기 위해 conf/local.conf 설정 파일에 다음을 추가할 수 있다.

```
SSTATE_MIRRORS ?= "\
    file://.* file:///nfs/local/mount/sstate/PATH"
```

위의 예제에서 PATH라고 적혀 있는 부분은 해시 값의 처음 두 개 문자의
이름을 가진 디렉토리로 빌드 시스템이 대체한다.

패키지 피드 설정

임베디드 시스템 프로젝트는 변경 사항을 욕토 빌드 시스템에 반영할 필요가 거의 없다. 대부분의 시간과 노력은 커널과 부트로더 개발보다 애플리케이션 개발에서 소모한다.

따라서 전체 시스템을 다시 빌드하는 경우는 거의 없다. 새로운 프로젝트는 이미 빌드된 셰어드 스테이트 캐시로 빌드한다. 애플리케이션 개발은 가끔 패키지 전체 빌드나 증분 빌드를 수행하는 것만 필요하다.

빌드한 패키지는 테스트를 위해 타깃 시스템에 설치해야 한다. 에뮬레이터는 애플리케이션 개발에 좋지만, 하드웨어 관련 작업은 임베디드 하드웨어에서 테스트해야 한다.

준비

한 가지 방법은 빌드한 바이너리를 타깃 루트 파일 시스템으로 수동 복사하는 것이다. 앞에서 설명한 네트워크 부팅 개발 환경 설정 방법과 같이 타깃의 루트 파일 시스템에 마운트한 호스의 NFS 공유 위치로 복사, SCP, FTP, 마이크로SD 카드를 사용한다.

디버깅을 할 때 이 방법은 이클립스 같은 IDE에서도 사용한다. 하지만 여러 패키지와 관련 의존성 있는 패키지를 설치하는 경우 확장성이 떨어진다.

다른 방법은 타깃 파일 시스템에 패키지 바이너리(RPM, deb, ipk 패키지)를 복사하고, 그것을 설치하기 위해 타깃에 패키지 관리 시스템을 사용하는 것이다. 이 작업을 하려면 타깃 파일 시스템에 패키지 관리 도구를 설치해야 한다. 루트 파일 시스템에 package-management를 추가해 쉽게 설치할 수 있다. 예를 들어 프로젝트의 conf/local.conf 파일에 다음 줄을 추가한다.

```
EXTRA_IMAGE_FEATURES += "package-management"
```

RPM 패키지면 타깃에 패키지를 복사하고 설치하기 위해 rpm 또는 smart 유틸리티를 사용한다. smart 패키지 관리 도구는 GPL 라이선스고 다양한 패키지 포맷을 지원한다.

그러나 가장 최적화된 방법은 시스템의 패키지 산출물 디렉토리를 패키지 피드로 바꾸는 것이다. 예를 들어 기본 RPM 패키지 포맷을 사용하면 build 디렉토리에 있는 tmp/deploy/rpm을 타깃 업데이트에 사용하는 패키지 피드로 변경한다.

이를 위해 패키지를 제공하는 컴퓨터에 HTTP 서버를 설정해야 한다.

패키지 버전 관리

생성한 패키지의 정확한 버전 관리가 필요하다. 그것은 모든 변경 사항에 레시피 리비전인 PR 값을 업데이트하는 것을 의미한다. 수동으로 할 수도 있지만, 패키지 피드를 사용하고 싶으면 추천하는 필수적인 방법은 PR 서버를 사용하는 것이다.

그러나 PR 서버는 기본적으로 활성화돼 있지 않다. PR 서버 없이 생성된 패키지는 사용할 수 있지만, 이미 실행 중인 시스템에 대한 업데이트는 보장하지 않는다.

가장 간단한 설정은 호스트 시스템 내부에 PR 서버를 운영하는 것이다. 이것을 하기 위해 conf/local.conf 파일에 다음을 추가한다.

```
PRSERV_HOST = "localhost:0"
```

이 설정을 하면 업데이트 일관성이 있는 패키지 제공이 보장된다.

다른 개발자와 피드를 공유하거나 빌드 서버와 패키지 서버를 설정하고 싶으면 다음 명령어를 실행해 PR 서버를 하나의 인스턴스로 실행할 수 있다.

```
$ bitbake-prserv --host <server_ip> --port <port> --start
```

그리고 다음과 같이 conf/local.conf 파일을 수정해 중앙 PR 서버를 사용하기 위해 프로젝트의 빌드 설정을 업데이트한다.

```
PRSERV_HOST = "<server_ip>:<port>"
```

또한 이전에 설명한 셰어드 스테이트 캐시를 사용하고 있으면 셰어드 스테이트 캐시의 모든 제공자는 같은 PR 서버를 사용할 필요성이 있다.

일단 피드의 일관성이 보장되면 피드를 제공하기 위해 HTTP 서버를 설정한다.

예제 구현

이 예제에서 HTTP 서버로 가볍고 설정하기 쉬운 lighttpd를 사용한다. 다음 절차를 따라 하면 된다.

1. 웹 서버를 설치한다.

   ```
   $ sudo apt-get install lighttpd
   ```

2. 기본적으로, /etc/lighttpd/lighttpd.conf 설정 파일에서 명시된 document root는 /var/www다. 따라서 패키지 피드에서는 심벌릭 링크만 하면 된다.

   ```
   $ sudo mkdir /var/www/wandboard-quad
   $ sudo ln -s /opt/yocto/fsl-community-bsp/wandboard-
     quad/tmp/deploy/rpm /var/www/wandboard-quad/rpm
   ```

   다음과 같이 설정을 다시 로드한다.

   ```
   $ sudo service lighttpd reload
   ```

3. 패키지 인덱스를 갱신한다. 모든 빌드 후에 패키지 피드를 업데이트하기 위해 수동으로 작업한다.

   ```
   $ bitbake package-index
   ```

4. 새로운 패키지 피드로 타깃 파일 시스템을 설정한다.

```
# smart channel --add all type=rpm-md \
  baseurl=http://<server_ip>/wandboard-quad/rpm/all

# smart channel --add wandboard_quad type=rpm-md \
  baseurl=http://<server_ip>/wandboard-quad/rpm/wandboard_quad

# smart channel --add cortexa9hf_vfp_neon type=rpm-md \
  baseurl=http://<server_ip>/wandboard-
  quad/rpm/cortexa9hf_vfp_neon
```

5. 설정 준비가 끝나면 다음 명령어로 타깃 루트 파일 시스템에 패키지를 쿼리하고 업데이트한다.

```
# smart update
# smart query <package_name>
# smart install <package_name>
```

타깃 루트 파일 시스템에서 이 변경을 유지하기 위해 다음과 같이 conf/local.conf에서 PACKAGE_FEED_URIS 변수를 사용해 컴파일할 때 패키지 피드를 설정할 수 있다.

```
PACKAGE_FEED_URIS = "http://<server_ip>/wandboard-quad"
```

참고 사항

- smart 유틸리티에 대한 자세한 정보와 사용자 매뉴얼은 https://labix.org/smart/에서 있다.

빌드 히스토리 사용

임베디드 제품에서 소프트웨어를 유지 보수할 때 변경 사항이 제품에 미치는 영향을 확인할 수 있는 방법이 필요하다.

욕토 시스템에서 (예를 들어 보안 취약점을 업데이트하기 위해) 패키지 리비전을 업데이트하는 것이 필요하고, 이 변경으로 예상되는 결과(예를 들어 패키지 의존성과 루트 파일 시스템에서의 변경 사항에 관해서)가 무엇인지 확인해야 한다.

빌드 히스토리는 쉽게 활성화할 수 있다. 이 절에서 빌드 히스토리에 대해 설명한다.

예제 구현

빌드 히스토리를 활성화하기 위해 conf/local.conf 파일에 다음을 추가한다.

```
INHERIT += "buildhistory"
```

다음을 추가하면 의존성 그래프를 포함한 정보의 수집을 활성화할 수 있다.

```
BUILDHISTORY_COMMIT = "1"
```

위의 줄을 추가하면 빌드 히스토리를 깃 저장소에 저장할 수 있다.

깃 저장소 위치는 BUILDHISTORY_DIR 변수로 설정한다. 기본 값은 build 디렉토리의 buildhistory 디렉토리다.

기본적으로 buildhistory는 패키지, 이미지, SDK 변경 사항을 추적한다. 이 것은 BUILDHISTORY_FEATURES로 설정한다. 예를 들어 이미지 변경 사항만 추적하려면 conf/local.conf에 다음을 추가하면 된다.

```
BUILDHISTORY_FEATURES = "image"
```

특정 파일들을 추적하고 buildhistory 디렉토리에 복사할 수 있다. 기본적으로 /etc/passwd와 /etc/groups만 포함하지만 보안 인증서와 같은 중요한 파일들을 추적하기 위해 사용할 수 있다. 이 파일은 다음과 같이 BUILDHISTORY_IMAGE_FILES 변수에 추가하면 추적할 수 있다.

```
BUILDHISTORY_IMAGE_FILES += "/path/to/file"
```

빌드 히스토리를 사용하면 빌드 속도가 느려지며, 빌드 용량이 증가하고 깃 디렉토리 용량이 커진다. 소프트웨어 릴리스나 제품 소프트웨어 업데이트와 같은 특별한 경우에 빌드 서버에서 활성화하는 것을 추천한다.

빌드 히스토리 깃 저장소에 패키지와 이미지 변경 사항을 탐색과 분석이 가능한 형식으로 기록한다.

패키지의 다음 정보를 기록한다.

- 패키지와 레시피 리비전
- 의존성
- 패키지 크기
- 파일

이미지의 다음 정보를 기록한다.

- 빌드 설정
- 의존성 그래프
- 소유권과 권한을 포함한 파일 목록
- 설치 패키지 목록

SDK의 다음 정보를 기록한다.

- SDK 설정
- 소유권과 권한을 포함한 호스트와 타깃 파일 목록
- 의존성 그래프
- 설치 패키지 목록

빌드 히스토리에서 검색

빌드 히스토리의 깃 디렉토리를 검색하는 여러 가지 방법이 있다.

- gitk나 git log와 같은 깃 도구 사용
- 가독성 높은 형식으로 차이점을 보여주는 `buildhistory-diff` 커맨드 라인 도구 사용
- Django-1.4 기반의 웹 인터페이스 사용. 매번 빌드 후 애플리케이션의 데이터베이스에서 빌드 히스토리 데이터를 불러와야 한다. 자세한 것은 http://git.yoctoproject.org/cgit/cgit.cgi/buildhistory-web/tree/README 를 보면 알 수 있다.

부연 설명

빌드 히스토리를 최적화하고 시간이 지남에 따라 용량이 계속 커지는 것을 방지할 수 있게 관리가 필요하다. 주기적으로 빌드 히스토리를 백업하고 오래된 데이터를 지워 무분별하게 용량이 커지는 것을 막는 것이 중요하다.

buildhistory 디렉토리를 백업하면 다음 절차에 따라 그 내용을 보기 좋게 정리하고 가장 최신 히스토리만 유지한다.

1. 속도를 빠르게 하기 위해 램 파일 시스템(tmpfs)으로 저장소를 복사한다. 디렉토리가 tmpfs 파일 시스템인지 사용 가능한 용량은 얼마나 되는지 보기 위해 `df -h` 명령어로 결과를 체크하고 사용한다. 예를 들어 우분투에서는 /run/shm 디렉토리를 사용할 수 있다.

2. 부모 커밋(commit)이 없는 한 달 전 커밋을 위해 이식 지점을 추가한다.

   ```
   $ git rev-parse "HEAD@{1 month ago}" > .git/info/grafts
   ```

3. 이식 지점을 영구적으로 만든다.

   ```
   $ git filter-branch
   ```

4. 남겨진 깃 객체들을 정리하기 위해 새로운 저장소를 받는다.

```
$ git clone file://${tmpfs}/buildhistory buildhistory.new
```

5. 이전 buildhistory 디렉토리를 새로 정리한 것으로 대체한다.

```
$ rm -rf buildhistory
$ mv buildhistory.new buildhistory
```

빌드 통계 사용

빌드 시스템은 태스크와 이미지마다 빌드 정보를 수집할 수 있다. 특히 새로운 레시피가 시스템에 추가되면 이 데이터를 빌드 시간과 병목을 최적화하는 데 사용한다. 이 절에서는 빌드 통계를 사용하는 방법을 설명한다.

예제 구현

통계를 모으는 것을 활성화하려면 conf/local.conf 파일에서 USER_CLASSES 에 buildstats를 추가해야 한다. fsl-community-bsp 프로젝트는 기본적으로 이것을 활성화한다.

```
USER_CLASSES ?= "buildstats"
```

BUILDSTATS_BASE 변수에 이 통계의 결과가 나오는 위치를 설정한다. 기본은 build 디렉토리의 tmp 아래 buildstats 디렉토리(tmp/buildstats)다.

buildstats 디렉토리는 timestamp 디렉토리에 빌드 통계를 이미지마다 하나의 디렉토리로 저장한다. 빌드 이미지에시 패키지마다 하나의 하위 디렉토리가 있고, build_stats 파일은 다음과 같은 내용을 갖고 있다.

- 호스트 시스템 정보
- 루트 파일 시스템 위치와 크기

- 빌드 시간

- 평균 CPU 사용량

- 디스크 통계

예제 분석

데이터의 정확성은 같은 파티션이나 볼륨에 있는 다운로드 디렉토리(DL_DIR)
와 셰어드 스테이트 디렉토리(SSTATE_DIR)에 좌우된다. 따라서 빌드 데이터를
사용할 계획이 있으면 상황에 맞게 설정해야 한다.

build-stats 파일은 다음과 같다.

```
Host Info: Linux agonzal 3.13.0-35-generic #62-Ubuntu SMP Fri Aug
   15 01:58:42 UTC 2014 x86_64 x86_64
Build Started: 1411486841.52
Uncompressed Rootfs size: 6.2M /opt/yocto/fsl-community-
   bsp/wandboard-quad/tmp/work/wandboard_quad-poky-linux-
   gnueabi/core-image-minimal/1.0-r0/rootfs
Elapsed time: 2878.26 seconds
CPU usage: 51.5%
EndIOinProgress: 0
EndReadsComp: 0
EndReadsMerged: 55289561
EndSectRead: 65147300
EndSectWrite: 250044353
EndTimeIO: 14415452
EndTimeReads: 10338443
EndTimeWrite: 750935284
EndWTimeIO: 816314180
EndWritesComp: 0
StartIOinProgress: 0
StartReadsComp: 0
StartReadsMerged: 52319544
```

```
StartSectRead: 59228240
StartSectWrite: 207536552
StartTimeIO: 13116200
StartTimeReads: 8831854
StartTimeWrite: 3861639688
StartWTimeIO: 3921064032
StartWritesComp: 0
```

이 디스크 통계는 리눅스 커널 디스크 I/O 통계(https://www.kernel.org/doc/
Documentation/iostats.txt)의 형식을 가져왔다. 다른 요소들은 여기서 설명한다.

- **ReadsComp** 완료한 읽기 총합

- **ReadsMerged** 병합한 인접 읽기 총합

- **SectRead** 섹터 읽기의 총합

- **TimeReads** 읽는 데 소모하는 밀리초의 총합

- **WritesComp** 완료한 쓰기 총합

- **SectWrite** 섹터 쓰기 총합

- **TimeWrite** 쓰는 데 소모하는 밀리초의 총합

- **IOinProgress** /proc/diskstats를 읽을 때 진행 중인 IO의 총합

- **TimeIO** IO를 수행하는 데 소모하는 밀리초의 총합

- **WTimeIO** IO를 수행하는 동안 가중치를 적용한 시간의 총합

그리고 각 패키지에 태스크 리스트가 있다. ncurses-5.9-r15.1은 다음과 같
은 태스크가 있다.

- do_compile

- do_fetch

- do_package

- do_package_write_rpm

- do_populate_lic

- do_rm_work

- do_configure

- do_install

- do_packagedata

- do_patch

- do_populate_sysroot

- do_unpack

각각의 태스크는 앞에 설명한 형식으로 다음과 같은 내용을 포함한다.

- 빌드 시간

- CPU 사용률

- 디스크 통계

부연 설명

포키 소스에 있는 pybootchartgui.py 도구를 사용해 데이터를 그래픽 화면으로 볼 수도 있다. 프로젝트 빌드 디렉토리에서 /tmp에 bootchart.png 파일을 생성하려면 다음 명령어를 실행한다.

```
$ ../sources/poky/scripts/pybootchartgui/pybootchartgui.py
  tmp/buildstats/core-image-minimal-wandboard-quad/ -o /tmp
```

빌드 시스템 디버깅

1장의 마지막 절에서는 빌드 시스템과 메타데이터 문제를 디버깅하는 방법을 설명한다.

디버깅할 때 많이 사용하는 다양한 사례를 소개한다.

레시피 찾기

현재 레이어에서 특정 패키지의 지원 여부를 확인하기 위해 다음과 같은 명령어를 사용한다.

```
$ find -name "*busybox*"
```

다음은 BusyBox 패턴을 반복적으로 모든 레이어에서 검색한다. 다음을 실행해 레시피나 append 파일을 검색할 수 있다.

```
$ find -name "*busybox*.bb*"
```

비트베이크 환경 변수 덤프

패키지나 이미지 레시피를 만들거나 디버깅할 때 비트베이크를 통해 전역 변수와 패키지나 이미지 같은 특정 타깃에 대한 환경 변수 리스트를 보여준다.

전역 환경 변수를 덤프하고 필요한 변수만 추출할 수 있다. 다음 예제는 DISTRO_FEATURES만 추출하기 위한 명령어다.

```
$ bitbake -e | grep -w DISTRO_FEATURES
```

선택적으로 BusyBox와 같은 특정 레시피의 소스 디렉토리 위치를 알고 싶으며 다음 명령어를 사용한다.

```
$ bitbake -e busybox | grep ^S=
```

또한 패키지나 이미지 레시피의 작업 디렉토리를 알기 위해 다음 명령어를 실행할 수 있다.

```
$ bitbake -e <target> | grep ^WORKDIR=
```

개발자 셸(devshell) 사용

비트베이크는 개발자를 위해 devshell 태스크를 제공한다. 다음 명령어로 devshell을 실행한다.

```
$ bitbake -c devshell <target>
```

이것은 소스의 압축을 풀고 패치를 한 후 타깃 소스 디렉토리에 환경 변수 설정이 된 새로운 터미널(터미널 종류를 자동 탐지하거나 OE_TERMINAL 변수로 설정 가능)을 실행한다.

 그래픽 환경에서 devshell은 새로운 터미널이나 콘솔 윈도우를 실행하지만, telnet 이나 SSH 같이 그래픽 환경이 아닌 곳에서 작업하고 있으면 다음과 같이 conf/local.conf 설정 파일에 터미널로 screen을 명시하는 것이 필요하다.

```
OE_TERMINAL = "screen"
```

devshell에서 configure와 make 같은 개발 명령어나 크로스컴파일러(이미 설정된 $CC 환경 변수를 사용)를 직접 실행할 수 있다.

예제 구현

패키지 빌드 에러를 디버깅하는 시작점은 빌드 과정에서 나오는 비트베이크 에러 메시지다. 이 메시지는 대부분 빌드가 실패하는 태스크를 가리킨다.

주어진 레시피에서 사용할 수 있는 모든 태스크를 설명과 같이 보기 위해 다음 명령어를 실행한다.

```
$ bitbake -c listtasks <target>
```

에러를 다시 생성하고 싶으면 다음과 같이 강제로 빌드한다.

```
$ bitbake -f <target>
```

또는 다음과 같이 특정 태스크만 강제로 빌드할 수도 있다.

```
$ bitbake -c compile -f <target>
```

태스크 로그와 run 파일

빌드 에러를 디버깅하기 위해 비트베이크는 셸 태스크마다 두 가지 파일을 작업 디렉토리 하위의 temp 디렉토리에 저장한다. BusyBox를 예로 들면 다음 위치에서 볼 수 있다.

```
/opt/yocto/fsl-community-bsp/wandboard-quad/tmp/work/cortexa9hf-
  vfp-neon-poky-linux-gnueabi/busybox/1.22.1-r32/temp
```

그리고 log와 run 파일 목록을 찾는다. 파일명 형식은 다음과 같다.

```
log.do_<task>.<pid>
```

```
run.do_<task>.<pid>
```

그러나 비트베이크는 최신 빌드한 것을 가리키는 pid 접미사가 없는 심벌릭 링크를 가진 파일도 제공한다.

log 파일은 태스크 실행 결과를 갖고 있고, 대부분 문제를 디버깅하기 위해 필요한 정보보. run 파일은 바로 앞에서 말한 로그를 생성하려고 비트베이크가 실행하는 실제 코드를 갖고 있다. 이것은 복잡한 문제를 디버깅할 때만 필요하다.

반면, 향후에 개발 계획은 있지만 현재 파이썬 태스크는 이전에 설명된 파일을 생성하지 않는다. 파이썬 태스크는 내부적으로 실행하고 터미널에서 로그 정보를 볼 수 있다.

레시피에 로그 추가

비트베이크 레시피에서 bash나 파이썬을 사용할 수 있다. 파이썬 로깅은 bb 클래스를 사용해서 하고 표준 파이썬 모듈 로깅을 사용한다. 그것은 다음 컴포넌트들을 가진다.

- **bb.plain** `logger.plain`을 사용한다. 디버깅에 사용되지만 소스로 커밋되지는 않아야 한다.
- **bb.note** `logger.info`를 사용한다.
- **bb.warn** `logger.warn`을 사용한다.
- **bb.error** `logger.error`를 사용한다.
- **bb.fatal** `logger.critical`을 사용하고, 비트베이크를 종료시킨다.
- **bb.debug** 첫 번째 인자로 로그 레벨을 넣어야 하고 `logger.debug`를 사용한다.

레시피의 bash에서 디버그 결과를 출력하기 위해 다음을 추가해 `logging` 클래스를 사용한다.

```
inherit logging
```

`logging` 클래스는 `base.bbclass`에 포함돼 기본적으로 모든 레시피에서 상속하기 때문에 대부분 명시적으로 상속받을 필요가 없다. 다음과 같은 bash 함수를 사용할 수 있다. 그 결과는 앞에서 설명한 작업 디렉토리의 temp 디렉토리 내의 로그 파일(콘솔이 아님)에 있다.

- **bbplain** 문자 그대로 적는 것을 출력한다. 디버깅에 사용되지만 레시피 소스에 커밋되지 않아야 한다.
- **bbnote** NOTE 접두사와 함께 출력한다.
- **bbwarn** WARNING 접두사와 함께 치명적이지 않은 경고를 출력한다.
- **bberror** ERROR 접두사와 같이 치명적이지 않은 에러를 출력한다.

- **bbfatal** 빌드를 멈추고 `bberror`처럼 에러 메시지를 출력한다.
- **bbdebug** 이 함수는 첫 번째 인자에 넣은 로그 레벨과 함께 디버그 메시지를 출력한다. 다음 형식을 사용한다.

  ```
  bbdebug [123] "message"
  ```

 bash 함수들은 로그가 콘솔이 아닌 로그 파일에만 출력된다.

의존성 찾기

다음 명령어로 패키지가 현재 제공하는 버전을 출력할 수 있다.

$ bitbake --show-versions

많이 사용하는 또 다른 디버깅 태스크는 원하지 않은 의존성을 제거하는 것이다.

의존성의 개요를 보려면 다음을 실행해 비트베이크의 자세한 정보 출력 결과를 볼 수 있다.

$ bitbake -v <target>

패키지 의존성에 대해 분석하기 위해서 다음 명령어를 실행해 패키지 의존성을 기술하는 DOT 파일을 생성할 수 있다.

$ bitbake -g <target>

DOT 형식은 GraphViz 오픈소스 패키지와 그것을 사용하는 모든 유틸리티에서 해석할 수 있는 그래픽을 위한 텍스트 기술 언어다. DOT 파일은 가시화하거나 또 다른 가공 처리를 할 수 있다.

더 읽기 좋은 결과를 만들어 내기 위해 그래프에서 의존성을 제거할 수 있다. 예를 들어 glibc 의존성을 제거하고 싶으면 다음 명령어를 실행하면 된다.

```
$ bitbake -g <target> -I glibc
```

위의 명령어를 실행하면 현재 디렉토리에 다음과 같은 3개의 파일이 생성된다.

- **package-depends.dot** 런타임 타깃 간 의존성을 보여준다.
- **pn-depends.dot** 레시피 간 의존성을 보여준다.
- **task-depends.dot** 태스크 간 의존성을 보여준다.

또한 주어진 타깃에서 빌드하는 패키지 목록이 있는 **pn-buildlist** 파일이 생성된다.

.dot 파일을 postscript 파일(.ps)로 변환하려면 다음 명령어를 실행한다.

```
$ dot -Tps filename.dot -o outfile.ps
```

그러나 의존성 데이터를 표시하는 가장 좋은 방법은 다음과 같이 의존성 탐색기에서 그래픽으로 보여주는 것이다.

```
$ bitbake -g -u depexp <target>
```

그 결과는 다음 스크린샷에서 볼 수 있다.

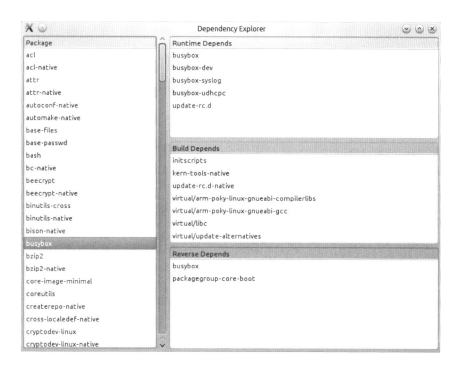

비트베이크 디버깅

비트베이크 자체를 디버깅하는 것은 자주 있는 일은 아니지만, 비트베이크 버그를 찾을 수 있고, 비트베이크 커뮤니티에 버그를 보고 하기 전에 그 문제를 스스로 파헤쳐보기 원할 때 사용한다. 이런 경우에 -D 플래그로 3가지 다른 레벨의 디버깅 정보를 출력하게 할 수 있다. 디버깅 정보 전체를 표시하기 위해 다음 명령어를 사용한다.

```
$ bitbake -DDD <target>
```

에러 보고 도구

가끔 수정하지 않은 욕토 레시피에서 빌드 에러가 발생한다. 우선 메일 클라이언트를 실행하기 전에 http://errors.yoctoproject.org 커뮤니티 사이트에서 에러를 확인한다.

이 사이트는 사용자가 보고한 에러를 한군데 모아 놓은 중앙 데이터베이스다. 여기에서 다른 개발자가 같은 문제를 갖고 있는지 확인할 수 있다.

빌드 실패를 해결할 때 커뮤니티 도움을 받기 위해 중앙 데이터베이스에 올릴 수도 있다. 그렇게 하기 위해 report-error 클래스를 사용할 수 있다. conf/local.conf 파일에 다음을 추가한다.

```
INHERIT += "report-error"
```

기본적으로 에러 정보는 build 디렉토리의 tmp/log/error-report에 저장되지만 ERR_REPORT_DIR 변수를 사용해 특정 위치로 설정할 수도 있다.

에러 보고 도구를 활성화하면 빌드 에러는 error-report 디렉토리에 저장된다. 또한 빌드 결과는 서버에 에러 로그를 보내기 위한 명령어를 출력한다.

```
$ send-error-report ${LOG_DIR}/error-report/error-report_${TSTAMP}
```

이 명령어를 실행하면 업스트림에 에러 링크를 리포트한다.

서버 인자를 입력하는 대신에 로컬 에러 서버를 설정할 수도 있다. 에러 서버 소스코드와 설정 방법은 http://git.yoctoproject.org/cgit/cgit.cgi/error-report-web/tree/README를 보면 알 수 있다.

부연 설명

욕토 메타데이터와 빌드 결과를 파싱하기 위해 리눅스 유틸리티를 사용할 수 있지만, 비트베이크는 공통 태스크를 위해 기본 UI 명령어가 부족하다. 이것을 제공하기 위해 도와주는 하나의 프로젝트는 https://github.com/kergoth/bb에 있는 bb 실행 파일이다.

이것을 사용하기 위해 다음 명령어를 실행해 로컬에 저장소를 받아야 한다.

```
$ cd /opt/yocto/fsl-community-bsp/sources
$ git clone https://github.com/kergoth/bb.git
```

~/.bash_profile 파일에 bash 명령어를 추가하기 위해 bb/bin/bb init 명령어를 실행한다.

위의 명령어를 실행시키거나 다음 명령어를 현재 셸에서 실행할 수 있다.

```
$ eval "$(/opt/yocto/fsl-community-bsp/sources/bb/bin/bb init -)"
```

우선 다음과 같이 환경 변수를 설정한다.

```
$ cd /opt/yocto/fsl-community-bsp
$ source setup-environment wandboard-quad
```

 명령어의 일부는 작업 디렉토리에 소스와 결과물이 있어야만 동작한다. 따라서 bb 명령어를 사용할 경우에는 rm_work 클래스 상속을 제거해야 한다.

bb 유틸리티로 다음과 같은 작업도 할 수 있다.

- 패키지의 내용을 본다.

  ```
  $ bb contents <target>
  ```

- 레시피에서 패턴을 검색한다.

  ```
  $ bb search <pattern>
  ```

- 다음 명령어로 전역 비트베이크 환경이나 특정 패키지의 환경 변수를 보여주고 특정 변수를 grep한다.

  ```
  $ bb show -r <recipe> <variable>
  ```

2

BSP 레이어

2장에서 다루는 내용은 다음과 같다.

- 커스텀 BSP 레이어 생성
- 시스템 개발 작업 흐름 소개
- 커스텀 커널과 부트로더 추가
- U-Boot 부트로더 빌드
- 욕토 리눅스 커널 지원
- 리눅스 빌드 시스템
- 리눅스 커널 설정
- 리눅스 커널 빌드
- 외부 커널 모듈 빌드
- 리눅스 커널과 모듈 디버깅
- 리눅스 커널 부팅 프로세스 디버깅
- 커널 추적 시스템 사용
- 디바이스 트리 관리
- 디바이스 트리 디버깅

소개

욕토 프로젝트 빌드 환경이 준비되면 임베디드 리눅스 프로젝트 개발 초반
작업에 대해 고민해야 한다.

대부분의 임베디드 리눅스 프로젝트는 커스텀 하드웨어와 소프트웨어가 필
요하다. 개발 초기 단계에서 여러 레퍼런스 보드를 테스트하고 그중 하나를
선택한다. 이 책에서는 오픈 개발 보드이고 저렴하며, 요구 사항을 모두 만
족하는 Freescale i.MX6 기반 플랫폼인 완드보드[Wandboard]를 사용한다.

임베디드 프로젝트에서는 하드웨어 프로토타입이 준비되기 전에 가능한 한
빨리 소프트웨어 작업을 시작하는 것이 좋다. 그렇게 해야 레퍼런스 디자인
에 바로 작업을 시작하는 것이 가능하다.

그러나 특정 시점이 돼야 하드웨어 프로토타입이 준비될 것이고, 새로운 하
드웨어 지원을 위한 변경 사항을 욕토에 적용할 수 있다.

2장에서는 U-Boot 부트로더와 리눅스 커널, 사용자 변경 작업이 대부분 이
뤄질 컴포넌트에서 작업하는 방법, 하드웨어 변경 사항을 포함하는 BSP 레
이어를 생성하는 방법에 대해 설명한다.

커스텀 BSP 레이어 생성

커스텀 변경 사항은 BSP[Board Support Package] 레이어로 불리는 별도의 욕토 레
이어에 보관한다. 시스템 업데이트와 패치 작업을 위해서 레이어를 분리하
는 것은 좋은 방법이다. BSP 레이어는 하드웨어에 직접 연결되는 새로운
소프트웨어 기능과 머신을 지원한다.

예제 구현

규칙에 의해 레이어 이름은 메타데이터[metadata]를 축약해서 meta로 시작한

다. 그리고 BSP 레이어는 bsp 키워드를 레이어 이름에 추가할 수 있다. 이런 레이어를 map-bsp-custom이라 부른다.

새 레이어를 생성하기 위한 방법은 다음과 같이 여러 가지가 있다.

- 요구 사항에 따라 직접 수정하는 방법
- 포키^{poky}에 있는 meta-skeleton 레이어를 복사하는 방법
- yocto-layer 커맨드라인 도구를 사용하는 방법

포키에는 meta-skeleton이 있고 다음과 같은 항목을 포함하고 있다.

- 레이어 설정 변수가 설정돼 있는 layer.conf 파일
- COPYING.MIT 라이선스 파일
- BusyBox, 리눅스 커널, 모듈에 대한 레시피와 서비스, 사용자 관리, multilib 예제를 포함하는 recipes로 시작하는 디렉토리

예제 분석

사용 가능한 레시피를 통해 사례를 알아보고 yocto-layer 도구를 사용해서 요구 사항에 맞는 최소한의 레이어를 생성한다.

새 터미널을 열고 fsl-community-bsp 디렉토리로 이동해 다음과 같이 환경을 설정한다.

```
$ source setup-environment wandboard-quad
```

 build 디렉토리가 생성되면 MACHINE 값은 conf/local.conf에 이미 설정돼 있어 명령어에서 생략할 수 있다.

sources 디렉토리로 이동해서 실행한다.

```
$ yocto-layer create bsp-custom
```

yocto-layer 도구는 레이어에 meta 접두사를 추가하므로 따로 적을 필요
가 없다. 몇 가지 질문 메시지가 표시된다.

- 같은 이름을 가진 레시피가 동시에 여러 레이어에 존재하는 경우 레이
어 순위를 정하기 위한 레이어 우선순위다. 이것은 여러 레이어에 같은
예제를 추가했을 때 어떤 순서로 bbappend가 적용될지를 결정하는 데
에도 사용한다. 6의 기본 값을 그대로 남겨둔다. 이것은 레이어의 conf/
layer.conf 파일에 BBFILE_PRIORITY 변수로 저장된다.

- 레시피나 append 파일을 만들지 여부다. 우선 기본 값인 no로 남겨둔다.

새 레이어는 다음과 같은 구조를 가진다.

```
meta-bsp-custom/
    conf/layer.conf
    COPYING.MIT
    README
```

부연 설명

우선 새로운 레이어를 프로젝트의 conf/bblayers.conf 파일에 추가한다. 새
로운 프로젝트를 생성할 때에 제대로 추가되도록 템플릿 conf 디렉토리의
bblayers.conf.sample 파일에 새 레이어를 추가하는 것이 좋다. 다음 코드의
굵게 강조된 줄은 conf/layers.conf 파일에 레이어를 추가하는 것을 보여준다.

```
LCONF_VERSION = "6"

BBPATH = "${TOPDIR}"
BSPDIR := "${@os.path.abspath(os.path.dirname(d.getVar('FILE',
    True)) + '/../..')}"

BBFILES ?= ""
```

```
BBLAYERS = " \
    ${BSPDIR}/sources/poky/meta \
    ${BSPDIR}/sources/poky/meta-yocto \
    \
    ${BSPDIR}/sources/meta-openembedded/meta-oe \
    ${BSPDIR}/sources/meta-openembedded/meta-multimedia \
    \
    ${BSPDIR}/sources/meta-fsl-arm \
    ${BSPDIR}/sources/meta-fsl-arm-extra \
    ${BSPDIR}/sources/meta-fsl-demos \
    ${BSPDIR}/sources/meta-bsp-custom \
"
```

이제 비트베이크^{bitbake}는 bblayers.conf 파일을 해석하고 레이어의 conf/ layers.conf 파일을 찾는다. 그 파일에 다음과 같은 내용이 있다.

```
BBFILES += "${LAYERDIR}/recipes-*/*/*.bb \
        ${LAYERDIR}/recipes-*/*/*.bbappend"
```

이것은 어느 디렉토리에 있는 레시피 파일과 append 파일을 해석할지 비트베이크에게 알려준다.

새로운 레이어의 디렉토리와 파일 구조가 주어진 패턴에 맞게 해야 한다. 그렇지 않으면 수정이 필요할 수도 있다.

비트베이크는 다음 사항도 찾는다.

```
BBPATH .= ":${LAYERDIR}"
```

BBPATH 변수는 bbclass 파일이나 설정 파일 또는 include나 require 지시어에 포함되는 파일들을 탐색하기 위해 사용한다. 탐색은 가장 먼저 검출된 파일에서 끝내기 때문에 파일명을 독특하게 유지하는 것이 가장 좋다.

conf/layer.conf 파일에 정의해야 하는 추가 변수는 다음과 같다.

```
LAYERDEPENDS_bsp-custom = "fsl-arm"
```

```
LAYERVERSION_bsp-custom = "1"
```

LAYERDEPENDS는 레이어와 의존성이 있는 다른 레이어에 대한 것을 공백으로 구분하고, LAYERVERSION은 다른 레이어에서 특정 버전에 의존성을 추가하고자 하는 경우에 레이어의 버전을 표시한다.

COPYING.MIT 파일은 레이어에 속한 메타데이터의 라이선스를 명시한다. 욕토 프로젝트는 MIT 라이선스이고, 또한 GPL^{General Public License}과도 호환된다. 이 라이선스는 오직 메타데이터에만 적용된다. 반면 빌드에 포함되는 모든 패키지는 각각의 라이선스를 가진다.

README 파일은 특정 레이어 변경 시에 필요하다. 보통 레이어를 설명하고 다른 레이어와의 의존성이나 사용 방법을 제공한다.

새로운 머신 추가

BSP 레이어를 커스터마이즈할 때 하드웨어를 위한 새로운 머신을 추가하는 것이 좋다. 이것은 BSP 레이어의 conf/machine 디렉토리에 저장한다. 기본적으로 해야 할 일은 레퍼런스 디자인을 기초로 하는 것이다. 예를 들면 wandboard-quad에는 다음에 나오는 머신 설정 파일이 있다.

```
include include/wandboard.inc

SOC_FAMILY = "mx6:mx6:wandboard"

UBOOT_MACHINE = "wandboard_quad_config"

KERNEL_DEVICETREE = "imx6q-wandboard.dtb"

MACHINE_FEATURES += "bluetooth wifi"

MACHINE_EXTRA_RRECOMMENDS += " \
    bcm4329-nvram-config \
    bcm4330-nvram-config \
"
```

완드보드 디자인에 기반을 둔 머신은 다음과 같이 wandboard-quad-custom.conf 머신 설정 파일을 생성한다.

```
include conf/machine/include/wandboard.inc

SOC_FAMILY = "mx6:mx6q:wandboard"

UBOOT_MACHINE = "wandboard_quad_custom_config"

KERNEL_DEVICETREE = "imx6-wandboard-custom.dtb"

MACHINE_FEATURES += "wifi"
```

wandboard.inc 파일은 다른 레이어에 있으므로 비트베이크가 그것을 찾게 하려면 관련 레이어의 BBPATH 변수에 전체 위치를 적어줘야 한다.

머신 설정 파일에는 기능 집합, 리눅스 커널, 디바이스 트리, U-Boot 설정을 정의한다.

리눅스에 커스텀 디바이스 트리 추가

리눅스 커널에 디바이스 트리를 추가하려면 리눅스 커널 소스에 있는 arch/arm/boot/dts 디렉토리에 디바이스 트리 파일을 추가해야 한다. 또한 다음과 같이 리눅스 빌드 시스템의 arch/arm/boot/dts/Makefile 파일을 수정해야 한다.

```
dtb-$(CONFIG_ARCH_MXC) += \
+imx6q-wandboard-custom.dtb \
```

이 코드는 마이너스(-) 접두사를 가진 줄은 제거하고 플러스(+) 줄은 추가하며, 접두사가 없는 것은 레퍼런스로 유지하는 diff 포맷를 사용한다.

패치가 준비되면 meta-bsp-custom/recipes-kernel/linux/linux-wandboard-3.10.17/ 디렉토리에 추가하고, 리눅스 커널 레시피에 다음 내용과 함께 meta-bsp-custom/recipes-kernel/linux/linux-wandboard_3.10.17.bbappend 를 추가한다.

```
SRC_URI_append = " file://0001-ARM-dts-Add-wandboard-custom-dts-
   file.patch"
```

커스텀 디바이스 트리에 추가한 패치 예제는 이 책과 함께 동봉된 소스코드에 있다.

커스텀 U-Boot 머신 추가

같은 방식으로 U-Boot 소스도 새 커스텀 머신을 추가하기 위해 패치한다. 하지만 부트로더 수정은 커널 수정만큼 필요하지 않다. 대부분의 커스텀 플랫폼 부트로더는 바꾸지 않고 그대로 둔다. 패치는 meta-bsp-custom/recipes-bsp/u-boot/u-boot-fslc-v2014.10/ 디렉토리에 추가하고 다음 내용을 가진 meta-bsp-custom/recipes-bsp/u-boot/u-bootfslc_2014.10.bbappend 파일을 추가한다.

```
SRC_URI_append = " file://0001-boards-Add-wandboard-custom.patch"
```

U-Boot에 커스텀 머신을 추가하기 위한 패치 예제는 이 책에 동반된 소스코드에서 찾을 수 있다.

커스텀 폼팩터(formfactor) 파일 추가

커스텀 플랫폼은 터치스크린이 이용 가능한지, 또는 화면 방향 지정과 같이 빌드 시스템이 다른 곳에서 얻을 수 없는 정보를 가진 폼팩터formfactor 파일을 정의한다. 이것은 meta-bsp-custom 레이어 내 recipes-bsp/formfactor/ 디렉토리에 정의한다. 새로운 머신을 위해 다음과 같이 폼팩터 파일을 포함하는 meta-bsp-custom/recipes-bsp/formfactor/formfactor_0.0.bbappend 파일을 정의한다.

```
FILESEXTRAPATHS_prepend := "${THISDIR}/${PN}:"
```

그리고 머신 지정 meta-bsp-custom/recipes-bsp/formfactor/formfactor/
wandboard-quadcustom/machconfig 파일은 다음과 같다.

```
HAVE_TOUCHSCREEN=1
```

시스템 개발 작업 흐름 소개

이 절에서는 소프트웨어를 커스터마이즈할 때 일반적으로 사용하는 시스템
개발 작업 흐름을 설명한다.

예제 구현

다음과 같은 개발 작업 흐름의 개요를 알아보자.

- 외부 개발
- 작업 디렉토리 개발
- 외부 소스 개발

모두 서로 다른 시나리오에서 사용한다.

예제 분석

각각의 개발 방법이 어떤 용도로 사용되는지 알아본다.

외부 개발

패키지를 빌드하기 위해서 욕토 툴체인이나 패키지 자체 빌드 시스템과 같
은 욕토 빌드 시스템을 사용하지 않는다.

소스는 다음과 같은 방식으로 욕토에 포함할 수 있다.

- 배포된 바이너리 압축 파일을 다운로드하는 레시피 이용
- 소스 관리 저장소에서 직접 가져오는 레시피 이용

외부 개발은 쉽게 크로스컴파일할 수 있기 때문에 보통 U-Boot나 리눅스 커널 개발을 위해 선호하는 방법이다. 욕토에서 서드파티[third-party] 패키지 또한 이런 방식으로 개발한다.

서드파티 패키지들은 크로스컴파일하기 까다로울 수 있지만, 그것을 욕토 빌드 시스템으로 쉽게 처리할 수 있다. 따라서 그 패키지의 주 개발자가 아니고 단지 약간의 수정이나 변경을 하고 싶다면 욕토의 도움을 받을 수 있다. 다음에 설명하는 두 작업 방법을 욕토 빌드 시스템에서 사용한다.

작업 디렉토리 개발

build 디렉토리 내의 작업 디렉토리(tmp/work)를 사용한다. 욕토가 패키지를 빌드할 때 소스 압축 해제, 패치, 환경 설정, 빌드, 패키징(unpack, patch, configure, build, package)하기 위해 작업 디렉토리를 사용한다. 이 디렉토리에서 소스를 바로 수정할 수 있고, 그것을 빌드하기 위해 욕토 시스템을 사용한다.

이 방법은 서드파티 패키지를 디버깅할 때 주로 사용한다.

작업 흐름은 다음과 같다.

1. 처음 상태에서 시작하기 위해서 패키지의 build 디렉토리를 제거한다.

   ```
   $ bitbake -c cleanall <target>
   ```

2. 비트베이크가 패키지 패치 단계까지만 실행하게 한다.

   ```
   $ bitbake -c patch <target>
   ```

3. 패키지 소스 디렉토리에 이동해서 소스를 수정한다. 보통 개발에 도움을 주고 패치 사항을 쉽게 추출하기 위해 임시 로컬 깃[git] 디렉토리를 생성한다.

```
$ bitbake -c devshell <target>
```

4. 수정 사항을 포함해서 빌드한다.

```
$ bitbake -C compile <target>
```

대문자 C를 주의한다. 이것은 비트베이크가 컴파일 태스크와 뒤따르는 모든 태스크를 수행하게 한다. 다음을 실행하는 것과 동일하다.

```
$ bitbake -c compile <target>
$ bitbake <target>
```

5. 패키지를 실행 중인 시스템에 복사하고 타깃의 패키지 관리 시스템에 설치해서 테스트한다. 시스템이 NFS 루트 파일 시스템에서 동작하는 경우 패키지를 복사하고 다음 명령어를 실행하면 쉽다(기본 RPM 패키지 포맷을 사용하는 것으로 가정).

```
$ rpm -i <package>
```

선택적으로 1장의 '패키지 피드 설정' 절에서 알아본 것처럼 패키지 피드를 선택적으로 이용할 수 있다. 이 경우 다음과 같이 인덱스를 다시 구축해야 한다.

```
$ bitbake package-index
```

다음으로 이전처럼 타깃에 패키지를 설치하기 위해서 패키지 관리 시스템을 이용한다.

6. 패치를 추출하고 레시피의 bbappend 파일에 추가한다.

외부 소스 개발

소스를 포함하는 외부 디렉토리를 빌드하기 위해 욕토 빌드 시스템을 사용한다. 이 외부 디렉토리는 보통 개발 중에 소스로 관리한다.

이것은 소스가 이미 욕토 빌드 시스템에 통합돼 있을 때 광범위한 패키지 개발을 대응하기 위한 일반적인 방법론이다.

작업 흐름은 다음과 같다.

1. 외부 버전 관리 디렉토리에서 개발을 수행하고 변경 사항을 주기적으로 커밋한다.

2. 소스를 가져오거나 선택적으로 빌드하기 위한 호스트 시스템 내에 디렉토리를 사용하기 위해 욕토 빌드 시스템을 설정한다. 이것은 변경 사항이 욕토 빌드 시스템의 어떤 동작에 의해서도 유실되지 않음을 보장한다. 나중에 이러한 몇 개의 레시피를 알아본다.

3. 욕토를 이용해서 빌드한다.

   ```
   $ bitbake <target>
   ```

4. 동작 시스템에 해당 패키지를 복사하고 타깃의 패키지 관리 시스템에 설치해서 테스트한다.

5. 패치를 추출하고 그것들을 레시피의 bbappend 파일에 추가한다.

커스텀 커널과 부트로더 추가

U-Boot나 커널은 툴체인을 이용해서 빌드하기 쉽기 때문에 일반적으로 욕토에서 제공하는 툴체인으로 빌드한다.

개발 작업은 다음 두 가지 중 한 가지 방법으로 한다.

- 커널이나 U-Boot의 bbappend 파일에 패치를 추가한다. 이 방법은 기초로 사용하는 레퍼런스 디자인 보드와 같은 소스를 빌드하고 변경점을 그 위에 적용한다.

- 레퍼런스 디자인에서 사용하는 커널과 U-Boot 깃 저장소를 복사해 만든 새로운 저장소를 레시피의 bbappend 파일에서 사용한다. 저장소에 수정 사항을 바로 커밋하고 욕토 빌드 시스템으로 빌드한다.

일반적으로 복사해 생성한 깃 저장소는 하드웨어 변경이 크고 리눅스 커널과 부트로더 작업이 광범위할 때에만 필요하다. 권장하는 방법은 패치로 시작해서 관리하기 힘들어지면 저장소를 복사해 사용하는 것이다.

준비

리눅스 커널과 U-Boot 수정 작업 시작 시에 먼저 빌드에 필요한 레시피를 찾는다.

리눅스 커널 소스 찾기

리눅스 커널을 구하는 여러 가지 방법이 있다. 우선 wandboard-quad 머신 설정 파일을 찾는다.

```
$ cd /opt/yocto/fsl-community-bsp/sources
$ find -name wandboard-quad.conf
./meta-fsl-arm-extra/conf/machine/wandboard-quad.conf
```

위 머신 설정 파일은 wandboard.inc 파일을 포함하고 있다.

```
include conf/machine/include/imx-base.inc
include conf/machine/include/tune-cortexa9.inc

PREFERRED_PROVIDER_virtual/kernel ?= "linux-wandboard"
PREFERRED_VERSION_linux-wandboard ?= "3.10.17"
```

여기에서 virtual/kernel을 지정한 리눅스 커널 레시피를 찾을 수 있다. 이와 같은 가상 패키지는 기능이나 요소가 하나 이상의 레시피에서 제공할 때 사용한다. 최종적으로 사용할 레시피를 지정한다. 가상 패키지는 3장의 '특정 패키지 버전과 프로바이더 선택' 절에서 자세히 설명한다.

이전 core-image-minimal 빌드에서 실제 산출물을 확인한다.

```
$ find tmp/work -name "*linux-wandboard*"
tmp/work/wandboard_quad-poky-linux-gnueabi/linux-wandboard
```

linux-wandboad 디렉토리가 work 디렉토리에 존재하기 때문에 그 레시피가 사용됐음을 확신할 수 있다.

사용 가능한 리눅스 레시피는 다음 명령어로 확인한다.

```
$ find -name "*linux*.bb"
```

사용 가능한 리눅스 bb 파일을 찾기 위한 여러 방법이 있지만, 이미 알고 있는 지식을 이용한다. BSP 대응은 Freescale 커뮤니티 BSP 레이어에 포함돼 있기 때문에 poky와 meta-openembedded 디렉토리를 제외한다.

```
$ find -path ./poky -prune -o -path ./meta-openembedded -prune -o -name
"*linux*.bb"
```

포키에 포함돼 있는 bitbake-layers 스크립트도 사용할 수 있다.

```
$ cd /opt/yocto/fsl-community-bsp/
$ source setup-environment wandboard-quad
$ bitbake-layers show-recipes 'linux*'
```

모든 커널이 완드보드 머신을 완벽하게 지원하지 않는다. 하지만 모두 프리스케일 ARM 머신을 지원하기 때문에 서로 간의 비교를 위해 유용하다.

U-Boot 소스 찾기

include 체인을 따라가면 fsl-default-providers.inc 파일이 포함하는 imx-base.inc 파일이 있다. 이 파일은 다음 내용을 포함한다.

```
PREFERRED_PROVIDER_u-boot ??= "u-boot-fslc"
PREFERRED_PROVIDER_virtual/bootloader ??= "u-boot-fslc"
```

u-boot-fslc가 찾고 있는 U-Boot 레시피다.

깃 저장소 포크를 이용한 개발

포크[fork]된 저장소를 사용하기 위해서 레시피를 추가하는 방법을 알아본다. 예제와 같이 리눅스 커널을 사용한다. 세부 사항은 다르지만 작업 개념은 U-Boot나 다른 패키지와 동일하다.

레퍼런스 디자인에서 사용하는 저장소를 포크하고 브랜치를 생성한다. 그것 은 레시피의 SRC_URI를 지정하기 위해 사용한다.

예제 구현

이 레시피를 위해 https://github.com/yoctocookbook/linux 저장소를 포크한 다. recipes-kernel/linux/linux-wandboard_3.10.17.bbappend 파일은 다음 같은 변경 사항을 갖고 있다.

```
# Copyright Packt Publishing 2015
WANDBOARD_GITHUB_MIRROR = "git://github.com/yoctocookbook/linux.git"
SRCBRANCH = "wandboard_imx_3.10.17_1.0.2_ga-dev"
SRCREV = "${AUTOREV}"
```

 비트베이크가 깃 소스로 인식할 수 있도록 URL이 git://로 시작하게 정의한다. 리눅 스 커널을 지우고 빌드하면 포크된 저장소로에서 소스를 가져온다.

예제 분석

linux-wandboard_3.10.17.bb 레시피를 살펴본다.

```
include linux-wandboard.inc
require recipes-kernel/linux/linux-dtb.inc

DEPENDS += "lzop-native bc-native"
```

```
# Wandboard branch - based on 3.10.17_1.0.2_ga from Freescale git
SRCBRANCH = "wandboard_imx_3.10.17_1.0.2_ga"
SRCREV = "be8d6872b5eb4c94c15dac36b028ce7f60472409"
LOCALVERSION = "-1.0.2-wandboard"

COMPATIBLE_MACHINE = "(wandboard)"
```

첫째로 흥미로운 점은 linux-wandboard.inc와 linux-dtb.inc를 동시에 포함한다는 점이다.

첫 번째 것은 조금 후에 알아보고, 나머지 하나는 리눅스 커널 디바이스 트리를 컴파일하는 클래스다. 전자를 먼저 살펴보고, 나중에 '디바이스 트리 관리' 절에서 디바이스 트리를 다룬다.

다음으로 lzop-native와 bc-native라는 두 패키지의 의존 관계가 선언돼 있다. native 부분은 호스트 시스템에서 사용한다는 것을 의미한다. 이 의존성 있는 패키지는 리눅스 커널 빌드 작업 중에 사용한다. lzop는 메모리 기반 루트 파일 시스템에서 부팅하는 initramfs 시스템에서 필요로 하는 cpio 압축 파일을 생성하기 위해 사용한다. 그리고 bc는 특정 커널 파일을 생성할 때 펄이 커널 의존성을 피하기 위해 도입됐다.

브랜치와 리비전을 설정하고 마지막으로 COMPATIBLE_MACHINE을 wandboard로 설정한다. 3장의 '새로운 패키지 추가' 절에서 머신 호환성에 대해 설명한다.

이제 linux-wandboard.inc 파일에 대해서 살펴본다.

```
SUMMARY = "Linux kernel for Wandboard"
LICENSE = "GPLv2"
LIC_FILES_CHKSUM =
    "file://COPYING;md5=d7810fab7487fb0aad327b76f1be7cd7"

require recipes-kernel/linux/linux-imx.inc

# Put a local version until we have a true SRCREV to point to
SCMVERSION ?= "y"
```

```
SRCBRANCH ??= "master"
LOCALVERSION ?= "-${SRCBRANCH}"

# Allow override of WANDBOARD_GITHUB_MIRROR to make use of
# local repository easier
WANDBOARD_GITHUB_MIRROR ?= "git://github.com/wandboardorg/
    linux.git"

# SRC_URI for wandboard kernel
SRC_URI = "${WANDBOARD_GITHUB_MIRROR};branch=${SRCBRANCH} \
        file://defconfig \
"
```

이것이 사실상 찾던 파일이다. 처음 부분에 커널 소스의 라이선스와 라이선스 파일 위치를 지정하고, 기본 브랜치와 로컬 커널 버전 문자열을 정의한다. 그리고 소스를 가져올 위치를 가리키는 SRC_URI 변수를 정의한다.

다음으로 bbappend 파일에서 수정 가능한 WANDBOARD_GITHUB_MIRROR 변수를 제공한다.

다른 준비 작업으로는 깃허브 계정을 생성하고 wandboard-org 리눅스 저장소를 포크하는 것이다.

포크한 위치로 WANDBOARD_GITHUB_MIRROR 변수를 수정해야 한다. 이전에 살펴본 것처럼 레시피는 특정 리비전이나 브랜치를 설정한다. 이 위치에서 개발하기를 원하기 때문에 생성한 새 개발 브랜치로 변경한다. 그 위치를 wandboard_imx_3.10.17_1.0.2_ga-dev로 하고, 해당 브랜치의 최신 버전을 자동으로 가져오게 리비전을 설정한다.

U-Boot 부트로더 빌드

이 절에서는 예제로 U-Boot 부트로더를 사용해 이전에 설명한 여러 개발 작업 흐름을 알아본다.

다음 개발 작업 흐름을 U-Boot에 적용하는 방법을 살펴본다.

- 외부 개발
- 외부 소스 개발
- 작업 디렉토리 개발

이전에 언급했던 세 가지 작업 흐름을 자세히 살펴본다.

외부 개발

욕토 빌드 시스템 밖에서 U-Boot 소스를 빌드하기 위해 욕토 툴체인을 사용한다.

1. 다음 주소에서 욕토 프로젝트 크로스컴파일 툴체인을 호스트로 다운로드하고 설치한다.

   ```
   http://downloads.yoctoproject.org/releases/yocto/yocto-1.7.1/
   toolchain/
   ```

 32비트나 64비트 버전 중 하나를 고르고 기본 설치 위치를 확인해서 설치 스크립트를 실행한다. 재배치 문제를 피하기 위해 기본 위치를 바꾸지 않는다.

2. 업스트림^{upstream} 깃 저장소를 찾는다.

   ```
   $ bitbake -e u-boot-fslc | grep ^SRC_URI=
   SRC_URI="git://github.com/Freescale/u-bootimx.
       git;branch=patches-2014.10"
   ```

3. 업스트림 저장소에서 U-Boot 소스를 다운로드한다.

```
$ cd /opt/yocto/
$ git clone git://github.com/Freescale/u-boot-imx.git
$ cd u-boot-imx
```

기본 브랜치는 patches-2014.10이지만 다음과 같이 변경한다.

```
$ git checkout -b patches-2014.10 origin/patches-2014.10
```

4. 툴체인과 함께 제공하는 스크립트를 이용해서 환경을 설정한다.

```
$ source /opt/poky/1.7.1/environment-setup-armv7a-vfp-neonpoky-
  linux-gnueabi
```

5. wandboard-quad용으로 U-Boot를 설정한다.

```
$ make wandboard_quad_config
```

6. U-Boot를 빌드하다가 실패한다. 기본 욕토 환경 설정이 U-Boot의
   요구 사항을 만족하지 못하기 때문이다. U-Boot 레시피는 빌드하기
   전에 몇 가지 플래그를 다음과 같이 초기화해야 한다.

```
$ unset LDFLAGS CFLAGS CPPFLAGS
```

7. 이제 빌드하기 위한 준비가 됐다. U-Boot 레시피는 EXTRA_OEMAKE
   플래그를 통해서도 CC를 make에 전달한다. U-Boot 내에서 환경 변수
   를 통해 참조할 수 없기 때문에 다음과 같이 실행해야 한다.

```
$ make CC="${CC}"
```

> 다중 스레드 컴파일을 위해서 -jN 매개변수를 전달할 수 있다. 여기에서 N은 CPU
> 코어 숫자다.

U-Boot Makefile은 다음 명령어를 이용해서 libgcc를 찾는다.

```
PLATFORM_LIBGCC := -L $(shell dirname `$(CC) $(CFLAGS) -print-libgcc-
file-name`) -lgcc
```

CC를 정의하지 않았다면 sysroot 옵션이 컴파일러에게 전달되지 않는 것처럼 툴체인에서 libgcc 라이브러리의 위치도 올바로 확장되지 않는다.

 U-Boot의 최신 버전은 이미 이 문제를 해결했다. 그러나 다음의 명령어는 남겨둔다.

```
$ make CC="${CC}"
```

이는 U-Boot 이전 버전에서도 잘 동작하게 하기 위함이다.

문제를 해결하는 다른 방법은 USE_PRIVATE_LIBGCC U-Boot 설정 변수를 지정하는 것이지만, 이것은 U-Boot 내부 libgcc 라이브러리를 사용하는 것이라 권장하지 않는다.

변경 사항을 테스트하기 위해 이미지를 타깃으로 복사해야 한다. 이는 다음에 설명한다.

외부 소스 개발

레퍼런스 디자인에 사용할 소스의 로컬 복사본을 다운로드하고 프로젝트에서 사용하도록 외부 소스로 설정해 로컬 디렉토리에서 욕토 빌드 시스템을 사용해 개발하고 패치를 추출해 BSP 레이어에 bbappend 파일로 추가한다.

이전에 예제로 다운로드한 U-Boot 소스를 사용한다.

다운로드한 소스에서 작업하기 위해 conf/local.conf 파일을 다음과 같이 수정한다.

```
INHERIT += "externalsrc"
EXTERNALSRC_pn-u-boot-fslc = "/opt/yocto/u-boot-imx"
EXTERNALSRC_BUILD_pn-u-boot-fslc = "/opt/yocto/u-boot-imx"
```

EXTERNALSRC_BUILD 변수는 빌드 위치(B)를 정의하고, EXTERNALSRC 변수
는 소스 위치(S)를 정의한다. 또한 이 코드는 현재 u-boot-fslc 레시피가
소스와 build 디렉토리를 분리하지 않기 때문에 외부 소스 위치에서 빌드를
진행한다.

 다음에 설명할 작업 디렉토리 개발 방법론을 사용할 경우 앞에 언급한 설정 사항은
제거해야 한다는 점을 명심해야 한다.

이제 다음과 같이 새로운 셸에서 빌드한다.

```
$ cd /opt/yocto/fsl-community-bsp/
$ source setup-environment wandboard-quad
$ bitbake u-boot-fslc
```

외부 소스에서 빌드할 때 SRCPV 변수 확장 에러로 실패한다. 외부 소스 컴파
일할 때 레시피는 고정된 버전을 사용하도록 임시로 수정해야 한다. U-Boot
경우에 meta-fslarm/recipes-bsp/u-boot/u-boot-fslc_2014.10.bb 파일을
다음과 같이 수정한다.

```
- PV = "v2014.10+git${SRCPV}"
+ PV = "v2014.10"
```

diff 포맷을 사용한다. 마이너스가 붙은 라인은 제거하고 플러스 표시를 가
진 것은 추가한다.

외부 소스 개발을 위한 패치 예제는 이 책에 동봉한 소스코드에 있다.

이제 개발 작업 내용을 로컬 저장소에 커밋하고 패치는 git format-patch

명령어로 패치 파일을 만들 수 있다. 예를 들면 0001-wandboard-Change-board-info.patch 파일로 완드보드를 위한 보드 정보를 바꾼다.

```
diff --git a/board/wandboard/wandboard.c
    b/board/wandboard/wandboard.c
index 3c8b7a5d2d0a..a466d4c74b8f 100644
--- a/board/wandboard/wandboard.c
+++ b/board/wandboard/wandboard.c
@@ -404,7 +404,7 @@ int board_init(void)

int checkboard(void)
{
-       puts("Board: Wandboard\n");
+       puts("Board: Wandboard custom\n");

        return 0;
}
```

이 패치를 욕토 U-Boot 레시피에 추가하기 위해 다음 내용과 함께 meta-bsp-custom/recipes-bsp/u-boot/u-boot-fslc_2014.10.bbappend 파일을 생성한다.

```
# Copyright Packt Publishing 2015
FILESEXTRAPATHS_prepend := "${THISDIR}/${PN}-${PV}:"
SRC_URI_append = " file://0001-wandboard-Change-board-info.patch"
```

패치는 FILESEXTRAPATHS 변수에 지정한 것처럼 meta-bsp-custom/recipes-bsp/u-boot/u-boot-fslc-2014.10/ 아래에 위치해야 한다.

SRC_URI 변수에 추가한 patch나 diff 확장자를 가진 파일은 발견되는 순서대로 적용된다. SRC_URI에 apply=yes 속성을 지정해서 강제로 어떤 파일을 patch로 인식하게 할 수도 있다.

작업 디렉토리 개발

작은 수정에 대한 전형적인 작업 흐름은 다음과 같다.

1. 초기 상태에서 U-Boot 패키지 컴파일을 시작한다.

   ```
   $ bitbake -c cleanall virtual/bootloader
   ```

   build 디렉토리, 셰어드 스테이트 캐시, 다운로드한 패키지 소스를 모두 삭제한다.

2. 개발 셸을 시작한다.

   ```
   $ bitbake -c devshell virtual/bootloader
   ```

   U-Boot 소스를 가져오고, 압축을 풀고, 패치하고, U-Boot 컴파일을 위한 개발 환경을 준비함과 동시에 새로운 셸을 생성한다. 새 셸은 로컬 깃 저장소를 갖고 있는 U-Boot 소스 디렉토리로 이동하게 된다.

3. 로컬 깃 저장소를 수정한다.

4. 개발 셸을 열어 둔 상태에서 수정 사항을 지우지 않고 소스를 컴파일하기 위해 또 다른 터미널을 사용한다.

   ```
   $ bitbake -C compile virtual/bootloader
   ```

   대문자 C를 사용하는 것을 명심하라. 이것은 컴파일 태스크와 다음에 뒤따르는 모든 태스크를 호출한다.

   새로 컴파일한 U-Boot 이미지는 tmp/deploy/images/wandboard-quad 아래에 있다.

5. 변경 사항을 테스트한다. 일반적으로 부트로더를 마이크로SD 카드(완드보드를 갖고 있는 경우)나 내부 emmc(사용 가능하다면)의 올바른 위치에 재프로그래밍해야 한다.

   새 U-Boot 이미지를 i.MX6 bootrom이 사용하게 지정된 0x400 오프셋에 복사하기 위해서 dd 명령어를 사용한다.

```
sudo dd if=u-boot.imx of=/dev/sdN bs=512 seek=2 && sync
```

이것은 512바이트 블록 크기를 가진 경우 0x400(1024)바이트인 2블록 오프셋에 기록한다.

 머신을 망가뜨릴 수 있기 때문에 dd 명령어를 사용할 때 주의해야 한다. sdN장치가 마이크로SD 카드와 일치하고 개발 머신의 드라이버가 아닌 것을 반드시 확인해야 한다.

다음과 같이 디바이스 자체에서 U-Boot mmc 명령어를 사용할 수 있다.

☐ U-Boot 이미지를 메모리에 로드

```
> setenv ipaddr <target_ip>
> setenv serverip <host_ip>
> tftp ${loadaddr} u-boot.imx
```

TFTP 전송의 16진수 파일 크기는 파일 크기 환경 변수를 따른다.

☐ 동작하는 MMC 장치를 선택한다. 어떤 것이 올바른 장치인지 찾기 위해 mmc part 명령어를 사용할 수 있다.

```
> mmc dev 0
> mmc part
Partition Map for MMC device 0 -- Partition Type: DOS

Part    Start Sector    Num Sectors    UUID          Type
   1    8192            16384          0003b9dd-01   0c
   2    24576           131072         0003b9dd-02   83
```

파티션 1은 8192섹터에서 시작하고 U-Boot를 프로그래밍하기 위해 충분한 공간이 남아 있다는 것을 보여준다.

☐ 512바이트 블록 크기를 갖고 다음과 같이 블록 개수를 계산한다.

```
> setexpr filesizeblks $filesize / 0x200
> setexpr filesizeblks $filesizeblks + 1
```

☐ 다음으로 이미지가 점유하는 블록 수에서 두 블록 오프셋에 기록한다.

```
> mmc write ${loadaddr} 0x2 ${filesizeblks}
```

6. 개발 셸로 돌아가서 수정 사항을 로컬 깃 저장소에 커밋한다.

```
$ git add --all .
$ git commit -s -m "Well thought commit message"
```

7. 다음과 같이 U-Boot 레시피 디렉토리에 패치를 생성한다.

```
$ git format-patch -1 -o /opt/yocto/fsl-communitybsp/
sources/meta-bsp-custom/recipes-bsp/u-boot/u-boot-
fslcv2014.10/
```

8. 마지막으로 이전에 설명한 것처럼 U-Boot 레시피에 패치를 추가한다.

욕토 리눅스 커널 지원

욕토 리눅스 프로젝트는 리눅스 커널 개발 작업이 가능한 커널 프레임워크를 제공한다.

● 깃 저장소에서 소스를 가져오고 패치를 적용한다. 이것은 우리가 이전에 봤던 프리스케일 커뮤니티 BSP 지원 커널에서 사용하는 방법이다.

● 깃 브랜치의 집합에서 커널 소스를 생성한 linux-yocto 커널을 사용한다. 이 브랜치에서 특정 기능을 개발하고 브랜치 최종에는 기능의 완진힌 집힙을 가리킨다.

이 절에서는 linux-yocto 스타일 커널을 개발하는 방법을 살펴본다.

linux-yocto 커널을 사용하기 위해서 커널 레시피는 linux-yocto.inc 파일을 상속한다. linux-yocto 커널 깃 저장소는 레시피 내부 또는 meta 접두사 이름을 가진 브랜치의 커널 깃 트리 내부에 있다.

linux-yocto 커널 레시피는 kernel.org 저장소를 기반으로 하는 업스트림 커널 개발을 따른다. 새 욕토 릴리스 주기가 시작되면 최신 업스트림 커널 버전을 선택하고 이전 욕토 릴리스 커널 버전은 유지 보수 단계로 넘어간다. 더 오래된 커널 버전은 LTSI^{Long Term Support Initiative} 릴리스에 맞추어 업데이트한다. 항상 가장 최신 업스트림 커널 개발을 따라가는 linux-yocto-dev도 있다.

욕토 커널은 업스트림 커널 소스와 별개로 유지되고 임베디드 시스템 개발자를 지원하기 위한 기능이나 BSP를 추가한다.

프리스케일 커뮤니티 BSP가 linux-yocto 커널을 사용하지 않지만 일부 다른 BSP 레이어는 욕토 커널을 사용한다.

빌드에서 사용하는 메타데이터 변수는 다음과 같다.

- **KMACHINE** 일반적으로 MACHINE 변수와 같다. 커널의 머신 종류를 정의한다.

- **KBRANCH** 빌드하기 위한 커널 브랜치를 명시적으로 설정한다. 선택 사항이다.

- **KBRANCH_DEFAULT** master의 KBRANCH에 대한 기본 값이다.

- **KERNAL_FEATURES** 설정과 패치를 지정하기 위해 메타데이터를 추가한다. 지정된 KMACHINE과 KBRANCH에 추가한다. 뒤에서 설명할 SCC^{Series Configuration Control} 파일에 정의한다.

- **LINUX_KERNEL_TYPE** standard가 기본 값이지만 tiny나 preempt-rt도 가능하다. SCC 설명 파일에 정의하거나 명시적으로 SCC 파일의 KTYPE 변수를 이용해서 지정한다.

리눅스 커널에 있는 메타데이터는 여러 가지 BSP와 커널 유형을 지원하기 위해 환경 설정과 소스 위치를 관리한다. `kernel-tools` 패키지는 이 메타데이터를 관리하는 도구를 빌드한다.

작은 변경이나 접근하지 못하는 커널 저장소를 이용한다면 일반적으로 레시피나 `meta` 브랜치의 커널 깃 저장소 내부 중 한 곳에서 메타데이터를 설정한다. `meta` 브랜치는 소스와 같은 저장소 브랜치의 `meta` 디렉토리를 기본 값으로 설정한다. 하지만 커널 레시피에서 `KMETA` 변수를 이용해서 정의할 수도 있다. 그것이 커널 소스와 같은 브랜치에 있지 않으며, 자체 히스토리를 가진 `orphan` 브랜치를 유지한다. 히스토리가 없는 브랜치를 만들기 위해서 다음 명령어를 사용한다.

```
$ git checkout --orphan meta
$ git rm -rf .
$ git commit --allow-empty -m "Meta branch"
```

그러면 레시피는 사용할 `meta` 브랜치의 리비전을 가리키는 `SRCREV_meta`를 포함해야 한다.

SCC 파일에는 메타데이터에 대한 설명이 있다. 그리고 다음과 같은 명령어를 포함한다.

- **kconf** 커널 설정에 분리된 설정을 적용한다.
- **patch** 특정 패치를 적용한다.
- **define** 변수를 정의한다.
- **include** 다른 SCC 파일을 포함한다.
- **git merge** 현재 브랜치에 특정 브랜치를 통합한다.
- **branch** 보통 `KTYPE`이나 지정된 현재 브랜치에서 새 브랜치를 생성한다.

대부분 SCC 파일은 다음과 같은 논리적 그룹으로 나뉜다.

- configuration(**cfg**) 하나 이상의 커널 설정 조합이나 그것을 설명하는 SCC 파일을 포함한다. 예를 들면 다음과 같다.

```
cfg/spidev.scc:
        define KFEATURE_DESCRIPTION "Enable SPI device
    support"
        kconf hardware spidev.cfg

cfg/spidev.cfg:
        CONFIG_SPI_SPIDEV=y
```

- patches 하나 이상의 커널 패치와 그것을 설명하는 SCC 파일을 포함한다. 예를 들면 다음과 같다.

```
patches/fix.scc:
        patch fix.patch

patches/fix.patch
```

- features 설정 조합이나 복잡한 기능을 정의하는 패치를 포함한다. 또한 다른 설명 파일을 포함한다. 예를 들면 다음과 같다.

```
features/feature.scc
        define KFEATURE_DESCRIPTION "Enable feature"

        patch 0001-feature.patch

        include cfg/feature_dependency.scc
        kconf non-hardware feature.cfg
```

- kernel types 높은 수준의 커널 정책을 정의하는 특성을 포함한다. 기본적으로 SCC 파일에는 세 개의 커널 유형을 정의한다.

  □ standard 일반적인 커널 정의 정책이다.

  □ tiny 최소 커널 정의 정책이고 standard 타입과 독립적이다.

  □ preempt-rt PREEMPT-RT 패치를 적용한 실시간 커널을 정의하기

위해 standard 타입을 상속한다.

기타 커널 유형은 SCC 파일에 `KTYPE` 변수를 이용해서 정의한다.

- **Board Support Packages(BSP)** 커널 종류와 하드웨어 특성의 조합. BSP 유형은 커널 머신을 위한 `KMACHINE`과 커널 아키텍처를 위한 `KARCH`를 반드시 포함한다.

참고 사항

- `linux-yocto` 커널에 대한 세부 정보는 욕토 프로젝트 리눅스 커널 개발 매뉴얼 http://www.yoctoproject.org/docs/1.7.1/kernel-dev/kernel-dev.html에 있다.

리눅스 빌드 시스템

리눅스 커널은 모노리틱^{monolithic} 커널이고 일반적으로 동일한 주소 공간을 공유한다. 동작 중에 모듈을 로딩할 수 있지만 컴파일 시에 모듈이 사용하는 모든 심벌^{symbol}을 반드시 포함해야 한다. 모듈이 로드될 때 커널 주소 공간을 공유한다.

커널 빌드 시스템 또는 kbuild는 커널의 어느 부분을 컴파일할 것인가를 결정하기 위해 조건부 컴파일을 사용한다. 커널 빌드 시스템은 욕토 빌드 시스템과 독립적이다.

이 절에서는 커널의 빌드 시스템이 동작하는 방법을 설명한다.

예제 구현

커널 루트 디렉토리에 있는 .config 텍스트 파일은 커널 설정을 저장한다. kbuild 시스템은 커널을 빌드하기 위해 이 설정 값을 이용한다. .config 파일은 커널 설정 파일로 사용한다. 커널 설정 파일을 정의하는 방법에는 여러 가지가 있다.

- .config 파일을 직접 수정하는 방법은 권장하지 않는다.
- 커널이 제공하는 사용자 인터페이스 중 하나를 사용한다(다른 옵션을 위해 `make help` 명령어를 입력한다).

  □ **menuconfig** ncurses 메뉴 기반 인터페이스(`make menuconfig`)

  □ **xconfig** Qt 기반 인터페이스(`make xconfig`)

  □ **gconfig** GTK 기반 인터페이스(`make gconfig`)

 이런 인터페이스를 사용해서 빌드하려면 리눅스 호스트에 적절한 의존성 패키지가 설치돼 있어야 한다.

- 욕토와 같은 빌드 시스템을 통한 자동화

각 머신별 기본 설정을 커널 트리에 정의한다. ARM 플랫폼에서는 arch/arm/configs 디렉토리에 기본 설정을 저장한다. ARM 커널을 설정하기 위해, 즉 기본 설정에서 .config 파일을 만들기 위해서 다음을 실행한다.

```
$ make ARCH=arm <platform>_defconfig
```

예를 들어 다음과 같이 실행함으로써 프리스케일 i.MX6를 위한 기본 설정을 구성한다.

```
$ make ARCH=arm imx_v6_v7_defconfig
```

예제 분석

Kbuild는 커널 소스를 컴파일하기 위해 Makefile과 Kconfig 파일을 사용한다. Kconfig 파일은 설정 심벌과 속성을 정의한다. 그리고 Makefile 파일은 설정 심벌과 소스 파일을 맞춘다.

kbuild 시스템 옵션과 타깃은 다음을 실행함으로써 볼 수 있다.

```
$ make ARCH=arm help
```

최근 커널에서 기본 설정은 전체 설정 파일로 확장하기 위해 필요한 모든 정보를 갖고 있다. 그것은 모든 의존성을 제거한 최소 커널 설정 파일이다. 기존 .config 파일에서 기본 설정 파일을 생성하기 위해 다음을 실행한다.

```
$ make ARCH=arm savedefconfig
```

이 명령어는 현재 커널 디렉토리에 defconfig 파일을 생성한다. 이 make 타깃은 이전에 설명한 <platform>_defconfig 타깃의 반대 개념으로 볼 수 있다. 전자는 최소 설정에서 설정 파일을 생성하고, 후자는 전체 설정 파일에서 최소 설정으로 확장하는 것이다.

리눅스 커널 설정

이 절에서는 욕토 빌드 시스템을 이용해서 리눅스 커널을 설정하는 방법을 설명한다.

준비

커널을 설정하기 전에 머신을 위한 기본 설정을 제공해야 한다. 새로운 머신을 정의할 때 BSP 레이어에 defconfig 파일을 제공해야 한다.

완드보드의 defconfig 파일은 sources/meta-fsl-arm-extra/recipes-kernel/
linux/linux-wandboard-3.10.17/defconfig에 있다.

커스텀 하드웨어를 위한 defconfig의 기반이 되는 파일이다. 따라서 다음과
같이 BSP 레이어에 복사한다.

```
$ cd /opt/yocto/fsl-community-bsp/sources
$ mkdir -p meta-bsp-custom/recipes-kernel/linux/linux-wandboard-
  3.10.17/
$ cp meta-fsl-arm-extra/recipes-kernel/linux/linux-wandboard-
  3.10.17/defconfig meta-bsp-custom/recipes-kernel/linux/linux-
  wandboard-3.10.17/
```

다음으로 meta-bsp-custom/recipes-kernel/linux/linuxwandboard_3.10.17.
bbappend를 이용해서 커널에 추가한다.

```
# Copyright Packt Publishing 2015
FILESEXTRAPATHS_prepend := "${THISDIR}/${PN}-${PV}:"
SRC_URI_append = " file://defconfig"
```

이 defconfig 파일에서 플랫폼에 대한 커널 설정을 직접 변경할 수 있다.

예제 분석

머신 defconfig 파일에서 .config 파일을 생성하기 위해 다음 명령어를 실행
한다.

```
$ bitbake -c configure virtual/kernel
```

이것은 리눅스 소스에 대한 설정을 적용하기 위해서 make oldconfig를 실
행한다.

그리고 나서 다음과 같이 비트베이크 명령어로 리눅스 커널을 설정한다.

```
$ bitbake -c menuconfig virtual/kernel
```

다음 그림과 같이 다른 커널 설정 사용자 인터페이스와 menuconfig 사용자
인터페이스는 이름으로 설정 변수를 찾을 수 있는 기능을 제공한다.

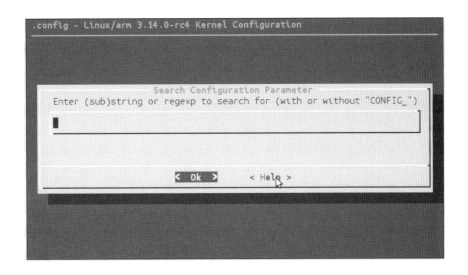

3장에서 설정 변수의 전체 경로를 지정하지 않고 CONFIG_PRINTK와 같은 특정 커
널 설정 변수를 설명한다. 다른 사용자 인터페이스의 검색 인터페이스는 설정 변수
경로를 찾는 데 사용된다.

수정 사항을 저장하면 .config 파일이 커널의 build 디렉토리에 생성된다.
디렉토리 위치는 다음 명령어를 이용해 찾을 수 있다.

```
$ bitbake -e virtual/kernel | grep ^B=
```

비트베이크를 사용하지 않고 그래픽 사용자 인터페이스GUI를 이용해서 설정
을 변경할 수 있다. 그래픽 사용자 인터페이스는 욕토에서 기본으로 빌드하
지 않는 호스트에 의존성 있는 패키지가 필요하다.

우분투 시스템이 필요로 하는 의존성 패키지를 설치하기 위해 다음 명령어
를 실행한다.

```
$ sudo apt-get install git-core libncurses5 libncurses5-dev libelfdev
  asciidoc binutils-dev qt3-dev-tools libqt3-mt-dev libncurses5
  libncurses5-dev fakeroot build-essential crash kexec-tools
  makedumpfile libgtk2.0-dev libglib2.0-dev libglade2-dev
```

다음 명령어로 앞에서 찾은 커널 build 디렉토리로 이동한다.

```
$ cd /opt/yocto/fsl-community-bsp/wandboard-
  quad/tmp/work/wandboard_quad-poky-linux-gnueabi/linux-
  wandboard/3.10.17-r0/git
```

다음과 같이 실행한다.

```
$ make ARCH=arm xconfig
```

 컴파일 에러가 발생하면 setup-environment 스크립트로 설정한 환경을 갖고 있지
않은 새 터미널에서 실행한다.

다음 그림처럼 그래픽 설정 사용자 인터페이스와 함께 새 창이 열린다.

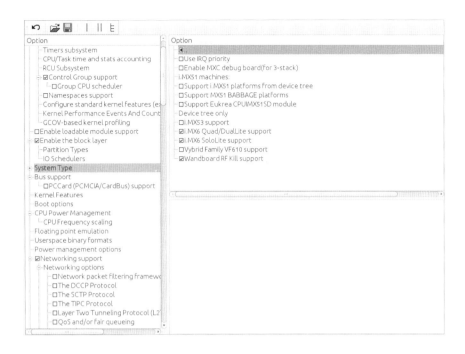

수정 사항을 저장할 때 .config 파일도 갱신된다.

갱신된 설정을 사용하기 위해서 빌드 중에 비트베이크가 수정 사항을 복원하지 않도록 주의해야 한다. 추가 정보를 위해 2장의 '리눅스 커널 빌드' 절을 참조한다.

부연 설명

다음 과정을 통해 커널 수정 사항을 영구적으로 유지할 수 있다.

1. 초기 환경(setup-environment 스그립드를 실행하지 않은)에서 커널 소스 디렉토리의 .config 파일을 통해 기본 설정 파일을 생성한다.

   `$ make ARCH=arm savedefconfig`

2. 커널 build 디렉토리의 defconfig 파일을 커널 레시피로 복사한다.

```
$ cp defconfig /opt/yocto/fsl-community-bsp/sources/meta-bsp-
  custom/ recipes-kernel/linux/linux-wandboard-3.10.17
```

다른 방법으로는 다음과 같이 build 디렉토리에서 비트베이크를 사용할 수
있다.

```
$ cd /opt/yocto/fsl-community-bsp/
$ source setup-environment wandboard-quad
$ bitbake -c savedefconfig virtual/kernel
```

이 방법도 레시피 디렉토리에 복사할 defconfig 파일을 리눅스 소스 디렉토
리에 만든다.

부분 설정 사용

linux-yocto 커널은 커널 부분 설정^{configuration fragments}에 정의한 독립된 커
널 설정 변경 사항을 사용할 수 있다. 예를 들면 다음과 같다.

```
spidev.cfg:
  CONFIG_SPI_SPIDEV=y
```

같은 방법으로 커널 부분 설정을 SRC_URI에 추가하고 defconfig 파일에 적
용한다.

linux-yocto 커널은 (완드보드를 위한 것은 아님) 커널 설정을 관리하는 도구 모
음도 제공한다.

- defconfig 파일과 제공된 부분 설정을 커널에 설정하기 위해 다음을 실
  행한다.

  ```
  $ bitbake -f -c kernel_configme linux-yocto
  ```

- 변경 사항에서 부분 설정을 만들기 위해 다음을 실행한다.

  ```
  $ bitbake -c diffconfig linux-yocto
  ```

- 커널 설정을 적용하기 위해 다음을 실행한다.

```
$ bitbake -f -c kernel_configcheck linux-yocto
```

리눅스 커널 빌드

이 절에서는 리눅스 커널 사용 레시피를 통해 이전에 설명한 개발 작업 흐름을 살펴본다.

예제 구현

다음 개발 작업 흐름을 리눅스 커널에 적용하는 방법을 알아본다.

- 외부 개발
- 작업 디렉토리 개발
- 외부 소스 개발

예제 분석

이전에 나열한 세 가지 방법을 자세히 설명한다.

외부 개발

욕토 빌드 환경 외부에서 개발할 때 욕토에서 제공하는 툴체인을 사용할 수 있다. 그 과정은 다음과 같다.

1. 호스트에 설치한 욕토 프로젝트 크로스 툴체인을 사용한다.

2. linux-wandboard로 완드보드 커널 저장소를 다운로드한다.

```
$ cd /opt/yocto
$ git clone https://github.com/wandboard-org/linux.git
```

```
  linux-wandboard
$ cd linux-wandboard
```

3. `linux-wandboard_3.10.17.bb` 레시피에 지정한 브랜치로 이동한다.

```
$ git checkout -b wandboard_imx_3.10.17_1.0.2_ga
  origin/wandboard_imx_3.10.17_1.0.2_ga
```

4. 커널 소스를 컴파일한다.

   □ 환경을 준비한다.

```
$ source /opt/poky/1.7.1/environment-setup-armv7a-vfp-neon-
  poky- linux-gnueabi
```

   □ 기본 머신 설정으로 커널을 설정한다.

```
$ cp /opt/yocto/fsl-community-bsp/sources/meta-bsp-custom/
  recipeskernel/ linux/linux-wandboard-3.10.17/defconfig
  arch/arm/configs/ wandboard-quad_defconfig
$ make wandboard-quad_defconfig
```

   □ 커널 이미지, 모듈, 디바이스 트리를 컴파일한다.

```
$ make
```

다중 스레드로 빌드하기 위해 선택적으로 -jN 인자를 줄 수 있다. 커
널 zImage, 모듈, 디바이스 트리 파일을 빌드한다.

오래전 욕토 환경 설정 스크립트는 gcc를 사용하기 위해 LD 변수를 설정했지만,
리눅스 커널은 대신에 ld를 사용한다. 컴파일이 실패하면 make를 실행하기 전에
다음 명령어를 시도한다.

```
$ unset LDFLAGS
```

모듈만 빌드하려면 다음을 실행한다.

```
$ make modules
```

디바이스 트리 파일만 빌드하려면 다음을 실행한다.

```
$ make dtbs
```

☐ 테스트를 위해 네트워크 부팅을 이용해서 커널 이미지와 디바이스
  트리 파일을 TFTP 루트에 복사한다.

```
$ cp arch/arm/boot/zImage arch/arm/boot/dts/imx6q-
  wandboard.dtb /var/lib/tftpboot
```

다른 임베디드 리눅스 타깃에서는 U-Boot 부트로더가 zImage 부팅을
지원하도록 컴파일돼 있지 않으면 uImage로 컴파일해야 한다.

```
$ make LOADADDR=0x10800000 uImage
```

 FSL 커뮤니티 BSP를 이용해서 빌드할 때 필요한 mkimage 도구는 욕토 툴체인에
포함돼 있다. 4장의 'SDK 준비와 사용' 절에서 SDK를 빌드하고 설치하는 방법을
살펴본다. mkimage가 툴체인에 포함돼 있지 않으면 다음 명령어를 이용해서 호스
트에 설치할 수 있다.

```
$ sudo apt-get install u-boot-tools
```

LOADADDR은 U-Boot 진입 주소다. 즉, U-Boot가 메모리에 커널을 배치할
주소다. meta-fsl-arm의 imx-base.inc 파일에 정의한다.

```
UBOOT_ENTRYPOINT_mx6 = "0x10008000"
```

외부 소스 개발

U-Boot 사례와 같이 리눅스 소스 저장소를 다운로드한 로컬 디렉토리를 가
리키게 한 욕토 빌스 시스템을 이용하려고 한다. 이전 절에서 다운로드한
로컬 깃 저장소를 사용한다.

외부 개발을 위해 다음 코드를 이용해서 conf/local.conf를 설정한다.

```
INHERIT += "externalsrc"
EXTERNALSRC_pn-linux-wandboard = "/opt/yocto/linux-wandboard"
EXTERNALSRC_BUILD_pn-linux-wandboard = "/opt/yocto/linuxwandboard"
```

 이 절의 다음에 설명할 작업 디렉토리 개발 방법을 위해서는 위의 설정 사항을 반드시 제거해야 한다.

그러나 이전과 같이 U-Boot 컴파일이 실패한다. linux-yocto 레시피가 아닌 linux-wandboard 레시피는 외부 소스 컴파일을 지원하지 못하고 configuration 태스크에서 실패한다.

커널 개발자는 앞에서 설명한 외부에서 커널을 컴파일하는 것을 더 선호한다. 따라서 이 시나리오에서 발생하는 에러는 빨리 고쳐질 거 같지 않다.

작업 디렉토리 개발

일반적으로 변경량이 적거나 소스 저장소가 없을 때 패치를 이용한 개발 작업 흐름을 이용한다.

수정 작업의 대표적인 작업 흐름은 다음과 같다.

1. 초기 상태에서 커널 패키지 컴파일을 시작한다.

   ```
   $ cd /opt/yocto/fsl-community-bsp/
   $ source setup-environment wandboard-quad
   $ bitbake -c cleanall virtual/kernel
   ```

   build 디렉토리, 셰어드 스테이트 캐시, 다운로드한 패키지 소스를 지운다.

2. 다음과 같이 커널을 설정한다.

   ```
   $ bitbake -c configure virtual/kernel
   ```

.config 파일에 머신 defconfig 파일을 복사하고 커널 소스에 설정을 적용하기 위해 oldconfig를 호출한다.

다음을 이용해 선택적으로 설정을 변경할 수 있다.

```
$ bitbake -c menuconfig virtual/kernel
```

3. 커널 개발 셸을 시작한다.

```
$ bitbake -c devshell virtual/kernel
```

커널 소스를 다운로드, 압축 해제, 패치를 하고 커널 컴파일을 위한 환경이 적용된 새로운 셸을 생성한다. 그 셸은 로컬 깃 저장소를 포함하는 커널 build 디렉토리로 이동한다.

4. 커널 설정 변경을 포함한 수정 작업을 수행한다.

5. 개발 셸을 열어둔 채로 변경 사항의 손실 없이 소스를 컴파일하기 위해 원래의 욕토 환경 터미널로 복귀한다.

```
$ bitbake -C compile virtual/kernel
```

대문자 C를 주의한다. 이것은 컴파일 태스크를 실행하고 뒤따르는 모든 태스크도 수행한다. 새로 컴파일한 커널 이미지는 tmp/deploy/images/wandboard-quad 디렉토리에 있다.

6. 변경 사항을 테스트한다. 일반적으로 네트워크 부팅 시스템에서 작업한다. 따라서 커널 이미지나 디바이스 트리 파일을 TFTP 서버에 복사하고 다음 명령어로 적용할 타깃에서 부팅한다.

```
$ cd tmp/deploy/images/wandboard-quad/
$ cp zImage-wandboard-quad.bin zImage-imx6q-wandboard.dtb
  /var/lib/tftpboot
```

세부적인 것은 1장의 '개발을 위한 네트워크 부팅 환경 설정' 절을 참조한다.

또한 U-Boot 부트로더는 다음 구문을 이용해서 해당 디바이스 트리와 메모리로부터 리눅스 zImage 커널을 부팅한다.

```
> bootz <kernel_addr> - <dtb_addr>
```

예를 들면 TFTP로 이미지를 가져올 수 있고 다음과 같이 완드보드 이미지를 부팅한다.

```
> tftp ${loadaddr} ${image}
> tftp ${fdt_addr} ${fdt_file}
> bootz ${loadaddr} - ${fdt_addr}
```

initramdisk를 이용한다면 두 번째 인자로 전달해야 한다. 여기서는 initramdisk를 사용하지 않기 때문에 -를 대신 사용한다.

다음과 같이 메모리에서 uImage를 부팅하는 `bootm` 명령어를 사용한다.

```
> bootm <kernel_addr> - <dtb_addr>
```

7. 개발 셸로 돌아가서 수정 사항을 로컬 깃 저장소에 커밋한다.

```
$ git add --all .
$ git commit -s -m "Well thought commit message"
```

8. 커널 레시피 패치 디렉토리에 패치 파일을 생성한다.

```
$ git format-patch -1 -o /opt/yocto/fsl-community-
  bsp/sources/meta-bsp-custom/recipes-kernel/linux/linux-
  wandboard-3.10.17
```

9. 마지막으로 이전에 설명한 것처럼 커널 레시피에 패치를 추가한다.

외부 커널 모듈 빌드

리눅스 커널은 커널 기능을 확장하기 위해 런타임에 모듈을 로딩하는 기능이 있다. 커널 모듈은 커널 주소 영역을 공유하고 로딩할 커널에 링크한다. 리눅스 커널에서 대부분의 디바이스 드라이버는 커널 자체 내에 포함돼 있거나 루트 파일 시스템의 /lib/modules 디렉토리에 위치하는 적재 가능한 커널 모듈이다.

커널 모듈에 대한 개발과 배포를 위해 권장하는 접근 방법은 커널 소스에 작업을 하는 것이다. 커널 트리에 있는 모듈은 자신을 빌드하기 위해 커널의 kbuild 시스템을 사용한다. 따라서 커널 설정에서 모듈로 선택하고 모듈 빌드를 지원하면 욕토로 빌드한다.

그러나 커널에서 모듈을 개발하는 것이 항상 가능하지 않다. 일반적인 상황에는 여러 버전의 커널을 위한 리눅스 드라이버를 제공하는 하드웨어 제조사가 있고 커널 커뮤니티와 별도의 내부 개발 프로세스를 갖고 있다. 내부 개발 작업의 전부나 일부분이 결국 메인스트림 커널에 적용되는 것이 일반적이지만, 보통 내부 개발 작업은 처음에 외부 저장소에서 릴리스한다. 업스트림 작업은 시간이 오래 걸린다. 따라서 하드웨어 회사는 먼저 내부적으로 개발하는 것을 선호한다.

리눅스 커널은 GPLv2 라이선스를 따른다. 따라서 리눅스 커널 모듈은 호환 라이선스로 릴리스해야 한다. 3장에서 라이선스를 자세히 알아본다.

준비

욕토를 사용해 외부 커널 모듈을 컴파일하기 위해 우선 커널에 모듈 소스를 링크할 것인지를 알아야 한다. 외부 커널 모듈도 링크할 리눅스 커널의 kbuild 시스템을 이용해 빌드한다. 따라서 처음 필요한 것은 Makefile이다.

```
obj-m:= hello_world.o
SRC := $(shell pwd)

all:
    $(MAKE) -C $(KERNEL_SRC) M=$(SRC)

modules_install:
    $(MAKE) -C $(KERNEL_SRC) M=$(SRC) modules_install

clean:
    rm -f *.o *~ core .depend .*.cmd *.ko *.mod.c
```

```
        rm -f Module.markers Module.symvers modules.order
        rm -rf .tmp_versions Modules.symvers
```

Makefile 파일은 리눅스 시스템에서 모듈을 컴파일하기 위해 사용하는 make 명령어를 기술한 것이다.

```
make -C $(KERNEL_SRC) M=$(SRC)
```

여기에서 make는 커널 소스의 위치에서 빌드하고, M 인자는 kbuild가 특정 위치에 모듈을 빌드하도록 알려준다.

그러고 나서 모듈 소스 자체를 작성한다(hello_world.c).

```
/*
 * This program is free software; you can redistribute it and/or
modify
 * it under the terms of the GNU General Public License as
published by
 * the Free Software Foundation; either version 2 of the License,
or
 * (at your option) any later version.
 *
 * This program is distributed in the hope that it will be useful,
 * but WITHOUT ANY WARRANTY; without even the implied warranty of
 * MERCHANTABILITY or FITNESS FOR A PARTICULAR PURPOSE. See the
 * GNU General Public License for more details.
 *
 * You should have received a copy of the GNU General Public
License
 * along with this program. If not, see
<http://www.gnu.org/licenses/>.
*/

#include <linux/module.h>
static int hello_world_init(void)
{
```

```
    printk("Hello world\n");
    return 0;
}

static void hello_world_exit(void)
{
    printk("Bye world\n");
}

module_init(hello_world_init);
module_exit(hello_world_exit);
MODULE_LICENSE("GPL v2");
```

이미 빌드한 커널 소스 기반으로 컴파일해야 한다는 점을 명심해야 한다. 컴파일을 위해 다음 과정을 수행한다.

1. 욕토 툴체인 환경 설치 스크립트를 이용해서 환경을 준비한다.

   $ source /opt/poky/1.7.1/environment-setup-armv7a-vfp-neon-poky-linux-gnueabi

2. 모듈을 빌드한다. 모듈 소스 디렉토리에서 다음을 실행한다.

   $ KERNEL_SRC=/opt/yocto/linux-wandboard make

예제 분석

이제 외부 모듈 컴파일 방법을 알고 있기 때문에 리눅스 커널 모듈 욕토 예제를 대응할 수 있다.

모듈 소스 파일과 Makefile을 meta bsp-custom 레이어의 recipes-kernel/hello-world/files/에 저장한다. 그리고 다음 내용으로 recipes-kernel/hello-world/hello-world.bb를 생성한다.

```
# Copyright (C) 2015 Packt Publishing.

SUMMARY = "Simplest hello world kernel module."
```

```
LICENSE = "GPLv2"
LIC_FILES_CHKSUM = "file://${COMMON_LICENSE_DIR}/GPL-
    2.0;md5=801f80980d171dd6425610833a22dbe6"

inherit module

SRC_URI = " \
    file://hello_world.c \
    file://Makefile \
"

S = "${WORKDIR}"

COMPATIBLE_MACHINE = "(wandboard)"
```

이 레시피는 주요 부분을 처리하는 모듈 클래스를 상속한 후에 소스 디렉토리와 모듈 파일 두 개를 정의한다. 모듈 클래스는 Makefile의 KERNEL_SRC 인자를 STAGING_KERNEL_DIR로 설정한다. 커널 클래스가 외부 모듈 컴파일을 위해 필요한 커널 헤더를 배치하는 곳이 STAGING_KERNEL_DIR이다.

다음 명령어로 빌드한다.

$ bitbake hello-world

bbclass 모듈에 의해 패키지 이름에 kernel-module 접두어를 가진 hello_world.ko 모듈이 된다.

부연 설명

앞에서 살펴본 명령어는 모듈을 빌드한다. 하지만 루트 파일 시스템에 모듈을 설치하지는 않는다. 그것을 위해서는 루트 파일 시스템에 의존성을 추가해야 한다. 보통 MACHINE_ESSENTIAL(부팅이 필요한 모듈을 위해) 변수나 MACHINE_EXTRA(필요하기는 하지만 부팅에는 반드시 필요하지 않는 경우) 변수를 이용해 머신 설정 파일에서 수행한다.

- 부팅에 필수적인 의존성 설정은 다음과 같다.

  □ **MACHINE_ESSENTIAL_EXTRA_RDEPENDS** 추가한 항목을 찾을 수 없으면 빌드가 실패한다.

  □ **MACHINE_ESSENTIAL_EXTRA_RRECOMMENDS** 추가한 항목을 찾을 수 없어도 빌드는 실패하지 않는다.

- 부팅에 필수적이지 않는 의존성 설정은 다음과 같다.

  □ **MACHINE_EXTRA_RDEPENDS** 추가한 항목을 찾을 수 없으면 빌드가 실패한다.

  □ **MACHINE_ESSENTIAL_EXTRA_RRECOMMENDS** 추가한 항목을 찾을 수 없어도 빌드가 실패하지 않는다.

리눅스 커널과 모듈 디버깅

커널 문제를 디버깅하기 위해 커널 개발자가 가장 일반적으로 사용하는 방법을 알아본다.

예제 구현

리눅스 디버깅은 수동 작업이고, 가장 중요한 개발자 도구는 디버그 메시지를 출력하는 것이다.

커널은 printk 함수를 사용한다. 그리고 이는 표준 C 라이브러리에서 선택 가능한 로그 레벨을 가진 printf 함수 호출과 구문적으로 매우 유사하다. 사용 가능한 포맷은 Documentation/printk-formats.txt 아래에 있는 커널 소스에 문서화돼 있다.

printk 함수는 CONFIG_PRINTK를 설정하고 커널을 컴파일해야 한다. 또한 CONFIG_PRINTK_TIME 설정 변수나 printk.time 커널 커맨드라인 인자 또는 /sys/module/printk/parameters에 sysfs를 이용해서 모든 메시지에 정밀한 타임스탬프를 추가하도록 리눅스 커널을 설정할 수 있다. 소형 임베디드 시스템을 위한 양산 커널에서는 제거하지만 일반적으로 모든 커널은 printk 지원 기능을 포함하고 있다. 완드보드 커널도 지원하고 있다.

printk 함수는 어떤 문맥, 인터럽트, 마스크 불가능 인터럽트[NMI, Non-Maskable Interrupt], 스케줄러에서도 사용할 수 있다. 인터럽트 문맥 안에서 사용하는 것은 권장하지 않는다.

개발 중에 사용하는 유용한 디버그문은 다음과 같다.

```
printk(KERN_INFO "[%s:%d] %pf -> var1: %d var2: %d\n",
    __FUNCTION__, __LINE__, __builtin_return_address(0), var1,
    var2);
```

무엇보다도 주의할 것은 로그 레벨 매크로와 프린트 포맷 사이에는 어떤 쉼표도 없다는 점이다. 그러고 나서 디버그문이 위치한 함수와 라인, 다음으로 부모 함수를 출력한다. 마지막으로 우리가 실제 관심 있는 변수를 출력한다.

예제 분석

printk에 이용 가능한 로그 레벨을 다음 표에 표시한다.

타입	심벌	설명
Emergency	KERN_EMERG	시스템이 불안정하고 크래시가 발생하려고 한다.
Alert	KERN_ALERT	즉각적인 대응이 필요하다.
Critical	KERN_CRIT	치명적인 소프트웨어 또는 하드웨어 실패
Error	KERN_ERR	에러 상태
Warning	KERN_WARNING	심각하지는 않지만, 문제로 간주할 만하다.

(이어짐)

타입	심벌	설명
Notice	KERN_NOTICE	전혀 심각하지는 않지만, 알릴 필요가 있다.
Information	KERN_INFO	시스템 정보
Debug	KERN_DEBUG	디버그 메시지

어떤 로그 레벨도 지정하지 않으면 커널 설정에 지정한 기본 로그 메시지를 사용한다. 기본 값은 KERN_WARNING이다.

DEBUG 심벌이 정의된 경우 표시되는 디버그 구문을 제외하고 모든 디버그 구문은 커널 로그 버퍼에 저장되고, 버퍼는 랩 어라운드wrap around된다. 곧 커널 디버그를 동작시키는 방법을 알아보려고 한다. printk 로그 버퍼는 2의 거듭제곱 크기를 갖고 있어야 하고, 커널 설정 변수인 CONFIG_LOG_BUF_SHIFT에 설정한다. 또한 커널 커맨드라인 명령어인 log_buf_len으로도 수정할 수 있다.

dmesg 명령어로 커널 로그 버퍼를 출력할 수 있고, 욕토는 사용자 공간 /var/log/messages 아래에 커널 로그 메시지를 저장하는 커널 로그 데몬을 갖고 있다.

현재 콘솔의 로그 레벨 메시지는 바로 콘솔에도 나타난다. /sys/module/printk/parameters 아래에 있는 ignore_loglevel 커널 커맨드라인 인자는 로그 레벨과 별개로 콘솔에 모든 커널 메시지를 출력하게 하는 데 사용할 수 있다.

proc 파일 시스템을 통해서 런타임에 로그 레벨을 바꿀 수 있다. /proc/sys/kernel/printk 파일은 현재 값, 기본 값, 최솟값, 부팅 시 기본 로그 레벨 값을 갖고 있다. 현재 로그 레벨을 최댓값으로 바꾸기 위해 다음을 실행한다.

```
$ echo 8 > /proc/sys/kernel/printk
```

또한 다음과 같이 dmesg 도구를 이용해 콘솔 로그 레벨을 설정할 수 있다.

```
$ dmesg -n 8
```

변경 내용을 지속적으로 유지하기 위해 로그 레벨 커맨드라인 인자를 커널
이나 욕토 루트 파일 시스템 이미지에 전달할 수 있고 `procps` 패키지에서
설치하는 /etc/sysctl.conf 파일을 사용할 수도 있다.

부연 설명

리눅스 드라이버는 `printk` 함수를 직접 사용하지 않는다. 우선순위에 따라
`netdev`나 `v4l` 같은 하위 시스템별 메시지 혹은 `dev_*`와 `pr_*` 함수 집합을
사용한다. 다음 표에 `dev_*`, `pr_*` 함수 집합을 표시한다.

장치 메시지	제네릭 메시지	Printk 심벌
dev_emerg	pr_emerg	KERN_EMERG
dev_alert	pr_alert	KERN_ALERT
dev_crit	pr_crit	KERN_CRIT
dev_err	pr_err	KERN_ERR
dev_warn	pr_warn	KERN_WARNING
dev_notice	pr_notice	KERN_NOTICE
dev_info	pr_info	KERN_INFO
dev_dbg	pr_debug	KERN_DEBUG

드라이버 안에서 디버그 메시지를 활성화하기 위해 다음 중 하나를 대응해
야 한다.

- 다음과 같이 드라이버 소스에서 다른 헤더 파일보다 앞에 DEBUG 매크
  로를 선언한다.

  ```
  #define DEBUG
  ```

- 동적 커널 디버그 기능을 이용해야 한다. `debugfs`를 통한 세분화를 이용해서 `dev_dbg`나 `pr_debug` 디버그 메시지를 동작하거나 하지 않을 수 있다.

동적 디버깅 사용

리눅스 커널에서 동적 디버그 함수를 사용하기 위해 다음 과정을 따른다.

1. 커널에 동적 디버깅(`CONFIG_DYNAMIC_DEBUG`) 설정을 넣어서 컴파일 했는지 여부를 확인한다.

2. 마운트하지 않았으면 디버그 파일 시스템을 마운트한다.

   ```
   $ mount -t debugfs nodev /sys/kernel/debug
   ```

3. dynamic_debug/control 디렉토리를 이용해서 디버그를 설정한다. 다음과 같이 빈칸으로 구분된 순서를 허용한다.

   □ `func` <함수명>

   □ `file` <파일명>

   □ `module` <모듈 이름>

   □ `format` <패턴>

   □ `line` <라인이나 라인 범위>

   □ `+` <flag> 지정한 플래그[flag]를 추가한다.

   □ `-` <flag> 지정한 플래그에서 제거한다.

   □ `=` <flag> 지정한 플래그를 설정한다.

   플래그는 다음과 같이 정의한다.

   □ `f` 메시지에 함수명을 추가한다.

   □ `l` 메시지에 라인 위치를 추가한다.

   □ `m` 메시지에 모듈 이름을 추가한다.

□ p 메시지에 디버그 메시지를 추가한다.

□ t 비인터럽트 문맥 메시지에 스레드 아이디를 추가한다.

4. 기본 값은 모든 디버그 메시지를 비활성화하는 것이다. 제어 파일은 사용 가능한 모든 디버그 지점을 포함하고, 기본 값은 어떠한 플래그도 설정하지 않는 것이다(=_로 표시).

5. 다음과 같이 디버그 동작을 활성화한다.

□ 파일에 모든 디버그 구문을 활성화한다.

```
echo -n 'file <filename> +p' >
   /sys/kernel/debug/dynamic_debug/control
```

□ 선택적으로 특정 디버그문을 실행한다.

```
$ echo -n 'file <filename> line nnnn +p' >
   /sys/kernel/debug/dynamic_debug/control
```

6. 모든 활성화된 디버그 구문을 표시하기 위해 다음 명령어를 사용한다.

```
$ awk '$3 != "=_"' /sys/kernel/debug/dynamic_debug/control
```

디버그 변경 사항을 계속 유지하기 위해 dyndbg="<query>"나 모듈을 커맨드라인 인자로 커널에 전달할 수 있다.

쿼리 문자가 올바로 인식되게 인용부호로 둘러싸서 전달해야 해야 한다는 점을 주의해야 한다. 예를 들면 dyndbg="file mxc_v4l2_capture.c +pfl; file ipu_bg_overlay_sdc.c +pfl"처럼 한 개 이상의 쿼리는 커맨드라인 인자에서 세미콜론으로 연결할 수 있다.

빈도 제한 디버그 메시지

dev_*, pr_* 그리고 printk 함수 집합에 빈도 제한이나 원샷one-shot 확장 기능이 있다.

- printk_ratelimited(), pr_*_ratelimited(), dev_*_ratelimited()
  는 5*HZ 주기에서 10번 이하로 출력한다.
- printk_once(), pr_*_once(), dev_*_once()는 한 번만 출력한다.

참고 사항

- 동적 디버깅은 리눅스 커널 소스 Documentation/dynamic-debug-howto.txt에 설명돼 있다.

리눅스 커널 부팅 프로세스 디버깅

리눅스 커널을 디버깅하기 위한 일반적인 기술을 알아봤다. 그러나 특수한 시나리오의 경우는 다른 방법을 사용해야 한다. 임베디드 리눅스 개발에서 가장 일반적인 시나리오 중 하나가 부팅 프로세스를 디버깅하는 것이다. 이 절에서는 커널 부팅 프로세스를 디버깅하는 데 사용하는 기술을 설명한다.

예제 구현

부트에서 커널 크래시는 보통 아무런 출력도 콘솔에 나타나지 않는다. 이러한 어려운 상황에도 디버그 정보를 추출하는 데 사용할 수 있는 기술이 있다. 초반 크래시는 보통 시리얼 콘솔이 초기화되기 전에 발생한다. 따라서 로그 메시지가 있어도 볼 수 없다. 메시지를 보기 위한 첫 번째 방법은 시리얼 드라이버가 필요하지 않은 초기 로그 메시지를 동작시키는 방법이다.

이 방법으로 충분하지 않은 경우에는 메모리 로그 버퍼에 접근하는 기술도 있다.

부팅 문제를 디버깅하는 것은 시리얼 콘솔을 초기화하기 이전과 이후의 두 가지 단계가 있다. 시리얼을 초기화하고 커널에서 시리얼 출력이 가능한 이후의 디버깅은 이전에 설명한 기술을 사용할 수 있다.

그러나 시리얼 초기화 전에도 초기 부트에서 시리얼을 사용하게 ARM 커널에서 지원하는 기본 UART가 있다. 이것은 CONFIG_DEBUG_LL 설정 변수를 추가해서 컴파일한다.

이는 UART에 데이터를 출력하게 하기 위한 일련의 디버그 전용 어셈블리 함수 지원을 추가하는 것이다. 이런 저수준 지원은 플랫폼에 종속적이다. 그리고 i.MX6에 대한 것은 arch/arm/include/debug/imx.S에서 찾을 수 있다. 저수준 UART를 위한 코드는 CONFIG_DEBUG_IMX_UART_PORT 설정 변수로 설정한다.

다음과 같이 printascii 함수를 이용해 이 기능을 직접 사용할 수 있다.

```
extern void printascii(const char *);
printascii("Literal string\n");
```

그러나 바람직한 방법은 early_print 함수를 사용하는 것이다. 이전에 설명한 함수를 사용해서 printf 형식의 정형화된 입력을 허용하게 하는 것이다. 예를 들면 다음과 같다.

```
early_print("%08x\t%s\n", p->nr, p->name);
```

부트로더에서 커널 printk 버퍼 덤프

부팅 시점에 리눅스 커널 크래시를 디버깅하는 유용한 다른 기술은 크래시 발생 후에 커널 로그를 분석하는 것이다. 이 방법은 RAM 메모리가 재부팅 후에도 부트로더에 의해 초기화되지 않고 보존돼야만 가능한 방법이다.

U-Boot는 메모리를 그대로 유지하기 때문에 단서를 찾기 위해 이러한 커널 로그인 메모리를 엿보는 방법을 사용할 수 있다.

커널 소스 kernel/printk/printk.c 파일에서 로그 링 버퍼를 설정하는 방법을 볼 수 있다. __log_buf에 저장한다는 점을 주의한다.

커널 버퍼의 위치를 찾기 위해 리눅스 빌드 프로세스에서 생성하는 System.map 파일을 이용한다. 그리고 다음 명령어를 이용해서 가상 주소에 심벌을 매핑한다.

```
$ grep __log_buf System.map
80f450c0 b __log_buf
```

가상 주소를 물리 주소로 변환하기 위해 __virt_to_pyhs()가 ARM에서 어떻게 정의돼 있는지를 확인한다.

```
x - PAGE_OFFSET + PHYS_OFFSET
```

PAGE_OFFSET 변수는 다음과 같이 커널 설정에서 정의한다.

```
config PAGE_OFFSET
    hex
    default 0x40000000 if VMSPLIT_1G
    default 0x80000000 if VMSPLIT_2G
    default 0xC0000000
```

i.MX6와 같은 일부 ARM 플랫폼은 런타임에 __virt_to_phys() 변환을 동적으로 패치한다. 따라서 PHYS_OFFSET는 커널이 메모리에 로드되는 위치에 따라 달라진다. 따라서 방금 알아본 계산은 플랫폼별로 다르다.

완드보드에서 0x80f450c0에 대한 물리 주소는 0x10f450c0이다.

그리고 CONFIG_MAGIC_SYSRQ 커널 설정으로 동작하게 할 수 있는 매직 SysRq 키를 이용해 강제로 재부팅할 수 있다. 완드보드에는 기본적으로 활성화돼 있다.

```
$ echo b > /proc/sysrq-trigger
```

다음과 같이 U-Boot에서 해당 메모리 주소를 덤프한다.

```
> md.l 0x10f450c0
10f450c0: 00000000 00000000 00210038 c6000000    ........8.!.....
10f450d0: 746f6f42 20676e69 756e694c 6e6f7820    Booting Linux on
10f450e0: 79687020 61636973 5043206c 78302055    physical CPU 0x
10f450f0: 00000030 00000000 00000000 00000000    0...............
10f45100: 009600a8 a6000000 756e694c 65762078    .......Linux ve
10f45110: 6f697372 2e33206e 312e3031 2e312d37    rsion 3.10.17-1.
10f45120: 2d322e30 646e6177 72616f62 62672b64    0.2-wandboard+gb
10f45130: 36643865 62323738 20626535 656c6128    e8d6872b5eb (ale
10f45140: 6f6c4078 696c2d67 2d78756e 612d7068    x@log-linux-hp-a
10f45150: 7a6e6f67 20296c61 63636728 72657620    gonzal) (gcc ver
10f45160: 6e6f6973 392e3420 2820312e 29434347    sion 4.9.1 (GCC)
10f45170: 23202920 4d532031 52502050 504d4545    ) #1 SMP PREEMP
10f45180: 75532054 6546206e 35312062 3a323120    T Sun Feb 15 12:
10f45190: 333a3733 45432037 30322054 00003531    37:37 CET 2015..
10f451a0: 00000000 00000000 00400050 82000000    ........P.@.....
10f451b0: 3a555043 4d524120 50203776 65636f72    CPU: ARMv7 Proce
```

다른 방법은 영구 저장소에 커널 로그 메시지, 커널 패닉, oops를 저장하는 것이다. 리눅스 커널의 영구 저장소 지원(CONFIG_PSTORE)을 사용하면 재부팅 시에도 유지하는 영구 메모리에 기록할 수 있다.

영구 메모리에 패닉이나 oops 메시지를 기록하기 위해서는 CONFIG_PSTORE_RAM 변수 설정이 필요하다. 커널 메시지를 기록하기 위해서는 CONFIG_PSTORE_CONSOLE 커널 설정도 필요하다.

그리고 나서 사용하지 않는 메모리 위치에 영구 저장소의 위치를 설정해야 한다. 하지만 마지막 1MB의 여유 공간은 유지해야 한다. 예를 들면

0x30000000에서 시작해서 128KB를 확보하기 위해 다음과 같이 커널 커맨드라인 인자를 전달할 수 있다.

ramoops.mem_address=0x30000000 ramoops.mem_size=0x200000

/etc/fstab에 추가해서 영구 저장소를 마운트한다. 그러면 다음 부팅 시에도 사용할 수 있다.

```
/etc/fstab:
pstore /pstore pstore defaults 0 0
```

다음과 같이 마운트한다.

```
# mkdir /pstore
# mount /pstore
```

다음으로 매직 SysRq 키로 강제 재부팅한다.

 # echo b > /proc/sysrq-trigger

재부팅 중에 /pstree 내부 파일을 볼 수 있다.

-r--r--r-- 1 root root 4084 Sep 16 16:24 console-ramoops

이는 다음과 같은 내용이다.

SysRq : Resetting
CPU3: stopping
CPU: 3 PID: 0 Comm: swapper/3 Not tainted 3.14.0-rc4-1.0.0-wandboard-
37774-g1eae
[<80014a30>] (unwind_backtrace) from [<800116cc>] (show_stack+0x10/0x14)
[<800116cc>] (show_stack) from [<806091f4>] (dump_stack+0x7c/0xbc)
[<806091f4>] (dump_stack) from [<80013990>] (handle_IPI+0x144/0x158)
[<80013990>] (handle_IPI) from [<800085c4>] (gic_handle_irq+0x58/0x5c)
[<800085c4>] (gic_handle_irq) from [<80012200>] (__irq_svc+0x40/0x70)
Exception stack(0xee4c1f50 to 0xee4c1f98)

메모리를 차지하지 않도록 /pstore로 메시지를 이동시키거나 완전히 제거해야 한다.

커널 추적 시스템 사용

리눅스 커널 최신 버전에는 커널을 측정해서 다음과 같은 여러 영역을 분석하게 하는 트레이서^{tracer} 집합을 포함하고 있다.

- 인터럽트 대기 시간$^{Interrupt\ latency}$
- 선점 대기 시간$^{Preemption\ latency}$
- 스케줄링 대기 시간$^{Scheduling\ latency}$
- 프로세스 문맥 전환$^{Process\ context\ switches}$
- 이벤트 추적$^{Event\ tracing}$
- 시스템 콜^{Syscalls}
- 최대 스택$^{Maximum\ stack}$
- 블록 장치 계층$^{Block\ layer}$
- 함수

트레이서가 비활성화 상태일 때 성능 오버헤드는 발생하지 않는다.

준비

추적 시스템은 다양한 디버깅 시나리오에 사용할 수 있다. 함수 트레이서는 가장 일반적 트레이서 중 하나다. 교체 가능한 NOP 함수로 모든 커널 함수를 측정하고, 추적 지점이 활성화될 때 커널 함수를 추적하기 위해 사용한다.

커널에서 함수 트레이서를 작동하기 위해서는 `CONFIG_FUNCTION_TRACER`와 `CONFIG_FUNCTION_GRAPH_TRACER` 설정 변수를 사용한다.

커널 트레이서 시스템은 욕토 기본 이미지에 기본적으로 마운트된 debug 파일 시스템의 추적 파일을 통해 제어한다. 그렇지 않다면 다음으로 마운트 할 수 있다.

```
$ mount -t debugfs nodev /sys/kernel/debug
```

다음 명령어를 실행해 커널에서 사용 가능한 트레이서를 나열할 수 있다.

```
$ cat /sys/kernel/debug/tracing/available_tracers
function_graph function nop
```

current_tracer 파일에 이름을 추가해서 트레이서를 활성화할 수 있다. 초기 값으로는 어떤 트레이서도 활성화돼 있지 않는다.

```
$ cat /sys/kernel/debug/tracing/current_tracer
nop
```

다음 명령어를 실행해서 모든 트레이서를 비활성화할 수 있다.

```
$ echo -n nop > /sys/kernel/debug/tracing/current_tracer
```

sysfs에서 파일에 추가할 때 마지막 줄 바꿈 문자를 피하기 위해 echo -n 을 사용한다.

함수 트레이서를 활성화하기 위해 다음을 실행해야 한다.

```
$ echo -n function > /sys/kernel/debug/tracing/current_tracer
```

더 세련된 그래프는 다음과 같은 함수 그래프 트레이서를 사용해 얻을 수 있다.

```
$ echo -n function_graph > /sys/kernel/debug/tracing/current_tracer
```

read에서 후반부 동작이나 데이터 소비와 함께 trace와 trace_pipe 파일을 통해 보기 좋은 형식의 추적 정보를 볼 수 있다.

함수 트레이서는 다음과 같은 출력을 제공한다.

```
$ cat /sys/kernel/debug/tracing/trace_pipe
root@wandboard-quad:~# cat /sys/kernel/debug/tracing/trace_pipe
        sh-394    [003] ...1    46.205203: mutex_unlock <-
tracing_set_tracer
        sh-394    [003] ...1    46.205215: __fsnotify_parent <-
vfs_write
        sh-394    [003] ...1    46.205218: fsnotify <-vfs_write
        sh-394    [003] ...1    46.205220: __srcu_read_lock <-
fsnotify
        sh-394    [003] ...1    46.205223: preempt_count_add <-
__srcu_read_lock
        sh-394    [003] ...2    46.205226: preempt_count_sub <-
__srcu_read_lock
        sh-394    [003] ...1    46.205229: __srcu_read_unlock <-
fsnotify
        sh-394    [003] ...1    46.205232: __sb_end_write <-
vfs_write
        sh-394    [003] ...1    46.205235: preempt_count_add <-
__percpu_counter_add
        sh-394    [003] ...2    46.205238: preempt_count_sub <-
__percpu_counter_add
        sh-394    [003] d..1    46.205247: gic_handle_irq <-
__irq_usr
      <idle>-0    [002] d..2    46.205247: ktime_get <-
cpuidle_enter_state
```

함수 트레이서 출력에 대한 형식은 다음과 같다.

```
task-PID [cpu-nr] irqs-off need-resched hard/softirq preempt-depth
   delay-timestamp function
```

그래픽 함수 트레이서 출력은 다음과 같다.

```
$ cat /sys/kernel/debug/tracing/trace_pipe
3)  ==========> |
3)              | gic_handle_irq() {
2)  ==========> |
2)              | gic_handle_irq() {
3)  0.637 us    |  irq_find_mapping();
2)  0.712 us    |  irq_find_mapping();
3)              |  handle_IRQ() {
2)              |  handle_IRQ() {
3)              |    irq_enter() {
2)              |    irq_enter() {
3)  0.652 us    |      rcu_irq_enter();
2)  0.666 us    |      rcu_irq_enter();
3)  0.591 us    |      preempt_count_add();
2)  0.606 us    |      preempt_count_add();
```

그래픽 함수 트레이서 출력에 대한 형식은 다음과 같다.

cpu-nr) timestamp | functions

부연 설명

커널 추적 시스템은 trace_printk 함수 호출을 이용해서 코드에 추적 기능을을 추가한다. printk와 동일한 구문을 사용히고 같은 시나리오, 인터럽트, NM, 스케줄러 문맥에 사용할 수 있다.

커널 추적 시스템의 콘솔 대신 메모리에 있는 추적 버퍼에 출력하기 때문에 printk보다 훨씬 적은 지연을 가진다는 장점이 있다. 따라서 디버깅 시 타이밍 버그가 사라지는 경우와 같이 printk가 시스템 동작에 영향을 주는 디버그 시나리오에서 유용하다.

트레이서를 설정할 때 추적이 활성화된다. 그러나 트레이서가 링 버퍼에 기록할지 여부는 제어할 수 있다. 링 버퍼에 기록하는 것을 비활성화하기 위해 다음 명령어를 사용한다.

```
$ echo 0 > /sys/kernel/debug/tracing/tracing_on
```

그리고 다시 활성화하려면 다음 명령어를 사용한다.

```
$ echo 1 > /sys/kernel/debug/tracing/tracing_on
```

또한 `tracing_on`과 `tracing_off`를 이용해 커널 공간에 대한 추적을 활성화하거나 비활성화할 수 있다.

추가한 추적은 주석으로 나타나는 경우 `function` 트레이서를 포함한 모든 트레이서에 표시된다.

함수 추적 필터링

`CONFIG_DYNAMIC_FTRACE` 설정으로 활성화하는 동적 트레이서를 이용해 정교한 함수 추적이 가능하다. 기본 값은 추적 기능을 활성화하는 것이다. 이것은 `set_ftrace_filter`와 `set_ftrace_notrace` 두 파일에 추가한다. `set_ftrace_filter`에 추가한 함수만 추적하고 `set_ftrace_filter`에 추가했더라도 `set_filter_notrace`에 추가하면 추적하지 않게 된다.

필터링 가능한 함수명 집합은 다음 명령어를 실행해서 출력한다.

```
$ cat /sys/kernel/debug/tracing/available_filter_functions
```

함수는 다음을 이용해서 추가한다.

```
$ echo -n <function_name> >>
  /sys/kernel/debug/tracing/set_ftrace_filter
```

연결 연산자(>>)를 이용해서 기존의 것에 새로운 함수를 추가한다는 점을 참고한다.

그리고 함수는 다음을 이용해서 제거할 수 있다.

```
$ echo -n '!<function>' >> /sys/kernel/debug/tracing/set_ftrace_filter
```

모든 함수를 제거하기 위해 다음과 같이 echo 명령어를 실행한다.

```
$ echo > /sys/kernel/debug/tracing/set_ftrace_filter
```

필터링에 추가적인 유연성 추가해주는 특별한 구문이 있다.

```
<function>:<command>: [<parameter>]
```

위 구문에서 각 컴포넌트의 의미는 다음과 같다.

- **function** 함수명을 지정한다. 와일드카드를 허용한다.
- **command** 다음과 같은 속성 값을 가진다.
    - **mod** 인자로 지정한 모듈에서 주어진 함수명만 활성화한다.
    - **traceon/traceoff** 지정한 함수가 인자에서 주어진 시간의 수에 맞을 때 혹은 어떠한 인자가 추가되지 않은 경우에는 항상 추적하는 것을 활성화하거나 비활성화한다.
    - **dump** 주어진 함수가 일치할 때 추적 버퍼의 내용을 덤프한다.

다음은 이에 대한 몇 가지 예다.

```
$ echo -n 'ipu_*:mod:ipu' >
  /sys/kernel/debug/tracing/set_ftrace_filter
$ echo -n 'suspend_enter:dump' >
  /sys/kernel/debug/tracing/set_ftrace_filter
$ echo -n 'suspend_enter:traceon' >
  /sys/kernel/debug/tracing/set_ftrace_filter
```

추적 옵션 활성화

추적은 /sys/kernel/debug/tracing/options 디렉토리에 개별적으로 활성화할
수 있는 옵션 집합이 있다. 가장 유용한 옵션은 다음과 같다.

- **print_parent**   호출한 함수(부모 함수)도 표시한다.
- **trace_printk**   trace_printk 기록을 비활성화한다.

oops에 함수 트레이서 사용

oops나 패닉에 대한 커널 메시지를 기록하기 위한 또 다른 대안은 함수 트레
이서가 콘솔 버퍼 내용을 덤프하게 설정해서 크래시까지의 이벤트를 분석할
수 있게 하는 방법이다. 다음 명령어를 이용한다.

```
$ echo 1 > /proc/sys/kernel/ftrace_dump_on_oops
```

sysrq-z 조합은 커널 코드에서 ftrace_dump()를 호출해 콘솔에 추적 버
퍼의 내용도 덤프한다.

주어진 함수에 대한 스택 추적 얻기

추적 코드는 호출하는 모든 함수에 대한 역추적[backtrace]을 생성할 수 있다.
그러나 이것은 위험한 기능이고, 오직 필터링해서 선택한 함수에만 사용해
야 한다. 다음 명령어를 살펴본다.

```
$ echo -n <function_name> >
/sys/kernel/debug/tracing/set_ftrace_filter
$ echo -n function > /sys/kernel/debug/tracing/current_tracer
$ echo 1 > /sys/kernel/debug/tracing/options/func_stack_trace
$ cat /sys/kernel/debug/tracing/trace
$ echo 0 > /sys/kernel/debug/tracing/options/func_stack_trace
$ echo > /sys/kernel/debug/tracing/set_ftrace_filter
```

부트에서 함수 추적 설정

함수 트레이서는 커널 커맨드라인 인자로 설정할 수 있고 부트 프로세스에서 먼저 시작할 수 있다. 예를 들면 그래픽 함수 트레이서 설정과 일부 함수를 필터링하기 위해 부트에서 커널로 다음과 같은 인자를 전달한다.

```
ftrace=function_graph ftrace_filter=mxc_hdmi*,fb_show*
```

참고 사항

* 자세한 사항은 Documentation/trace/ftrace.txt의 커널 소스 문서에서 찾을 수 있다.

디바이스 트리 관리

디바이스 트리는 시스템에서 물리 장치를 나타내기 위해서 리눅스 커널에 전달하는 데이터 구조다.

이 절에서는 디바이스 트리 작업 방법을 설명한다.

준비

CPU가 찾을 수 없는 디바이스는 리눅스에서 플랫폼 디바이스 API로 관리한다. 디바이스 트리는 하드웨어 특성이 커널 소스에 하드 코딩돼 있어서 플랫폼 디바이스로 구체화할 수 없는 레거시 플랫폼 데이터를 교체한다. 디바이스 트리를 사용하기 전에 부트로더(예를 들면 U-Boot)는 부팅하고 있는 머신 유형이 무엇인지 커널에 알려줘야 한다. 또한 메모리 크기와 위치, 커널 커맨드라인과 기타 정보도 전달해야 한다.

디바이스 트리를 리눅스 커널 설정과 혼동해서는 안 된다. 디바이스 트리는 어떤 디바이스가 사용 가능하고 하드웨어를 사용하든 안하든 상관없이 어떻게 접근하는지를 정한다.

디바이스 트리는 PowerPC 아키텍처에서 처음 사용했다. 그리고 나중에 x86를 제외한 ARM과 다른 CPU에서 채용했다. 임베디드 파워 아키텍처 플랫폼 요구 사항을 위한 표준^{ePAPR, Power.org Standard for Embedded Power Architecture Platform} ^{Requirements}에서 디바이스 트리 형식을 정하는 오픈 펌웨어 스펙을 정의한다. 오픈 펌웨어 사양은 부트 프로그램과 사용자 사이의 인터페이스를 기술한다.

플랫폼 커스터마이징은 보통 커널 소스 변경 없이 디바이스 트리에서 발생한다.

예제 구현

디바이스 트리는 사람이 읽을 수 있는 디바이스 트리 구문(.dts) 텍스트 파일에 정의한다. 모든 보드는 다른 하드웨어 설정에 맞는 하나 이상의 DTS 파일을 가진다.

이러한 DTS 파일은 다음 특성을 가진 DTB^{Device Tree Binary} 블랍^{blob}으로 컴파일한다.

- 재배치 가능해서 포인터를 결코 내부적으로 사용하지 않는다.
- 동적 노드 추가나 제거를 허용한다.
- 크기 측면에서 작다.

디바이스 트리 블랍은 커널 바이너리에 추가하거나(레거시 호환을 위해서) 더 일반적으로 사용하는 U-Boot 같은 부트로더에서 커널에 전달한다.

컴파일하기 위해서 커널 소스 scripts/dtc에 있고 커널과 함께 컴파일하거나 배포 시 일부분으로 설치하는 DTC^{Device Tree Compiler}를 사용한다.

디바이스 트리는 이전에 알아본 바와 같이 독립적으로, 혹은 리눅스 커널

kbuild 빌드 시스템에서 컴파일할 수 있다. 그러나 독립적으로 컴파일할 때 현대의 디바이스 트리는 먼저 C 전처리기를 통한 전처리 작업이 필요하다.

현재 DTC 구문 검사는 수행하지만 바인딩 검사가 없어서 잘못 컴파일할 수 있으므로 주의해야 한다. 그리고 그렇게 잘못 생성한 DTB 파일은 커널을 부팅하지 못하게 한다. 잘못된 DTB 파일은 보통 리눅스 커널을 초기에 멈추게 해서 아무런 시리얼 출력이 없다.

부트로더는 디바이스 트리를 커널에 전달하기 전에 수정할 수도 있다.

예제 분석

`wandboard-quad` 변형을 위한 DTS 파일은 다음과 같다. 파일은 arch/arm/boot/dts/imx6qwandboard.dts에 있다.

```
#include "imx6q.dtsi"
#include "imx6qdl-wandboard.dtsi"

/ {
   model = "Wandboard i.MX6 Quad Board";
   compatible = "wand,imx6q-wandboard", "fsl,imx6q";

   memory {
      reg = <0x10000000 0x80000000>;
   };
};
```

여기에 있는 것은 어떠한 부모 노드도 없는 디바이스 트리 루트 노드다. 나머지 노드는 부모를 갖고 있다. 노드의 구조는 다음과 같이 표현할 수 있다.

```
node@0{
   an-empty-property;
   a-string-property = "a string";
   a-string-list-property = "first string", "second string";
   a-cell-property = <1>;
```

```
    a-cell-property = <0x1 0x2>;
    a-byte-data-property = [0x1 0x2 0x3 0x4];
    a-phandle-property = <&node1>;
}
```

노드 특성은 다음과 같다.

- 빈 공간

- 하나 이상의 문자를 포함한다.

- 셀^{cell}이라고 부르는 하나 이상의 부호 없는^{unsigned} 32비트 숫자를 포함한다.

- 바이너리 바이트 스트림을 포함한다.

- phandle이라 부르는 다른 노드에 대한 참조다.

디바이스 트리는 초기에 C 전처리기를 통해 분석하고 다른 DTS 파일에 포함할 수 있다. 이런 include 파일은 동일한 구문을 갖고 있고 보통 dtsi 확장자를 추가한다. 파일 추가는 #include를 추천하지만 디바이스 트리에 /include/ 연산자로도 대응할 수 있다. 그리고 그것들을 혼용하지 말아야 한다. 이 경우 imx6q.dtsi와 imx6qdl-wandboard 둘 다 imx6q-wandboard.dts의 내용에 추가한다.

디바이스 트리 노드는 커널 소스의 Documentation/devicetree/bindings/ 디렉토리가 포함하고 있는 바인딩에서 설명하고 있다. 새로운 노드는 적절한 바인딩에 포함해야 한다. 그리고 그것들은 디바이스 트리 관리자가 확인하고 수용해야만 한다. 이론적으로 나중에 완화될 가능성이 있어도 모든 바인딩은 관리돼야 한다.

호환성 특성

디바이스 트리에서 가장 중요한 특성은 호환성 특성이다. 루트 노드에서 디바이스 트리는 호환 가능한 머신 유형을 정의한다. 이제까지 알아본 DTS 파일은 wand, imx6q-wandboard, fsl, imx6q 머신 유형과 우선순위대로 호환된다.

루트가 아닌 노드에서 드라이버에 디바이스를 바인딩해서 디바이스 트리 노드에 맞는 드라이버를 정의한다. 예를 들면 fsl, imx6q-tempmon과 호환 특성을 정의한 노드로 바인딩한 플랫폼은 다음 내용을 포함한다.

```
static const struct of_device_id of_imx_thermal_match[] = {
    { .compatible = "fsl,imx6q-tempmon", },
    { /* end */ }
};
MODULE_DEVICE_TABLE(of, of_imx_thermal_match);

static struct platform_driver imx_thermal = {
    .driver = {
        .name = "imx_thermal",
        .owner = THIS_MODULE,
        .of_match_table = of_imx_thermal_match,
    },
    .probe = imx_thermal_probe,
    .remove = imx_thermal_remove,
};
module_platform_driver(imx_thermal);
```

완드보드 디바이스 트리 파일

일반적으로 호환성 특성을 추가할 때 첫 번째 DTSI 파일은 부팅을 위해 필요한 최소한의 디바이스 트리를 포함하고 있는 skeleton.dtsi다.

```
/ {
    #address-cells = <1>;
    #size-cells = <1>;
    chosen { };
```

```
    aliases { };
    memory { device_type = "memory"; reg = <0 0>; };
};
```

또 다른 일반적인 상위 노드는 다음과 같다.

- **chosen** 부팅 시 설정하는 리눅스 커널 커맨드라인이나 `initramfs` 메모리 위치와 같은 결정된 인자를 정의한다. 전통적으로 ARM 태그 ^{tags}(ATSGS)에서 주는 정보로 대치한다.

- **memory** 이 노드는 RAM의 크기와 위치를 지정하는 데 사용한다. 보통 부트로더를 통해 작성한다.

- **aliases** 다른 노드에 대한 바로 가기를 정의한다.

- **address-cells와 size-cells** 메모리 주소 지정을 위해 사용하고 나중에 다룬다.

선택한 버스와 디바이스만을 보여주는 imx6q-wandboard.dts 파일의 요약 표현은 다음과 같다.

```
#include "skeleton.dtsi"

/ {
    model = "Wandboard i.MX6 Quad Board";
    compatible = "wand,imx6q-wandboard", "fsl,imx6q";

    memory {};

    aliases {};

    intc: interrupt-controller@00a01000 {};

    soc {
        compatible = "simple-bus";

        dma_apbh: dma-apbh@00110000 {};

        timer@00a00600 {};
```

```
        L2: l2-cache@00a02000 {};

        pcie: pcie@0x01000000 {};

        aips-bus@02000000 { /* AIPS1 */
            compatible = "fsl,aips-bus", "simple-bus";

            spba-bus@02000000 {
                compatible = "fsl,spba-bus", "simple-bus";
            };

            aipstz@0207c000 {};

            clks: ccm@020c4000 {};

            iomuxc: iomuxc@020e0000 {};
        };

        aips-bus@02100000 {
            compatible = "fsl,aips-bus", "simple-bus";
        };
    };
};
```

이 DTS에서는 SoC^{System on Chip} 버스에서 정의하는 여러 개의 노드와 온보드
^{on-board} 디바이스에서 정의한 다른 몇 개의 노드를 찾을 수 있다

버스와 주소 지정 가능한 메모리 디바이스 정의

버스에는 전형적으로 호환성 특성이나 simple-bus 특성(어떤 특정 드라이버 바
인딩 없는 메모리 맵드 버스^{memory-mapped bus}를 정의하는) 혹은 모두 다 정의한다.
simple-bus 특성은 버스에 자식 노드가 플랫폼 디바이스로 등록하게 하는
것이다.

예를 들면 soc 노드는 다음과 같이 정의한다.

```
soc {
    compatible = "simple-bus";
    #address-cells = <1>;
    #size-cells = <1>;
    ranges;

    aips-bus@02000000 { /* AIPS1 */
        compatible = "fsl,aips-bus", "simple-bus";
        reg = <0x02000000 0x100000>;
    }
}
```

soc 노드의 특성은 자식 노드의 메모리 주소 지정을 열거하는 데 사용한다.

- **address-cells** 얼마나 많은 기반base 주소 셀이 reg 특성 요소에 필요한지를 나타낸다.

- **size-cells** 얼마나 많은 크기 셀이 reg 특성 요소에 필요한지 나타낸다.

- **ranges** 부모와 자식 버스 간에 주소 변환을 설명한다. 여기서는 어떠한 변환도 없고 부모와 자식 주소는 동일하다.

이 경우 soc의 어떤 자식 노드는 주소를 위한 하나의 셀과 크기를 위한 셀을 포함하는 reg 특성 요소로 메모리 주소 지정을 정의해야 한다. aips-bus 노드는 다음 특성 요소로 그것을 수행한다.

reg = <0x02000000 0x100000>;

부연 설명

디바이스 트리 바이너리 파일이 리눅스 커널에 의해서 메모리에 로드될 때 오프셋으로 접근하는 평면 디바이스 트리로 확장된다. 그러면 fdt_* 커널 함수들은 평면 디바이스 트리에 접근하기 위해 사용한다. fdt는 파싱되고 트리 메모리 구조로 변경돼서 of_* 함수 집합(Open Firmward에서 온 접두어)을 통해 효율적으로 접근할 수 있다.

욕토에서의 디바이스 트리 수정과 컴파일

욕토 빌드 시스템에서 디바이스 트리를 수정하기 위해 다음 명령어 집합을 실행한다.

```
$ cd /opt/yocto/fsl-community-bsp/
$ source setup-environment wandboard-quad
$ bitbake -c devshell virtual/kernel
```

그러고 나서 arch/arm/boot/dts/imx6q-wandboard.dts를 편집하고 다음 명령어를 이용해 변경 사항을 컴파일한다.

```
$ make dtbs
```

여분의 공간을 가진 디바이스 트리를 생성하기 원한다면 1024바이트를 가정해본다(예를 들면 앞 절에서 설명한 것처럼 동적 노드를 추가하기 위해서). 다음과 같이 DTC 플래그에 지정해야 한다.

```
DTC_FLAGS="-p 1024" make dtbs
```

배포하기 위해 개발 셸을 빠져나와서 프로젝트의 build 디렉토리에서 빌드한다.

```
$ bitbake -c deploy -f virtual/kernel
```

참고 사항

디바이스 트리에 대한 더 많은 정보는 http://www.devicetree.org에 있다.

디바이스 트리 디버깅

이 절에서는 디바이스 트리의 일반적인 문제를 디버깅하기 위한 기술을 설명한다.

예제 구현

앞에서 언급한 것처럼 디바이스 파일 구문의 문제는 보통 부팅 프로세스 초반에서 커널 크래시를 유발한다는 점이다. 다른 형태의 문제로는 더욱 미묘해서 보통 드라이버가 디바이스 트리에서 제공하는 정보를 사용하려고 할 때 발생한다. 두 가지 문제 형태 모두를 위해서 디바이스 트리 구문 파일과 디바이스 트리 파일을 살펴볼 수 있도록 하는 것은 도움이 된다. U-Boot가 제공하는 도구를 사용해서 곧바로 디바이스 트리를 수정하는 것도 유용하다.

예제 분석

U-Boot에서 디바이스 트리 살펴보기

U-Boot 부트로더는 디바이스 트리 파일과 상호작용하는 `fdt` 명령어를 제공한다. 완드보드 기본 환경에는 디바이스 트리와 연관이 있는 두 변수가 있다.

- **ftd_file** 사용하는 디바이스 트리 파일명을 포함한다.
- **ftd_addr** 디바이스 트리를 로드할 메모리 위치를 포함한다.

TFTP 서버에서 완드보드 디바이스 트리를 가져오고 메모리에 저장하기 위해 다음 명령어를 사용한다.

```
> tftp ${fdt_addr} ${fdt_file}
```

전체 경로를 사용하는 디바이스 트리에서부터 루트 노드를 사용하는 것까지 노드를 조사할 수 있다. 선택한 레벨을 조사하기 위해 list 명령어를 사용하고, 완전한 하위트리를 출력하기 위해서 print 명령어를 사용한다.

```
> fdt list /cpus
cpus {
    #address-cells = <0x00000001>;
    #size-cells = <0x00000000>;
    cpu@0 {
    };
};

> fdt print /cpus
cpus {
    #address-cells = <0x00000001>;
    #size-cells = <0x00000000>;
    cpu@0 {
        compatible = "arm,cortex-a9";
        device_type = "cpu";
        reg = <0x00000000>;
        next-level-cache = <0x0000001d>;
        [omitted]
    };
};
```

U-Boot는 디바이스 트리에 여분의 공간이 있다는 가정하에 트리에 새로운 노드를 추가할 수도 있다.

```
> fdt mknode / new-node
> fdt list /new-node
new-node {
};
```

특성 요소를 생성하거나 제거할 수도 있다.

```
> fdt set /new-node testprop testvalue
```

```
> fdt print /new-node
new-node {
    testprop = "testvalue";
};
> fdt rm /new-node testprop
> fdt print /new-node
new-node {
};
```

예를 들면 선택한 노드를 통해 커널 커맨드라인을 수정할 수 있다.

리눅스 커널에서 디바이스 트리 살펴보기

리눅스 커널이 부팅되면 사용자 공간에서 살펴볼 수 있게 디바이스 트리를 노출하는 것은 유용하다. CONFIG_PROC_DEVICETREE 설정 변수로 리눅스 커널을 설정하면 가능하다. 완드보드 리눅스 커널은 다음과 같이 /proc/device-tree에 디바이스 트리를 노출하게 사전에 설정한다.

```
# ls /proc/device-tree/cpus/
#address-cells   cpu@0          cpu@2            name
#size-cells      cpu@1          cpu@3
```

3

소프트웨어 레이어

3장에서 다루는 내용은 다음과 같다.

- 이미지 내용 파헤치기
- 새로운 소프트웨어 레이어 추가
- 특정 패키지 버전과 프로바이더provider 선택
- 지원하는 패키지 추가
- 새로운 패키지 추가
- 데이터, 스크립트, 설정 파일 추가
- 사용자와 그룹 관리
- sysvinit 초기화 관리자 사용
- systemd 초기화 관리자 사용
- 패키지 설치 스크립트 설치
- 리눅스 커널 이미지 크기 줄이기
- 루트 파일 시스템 이미지 크기 줄이기
- 소프트웨어 릴리스

- 라이선스 준수를 위한 시스템 분석
- 오픈소스와 지적 재산권 코드로 작업

소개

다음 단계는 하드웨어 변경 사항과 같이 타깃 루트 파일 시스템을 커스터마이즈하는 것이다. 이것은 리눅스 사용자 공간으로 리눅스 커널상에서 실행하는 소프트웨어다.

이에 대한 일반적인 접근 방법은 임베디드 프로젝트 요구 사항에 맞게 사용할 수 있는 핵심 이미지를 최적화하고, 커스터마이즈하는 것으로 시작한다. 일반적으로 `core-image-minimal`나 `core-image-sato` 중 하나를 선택하지만, 다른 이미지로 작업해도 상관없다.

3장에서는 변경 사항을 포함하기 위한 소프트웨어 레이어를 추가하는 방법과, 크기 최적화와 같은 일반적인 수정 사항에 대해서도 설명한다. 라이선스를 고려해 루트 파일 시스템에 새로운 패키지를 추가하는 방법도 설명한다.

이미지 내용 파헤치기

앞에서 이미지에 포함된 패키지와 파일 목록을 얻기 위해 빌드 히스토리를 사용하는 방법을 알아봤다. 이 절에서는 컴포넌트를 추적할 수 있게 루트 파일 시스템을 빌드하는 방법을 설명한다.

준비

패키지를 빌드할 때 아키텍처에 따라 프로젝트 작업 디렉토리를 분류한다. 예를 들어 `wandboard-quad` 빌드에서 다음 디렉토리를 볼 수 있다.

- all-poky-linux   아키텍처 독립적인 패키지가 있다.

- cortexa9hf-vfp-neon-poky-linux-gnueabi   cortexa9, 하드 부동소수점 패키지가 있다.

- wandboard_quad-poky-linux-gnueabi   `wandboard-quad` 머신에 의존적인 패키지가 있다.

- x86_64-linux   호스트 `sysroot`를 구성하는 패키지가 있다.

비트베이크Bitbake는 디렉토리 내의 의존성 목록에 있는 모든 패키지를 빌드한다.

예제 구현

주어진 패키지의 build 디렉토리를 찾으려면 다음 명령어를 실행한다.

```
$ bitbake -e <package> | grep ^WORKDIR=
```

build 디렉토리에 보면 패키지 태스크에서 빌드 시스템이 사용한 하위 디렉토리를 볼 수 있다(단, `rm_work`를 사용하지 않는 가정이다).

- deploy-rpms   최종 패키지를 저장하는 디렉토리다. 여기에는 타깃에 내부적으로 복사하고 설치할 수 있는 개별 패키지가 있다. 패키지는 tmp/deploy 디렉토리에 복사되고, 욕토가 루트 파일 시스템 이미지를 빌드할 때도 사용된다.

- image   `do_install` 태스크가 컴포넌트를 설치하는 기본 목적지 디렉토리나. `D` 설성 변수를 갖는 예제에 의해 수정할 수 있다.

- package   실제 패키지 내용을 포함한다.

- packages-split   최종 패키지 이름을 갖는 하위 디렉토리에 패키지 파일을 분류하는 위치다. 레시피에서 패키지 내용을 `PACKAGES` 변수로 명시해 여러 개의 최종 패키지로 분리할 수 있다. 기본 패키지 이름 외에

생성되는 패키지는 다음과 같다.

- □ **dbg** 디버깅에 사용하는 컴포넌트를 설치한다.
- □ **dev** 헤더와 라이브러리와 같이 개발에 사용하는 컴포넌트를 설치한다.
- □ **staticdev** 정적 컴파일에 사용하는 헤더와 라이브러리를 설치한다.
- □ **doc** 문서가 있다.
- □ **locale** 지역화 컴포넌트가 있다.

패키지에 설치되는 컴포넌트는 FILES 변수를 사용해 선택한다. 예를 들어 기본 패키지에 추가하려면 다음 줄을 넣는다.

```
FILES_${PN} += "${bindir}/file.bin"
```

그리고 개발 패키지에 추가하려면 다음을 넣는다.

```
FILES_${PN}-dev += "${libdir}/lib.so"
```

예제 분석

욕토 빌드 시스템이 의존성 목록에 있는 모든 개별 패키지를 빌드하면 최종 패키지 이미지를 만들기 전에 sysroot를 모으고 루트 파일 시스템을 빌드하는 do_rootfs 태스크를 실행한다. 다음을 실행해 루트 파일 시스템의 위치를 알 수 있다.

```
$ bitbake -e core-image-minimal | grep ^IMAGE_ROOTFS=
```

IMAGE_ROOTFS 변수는 설정이 불가능하고 변하지 않는다.

이후에 이 디렉토리의 내용은 IMAGE_FSTYPES 변수에 구성되는 이미지 유형에 따라 이미지에 채워진다. 이 디렉토리에 설치된 콘텐츠들이나 설치된 파일들은 최종 이미지에 포함된다.

새로운 소프트웨어 레이어 추가

루트 파일 시스템 커스터마이즈는 기본 이미지에 내용을 추가하거나 수정하는 것을 포함한다. 이 내용의 메타데이터는 커스터마이즈 요구 사항의 양에 따라 하나 이상의 소프트웨어 레이어에 포함된다.

전형적인 임베디드 프로젝트는 모든 하드웨어에 의존적이지 않은 수정을 포함한 한 개의 소프트웨어 레이어만 갖는다. 그러나 그래픽 프레임워크나 시스템 요소와 관련된 부가적인 레이어를 갖는 것도 가능하다.

준비

새로운 레이어에서 작업을 하기 전에 누군가 제공하는 비슷한 레이어가 있는지 확인하는 것이 좋다. 오픈소스 프로젝트를 통합하려 한다면 이미 구현된 관련 레이어가 있는지도 확인한다. http://layers.openembedded.org/에서 사용할 수 있는 레이어의 색인을 볼 수 있다.

예제 구현

2장의 '커스텀 BSP 레이어 생성' 절에서 설명했듯이 yocto-layer 명령으로 새로운 meta-custom 레이어를 만들 수 있다. 소스 디렉토리에서 다음 명령어를 실행한다.

```
$ yocto-layer create custom
```

모든 신규 프로젝트에서 사용 가능하도록 레이어를 프로젝트의 conf/bblayers.conf 파일과 템플릿의 conf 디렉토리에 추가해야 한다.

기본 conf/layer.conf 설정 파일은 다음과 같다.

```
# We have a conf and classes directory, add to BBPATH
BBPATH .= ":${LAYERDIR}"
```

```
# We have recipes-* directories, add to BBFILES
BBFILES += "${LAYERDIR}/recipes-*/*/*.bb \
        ${LAYERDIR}/recipes-*/*/*.bbappend"

BBFILE_COLLECTIONS += "custom"
BBFILE_PATTERN_custom = "^${LAYERDIR}/"
BBFILE_PRIORITY_custom = "6"
```

위 코드에 있는 모든 변수에 관한 설명은 2장의 '커스텀 BSP 레이어 생성' 절에 있다.

예제 분석

새로운 소프트웨어 레이어에 내용을 추가할 때 신규로 추가한 레이어는 욕토 프로젝트의 다른 레이어와 함께 잘 동작하게 해야 한다. 예제를 수정할 때 항상 append 파일을 사용하고, append 파일을 통한 수정이 불가능할 경우에만 존재하는 레시피를 재정의한다.

다음과 같이 bitbake-layers 커맨드라인 유틸리티를 사용하면 여러 레이어의 내용을 편리하게 관리할 수 있다.

- **$ bitbake-layers show-layers** 비트베이크가 바라볼 때 설정한 레이어를 보여준다. conf/ bblayers.conf 파일에서 에러를 찾는 데 도움을 준다.

- **$ bitbake-layers show-recipes** 비트베이크가 제공하는 사용할 수 있는 모든 레시피와 레이어를 보여준다. 비트베이크가 새로 만든 레시피를 찾는 것을 확인하는 데 사용할 수 있다. 이 명령어를 사용했을 때 레시피가 보이지 않으면 파일 시스템 계층 구조가 conf/layer.conf의 BBFILES 변수에 정의한 것과 같은지 확인한다.

- **$ bitbake-layers show-overlayed** 우선순위가 높은 레이어에 속한 동일한 이름의 다른 레시피에 의해 재정의된 레시피를 보여준다. 레시

피의 문제를 찾는 데 유용하다.

- **$ `bitbake-layers show-appends`** 사용 가능한 모든 append 파일과 그것을 적용하는 레시피 파일을 열거한다. 작업한 append 파일을 비트베이크가 읽어 들이는지 확인하는 데 유용하다. 이전과 같이 레시피가 보이지 않으면 파일 시스템 계층 구조와 레이어의 `BBFILES` 변수를 확인해야 한다.

- **$ `bitbake-layers flatten <output_dir>`** 모든 설정 레이어의 내용이 합쳐진 디렉토리가 생성된다. 이때 레시피에는 덮어쓰기 없이 모든 append 파일의 내용이 적용된다. 이것은 비트베이크가 레시피를 찾는 방법이다. 이렇게 만든 디렉토리는 레이어의 메타데이터 간의 충돌을 찾는 데 유용하다.

부연 설명

가끔 개발 보드나 머신에 의존적인 수정 사항을 추가할 때가 있다. 이것은 항상 하드웨어에 관련돼 있지는 않기 때문에 BSP나 소프트웨어 레이어 양쪽에 혹은 모두에 추가할 수 있다.

이와 같은 수정을 할 때 수정 사항을 최대한 구체적으로 유지한다. 전형적인 예로 특정 머신이나 머신군에 대해 수정하는 것이다. wandboard-quad 머신을 위해 다음과 같이 패치를 추가한다.

```
SRC_URI_append_wandboard-quad = " file://mypatch.patch"
```

모든 i.MX6 기반 보드에 패치를 적용하려면 다음 코드를 사용한다.

```
SRC_URI_append_mx6 = " file://mypatch.patch"
```

머신군 오버라이드를 사용하기 위해 meta-fsl-arm-extra의 wandboard-quad에 적용한 것과 같이 머신 설정 파일에서 SOC_FAMILY 변수를 설정한다. 다음 코드를 참고한다.

```
conf/machine/wandboard-quad.conf:SOC_FAMILY = "mx6:mx6q:wandboard"
```

이를 MACHINEOVERRIDES 변수에 추가하려면 meta-fsl-arm에서와 같이
soc-family.inc 파일을 포함해야 한다. 다음은 conf/machine/include/imx-
base.inc 파일의 관련 코드 일부다.

```
include conf/machine/include/soc-family.inc
MACHINEOVERRIDES =. "${@['', '${SOC_FAMILY}:']['${SOC_FAMILY}' !=
    '']}"
```

비트베이크는 패키지의 작업 디렉토리에 있는 파일을 찾기 위해 FILESPATH
변수에 콜론을 구분자로 한 미리 정의된 경로 목록을 찾는다. 다음은 미리
정의된 목록이다.

```
${PN}-${PV}/${DISTRO}
${PN}/${DISTRO}
files/${DISTRO}

${PN}-${PV}/${MACHINE}
${PN}/${MACHINE}
files/${MACHINE}

${PN}-${PV}/${SOC_FAMILY}
${PN}/${SOC_FAMILY}
files/${SOC_FAMILY}

${PN}-${PV}/${TARGET_ARCH}
${PN}/${TARGET_ARCH}
files/${TARGET_ARCH}

${PN}-${PV}/
${PN}/
files/
```

wandboard-quad와 같은 특정 사례에서는 다음과 같이 대체된다.

```
${PN}-${PV}/poky
```

```
${PN}/poky
files/poky
${PN}-${PV}/wandboard-quad
${PN}/wandboard-quad
files/wandboard-quad
${PN}-${PV}/wandboard
${PN}/wandboard
files/wandboard
${PN}-${PV}/mx6q
${PN}/mx6q
files/mx6q
${PN}-${PV}/mx6
${PN}/mx6
files/mx6
${PN}-${PV}/armv7a
${PN}/armv7a
files/armv7a
${PN}-${PV}/arm
 ${PN}/arm
files/arm
${PN}-${PV}/
${PN}/
files/
```

PN은 패키지 이름이고 PV는 패키지 버전이다.

가장 좋은 방법은 구체적인 위치에 패치를 추가하는 것이다. 따라서 wandboard, mx6q, mx6, armv7a, arm과 좀 더 포괄적인 PN-PV, PN, files보다 앞에 오는 wandboard-quad 경로에 패치 파일을 추가하는 것이 좋다.

검색 경로는 비트베이크 레시피의 위치를 참조한다. append 파일에 파일을 추가하려면 항상 경로를 추가해야 한다. 다음과 같이 append 파일에서 FILESEXTRAPATHS 변수의 앞이나 뒤에 검색 경로로 다른 디렉토리를 추가할 수 있다.

```
FILESEXTRAPATHS_prepend := "${THISDIR}/folder:"
```

 작업한 파일과 패치가 먼저 선택되게 설정하기 위해 THISDIR 변수를 연산자(:=)를 사용해 즉시 확장하고, prepend를 통해 작업 경로를 탐색 경로 목록의 앞부분에 추가해야 한다.

또한 설정 파일에서 +=와 =+ 스타일이 있지만 레시피 파일에서 사용하는 것은 지양한다. 순서 문제를 피하기 위해 이전 예제 코드에서 설명한 것처럼 append와 prepend를 사용하는 것을 선호한다.

특정 패키지 버전과 프로바이더 선택

한 레이어에서 동일한 패키지에 대해 여러 버전의 레시피를 제공할 수 있다. 예를 들어 meta-fsl-arm 레이어는 여러 가지 종류의 리눅스 소스를 갖고 있다.

- `linux-imx` 프리스케일 BSP 커널이고 http://git.freescale.com/git/cgit.cgi/imx/linux-2.6-imx.git/에서 다운로드할 수 있다.
- `linux-fslc` 메인라인 리눅스 커널이고 https://github.com/Freescale/linux-fslc에서 다운로드할 수 있다.
- `linux-timesys` Vybrid 플랫폼을 지원하는 커널이고 https://github.com/Timesys/linux-timesys에서 다운로드할 수 있다.

앞에서 언급한 것처럼 모든 레시피는 기본적으로 패키지 이름(예를 들어 `linux-imx` 또는 `linux-fslc`)을 제공하지만, 모든 커널 레시피는 `virtual/kernel` 가상 패키지도 제공해야 한다. 빌드 시스템은 `virtual/kernel`에 대해 타깃 머신과 같은 조건을 고려해 가장 적절한 커널 레시피 이름을 선택한다. 그리고 `linux-imx` 예제에는 2.6.35.3과 3.10.17 버전의 레시피가 있다.

이 절에서는 빌드 시점에 욕토 빌드 시스템에서 특정 패키지와 버전을 선택하는 방법을 설명한다.

예제 구현

빌드할 정확한 패키지를 명시하기 위해 빌드 시스템에서 사용하는 프로바이더와 버전을 명시할 수 있다.

프로바이더 선택 방법

PREFERRED_PROVIDER 변수를 통해 사용할 레시피를 비트베이크에 알려줄 수 있다. 완드보드 머신에서 virtual/kernel 가상 패키지의 선호하는 프로바이더를 설정하기 위해 머신 설정 파일에 다음 코드를 추가한다.

```
PREFERRED_PROVIDER_virtual/kernel = "linux-imx"
```

버전 선택 방법

특정 프로바이더에서 PREFERRED_VERSION 변수를 통해 사용할 버전을 비트베이크에 알려줄 수 있다. 예를 들어 모든 i.MX6 기반 머신에서 특정 linux-imx 버전을 설정하기 위해 conf/local.conf 파일에 다음 코드를 추가한다.

```
PREFERRED_VERSION_linux-imx_mx6 = "3.10.17"
```

다음에 사용한 % 와일드카드는 다음과 같이 어떤 문자든 일치하게 한다.

```
PREFERRED_VERSION_linux-imx_mx6 = "3.10%"
```

그러나 _mx6 append 대신에 머신 설정 파일에서 이와 같은 설정을 하는 것이 더 일반적이다.

특정 버전을 사용하지 않게 하는 방법

PREFERRED_VERSION 변수에 명시하지 않는 한 그 버전을 사용하지 않도록 DEFAULT_PREFERENCE 변수에 -1을 설정할 수 있다. 개발 버전 패키지에서 일반적으로 사용한다.

```
DEFAULT_PREFERENCE = "-1"
```

지원하는 패키지 추가

욕토 레이어에 있는 사용할 수 있는 레시피를 이미지에 새로운 패키지로 추가하는 경우가 많다.

필요한 타깃 이미지와 제공하는 코어 이미지가 다를 경우 기존 이미지를 수정하는 것보다 새로운 이미지를 정의하는 것을 권장한다.

이 절에서는 지원하는 패키지를 추가해 기존 이미지를 수정하는 방법과 필요하면 새로운 이미지 레시피를 만드는 방법을 설명한다.

준비

설정한 레이어에 필요한 패키지가 포함돼 있는지 찾고, 지원하는 특정 버전을 찾기 위해 빌드 디렉토리에서는 앞에서 사용했던 bitbake-layers를 사용한다.

```
$ bitbake-layers show-recipes | grep -A 1 htop
htop:
    meta-oe              1.0.3
```

다른 방법으로 다음 비트베이크 명령어를 사용할 수 있다.

```
$ bitbake -s | grep htop
htop                                      :1.0.3-r0
```

또는 소스 디렉토리에서 find 리눅스 명령어를 사용할 수도 있다.

```
$ find . -type f -name "htop*.bb"
./meta-openembedded/meta-oe/recipes-support/htop/htop_1.0.3.bb
```

최종 이미지에 포함할 패키지를 알았다면 그 패키지를 이미지에 추가하는
방법을 알아보자.

예제 구현

개발하는 동안 수정 사항을 추가하기 위해 프로젝트의 conf/local.conf 파일
을 사용한다. 모든 이미지에 패키지를 추가하려면 다음 코드를 사용한다.

```
IMAGE_INSTALL_append = " htop"
```

 append 연산자가 공백을 추가하지 않기 때문에 기존 이미지에 새로운 패키지를 넣
으려면 첫 번째 따옴표 뒤에 공백을 입력해야 한다.

다음과 같이 특정 이미지에만 패키지를 추가할 수도 있다.

```
IMAGE_INSTALL_append_pn-core-image-minimal = " htop"
```

쉽게 수정하는 다른 방법은 특성feature을 사용하는 것이다. 특성은 패키지를
논리적으로 그룹핑한 것이다. 예를 들어 디버깅 유틸리티의 전체 집합을 추
가하는 debug-utils라는 새로운 특성을 만들 수 있다. 다음과 같이 설정
파일이나 글래스 파일에 특성을 정의할 수 있다.

```
FEATURE_PACKAGES_debug-utils = "strace perf"
```

다음과 같이 conf/local.conf 파일의 EXTRA_IMAGE_FEATURES 변수로 이미
지에 특성을 추가할 수 있다.

```
EXTRA_IMAGE_FEATURES += "debug-utils"
```

이미지 레시피에 추가하는 경우에는 IMAGE_FEATURES 변수를 사용한다.

일반적으로 특성은 개별 패키지로 열거하는 대신에 packagegroup 레시피로 추가한다. 다음은 recipes-core/packagegroups/packagegroup-debug-utils.bb 파일에서 packagegroup 레시피를 정의하는 방법을 보여준다.

```
SUMMARY = "Debug applications packagegroup"
LICENSE = "GPLv2"
LIC_FILES_CHKSUM = "file://${COREBASE}/LICENSE;md5=3f40d7994397
109285ec7b81fdeb3b58"

inherit packagegroup

RDEPENDS_${PN} = "\
    strace \
    perf \
"
```

그리고 다음과 같이 FEATURE_PACKAGES 변수에 packagegroup을 추가한다.

```
FEATURE_PACKAGES_debug-utils = "packagegroup-debug-utils"
```

packagegroup를 사용해 더 복잡한 예제를 만들 수 있다. 자세한 내용은 욕토 프로젝트 개발자 매뉴얼인 http://www.yoctoproject.org/docs/1.7.1/dev-manual/dev-manual.html에 있다.

예제 분석

이미지를 수정하는 좋은 접근 방법은 기존 이미지를 템플릿으로 사용해 이미지를 만드는 것이다. 다음 코드를 포함하고 있는 core-image-minimal.bb를 사용한다.

```
SUMMARY = "A small image just capable of allowing a device to boot."
```

```
IMAGE_INSTALL = "packagegroup-core-boot
   ${ROOTFS_PKGMANAGE_BOOTSTRAP} ${CORE_IMAGE_EXTRA_INSTALL}"

IMAGE_LINGUAS = " "

LICENSE = "MIT"

inherit core-image

IMAGE_ROOTFS_SIZE ?= "8192"
```

meta-custom/recipes-core/images/custom-image.bb 파일을 추가해 IMAGE_
FEATURES 변수 수정이 가능하도록 core-image-minimal.bb 파일을 확장한다.

```
require recipes-core/images/core-image-minimal.bb
IMAGE_FEATURES += "ssh-server-dropbear package-management"
```

사용 가능한 이미지 중 하나를 템플릿으로 사용해 처음부터 새로운 이미지
를 정의할 수도 있다.

부연 설명

이미지를 수정하는 마지막 방법은 이미지를 생성하고 나서 실행하는 셸 함수
를 추가하는 것이다. 이미지 예제나 conf/local.conf 파일에 다음을 추가한다.

```
ROOTFS_POSTPROCESS_COMMAND += "function1;...;functionN"
```

IMAGE_ROOTFS 변수를 명령어에서 루트 파일 시스템 경로로 사용할 수 있다.

클래스에서는 ROOTFS_POSTPROCESS_COMMAND 대신에 IMAGE_POSTPROCESS_
COMMAND 변수를 사용한다.

한 가지 예를 들면 패스워드 없는 root 로그인을 허용하도록 이미지를 수정
하는 image.bbclass의 debug-tweaks 특성을 하나의 예제로 볼 수 있다.
이 방법은 타깃 이미지의 root 암호를 수정하는 데도 흔히 사용한다.

패키지 설정

2장의 '리눅스 커널 설정' 절에서 설명했듯이 리눅스 커널 같은 일부 패키지는 설정 메뉴를 제공하고, 비트베이크 명령어로 menuconfig를 설정할 수 있다.

설정 인터페이스와 관련된 또 다른 주요 패키지는 BusyBox다. 다음 예제에서는 이름으로 프로세스 ID를 찾는 도구인 pgrep을 추가하기 위해 BusyBox를 설정하는 방법을 보여준다. 이를 위해 다음과 같은 과정을 따라 한다.

1. BusyBox 설정

   ```
   $ bitbake -c menuconfig busybox
   ```

2. Process utilities에서 pgrep 선택

3. BusyBox 컴파일

   ```
   $ bitbake -C compile busybox
   ```

4. 타깃에 RPM 패키지 복사

   ```
   $ bitbake -e busybox | grep ^WORKDIR=
   $ scp ${WORKDIR}/deploy-rpms/cortexa9hf_vfp_neon/busybox-
     1.22.1-r32.cortexa9hf_vfp_neon.rpm root@<target_ip>:/tmp
   ```

5. 타깃에서 RPM 패키지 설치

   ```
   # rpm --force -U /tmp/busybox-1.22.1-
     r32.cortexa9hf_vfp_neon.rpm
   ```

   설정을 변경해 빌드할 경우 패키지의 버전이 증가하는 것은 아니므로 강제 업데이트를 통해 타깃에 설치해야 한다.

새로운 패키지 추가

앞 절에서 지원하는 패키지를 추가하기 위해 이미지를 수정하는 방법을 살펴봤다. 존재하는 레시피를 찾을 수 없거나 새로 개발한 패키지를 통합할

때는 새로운 욕토 레시피를 만들어야 한다.

새로운 레시피를 작성하기 전에 몇 가지 확인할 사항이 있다.

- 소스코드가 어디에 저장돼 있는가?
- 소스 버전 관리 시스템을 사용하는가? 아니면 타르볼^{tarball}로 릴리스하는가?
- 소스코드 라이선스가 무엇인가?
- 어떤 빌드 시스템을 사용하는가?
- 설정이 필요한가?
- 현재 상태로 크로스컴파일을 할 수 있는가? 아니면 패치가 필요한가?
- 루트 파일 시스템에 배포하는 파일이 무엇이고 어디에 위치하는가?
- 새로운 사용자나 init 스크립트처럼 시스템 변경이 필요한가?
- 사전에 sysroot에 설치해야 하는 의존성 있는 것이 있는가?

이 질문에 대한 답을 갖고 있으면 새로운 레시피를 작성할 준비가 된 것이다.

필요한 내용만 포함한 깔끔한 레시피를 만들기 위해 비슷한 레시피를 가지고 수정하는 것보다 빈 템플릿에서 작업을 시작하는 것이 좋다.

다음은 레시피를 추가하기 위한 기본적인 템플릿 예제다

```
SUMMARY = "The package description for the package management system"

LICENSE = "The package's licenses typically from
  meta/files/common-licenses/"
```

```
LIC_FILES_CHKSUM = "License checksum used to track open license
    changes"
DEPENDS = "Package list of build time dependencies"

SRC_URI = "Local or remote file or repository to fetch"
SRC_URI[md5sum] = "md5 checksums for all remote fetched files (not
    for repositories)"
SRC_URI[sha256sum] = "sha256 checksum for all remote fetched files
    (not for repositories)"

S = "Location of the source in the working directory, by default
    ${WORKDIR}/${PN}-${PV}."

inherit <class needed for some functionality>

# Task overrides, like do_configure, do_compile and do_install, or
    nothing.

# Package splitting (if needed).

# Machine selection variables (if needed).
```

여기에서는 각 레시피 항목을 하나씩 자세히 설명한다.

패키지 라이선스

모든 레시피에는 LICENSE 변수를 정의해야 한다. LICENSE 변수는 다음 예처럼 여러 개의 라이선스, 대체 가능한 라이선스, 또는 패키지별로 다른 라이선스를 명시하는 것도 가능하다.

- MIT나 GPLv2 중 선택하는 라이선스

    ```
    LICENSE = "GPL-2.0 | MIT"
    ```

- ISC와 MIT 모두 사용하는 라이선스

    ```
    LICENSE = "ISC & MIT"
    ```

- 저작물 사용 허가 표시^{Creative Commons}를 가진 문서를 제외하고 분리한 패키지가 모두 **GPLv2** 라이선스를 사용하는 경우

```
LICENSE_${PN} = "GPLv2"
LICENSE_${PN}-dev = "GPLv2"
LICENSE_${PN}-dbg = "GPLv2"
LICENSE_${PN}-doc = "CC-BY-2.0"
```

일반적으로 오픈소스 패키지의 라이선스는 README, COPYING, LICENSE 파일에 있고, 헤더 파일에 있는 경우도 있다.

라이선스의 변경을 빌드 시스템이 인지할 수 있게 오픈소스 라이선스에 대한 LIC_FILES_CHECKSUM을 명시해야 한다. 이를 추가하려면 라이선스를 포함한 파일이나 파일의 부분을 알아야 하고, 소스코드 위치를 기반으로 상대 경로와 MD5 체크섬 값을 제공해야 한다.

```
LIC_FILES_CHKSUM = "file://${COREBASE}/meta/files/common-
    licenses/GPL-2.0;md5=801f80980d171dd6425610833a22dbe6"
LIC_FILES_CHKSUM =
    "file://COPYING;md5=f7bdc0c63080175d1667091b864cb12c"
LIC_FILES_CHKSUM =
    "file://usr/include/head.h;endline=7;md5=861ebad4adc7236f8d1905338
    abd7eb2"
LIC_FILES_CHKSUM =
    "file://src/file.c;beginline=5;endline=13;md5=6c7486b21a8524b1879f
    a159578da31e"
```

지적 재산권 코드는 CLOSED로 라이선스를 설정해야 하며, LIC_FILES_CHECKSUM은 없어도 된다.

패키지 내용 다운로드

SRC_URI 변수는 다운로드를 위한 파일을 열거한다. 빌드 시스템은 파일 접두사에 따라 다른 다운로더를 사용한다.

- 메타데이터에 있는 로컬 파일(file://)의 경우로, 로컬 파일이 패치이면 SRC_URI 변수에는 다음과 같이 패치 관련된 인자를 추가할 수 있다.

  □ **striplevel** 기본 패치 스트립 레벨은 1이지만, 이 인자로 레벨을 수정할 수 있다.

  □ **patchdir** 패치를 적용할 디렉토리 위치를 명시한다. 기본은 소스 디렉토리다.

  □ **apply** 패치 파일을 적용할 것인지 아닌지를 판단한다. 기본은 적용하는 것이다.

- 원격지 서버에 있는 파일(일반적으로, http(s)://, ftp://, ssh://)

- 원격지 저장소에 있는 파일(일반적으로 git://, svn://, bzr://)로, SRCREV 변수로 리비전을 명시해야 한다.

(로컬이나 원격지 저장소가 아닌) 원격지 서버에 있는 파일은 두 가지 체크섬을 명시해야 한다. 다음 예제처럼 파일이 하나 이상이면 name 인자로 구분할 수 있다.

```
SRCREV = "04024dea2674861fcf13582a77b58130c67fccd8"
SRC_URI = "git://repo.com/git/ \
           file://fix.patch;name=patch \
           http://example.org/archive.data;name=archive"
SRC_URI[archive.md5sum] = "aaf32bde135cf3815aa3221726bad71e"
SRC_URI[archive.sha256sum] =
   "65be91591546ef6fdfec93a71979b2b108eee25edbc20c53190caafc9a92d4e7"
```

소스 디렉토리 S는 소스 파일 위치를 명시한다. 저장소는 여기에 체크아웃하고 타르볼이면 압축을 푼다. 타르볼이 표준 ${PN}-${PV} 위치에 압축을 풀 경우 S 변수는 기본 값과 동일하므로 생략할 수도 있다. 저장소에 대해서는 다음 예제처럼 항상 명시해야 한다.

```
S = "${WORKDIR}/git"
```

태스크 재정의 명시

모든 예제는 다음과 같은 태스크를 정의한 base.bbclass 클래스를 상속한다.

- **do_fetch** SRC_URI 변수를 사용해 선택한 다운로더로 소스코드를 받는다.

- **do_unpack** S 변수로 명시한 위치의 작업 디렉토리에 압축을 푼다.

- **do_configure** 필요하면 소스코드의 빌드 환경을 설정한다. 기본은 아무 동작도 하지 않는 것이다.

- **do_compile** 소스코드를 컴파일한다. 기본은 GNU make 타깃이다.

- **do_install** build 디렉토리 B에서 도착지 디렉토리 D로 결과를 복사한다. 기본은 아무 동작도 하지 않는 것이다.

- **do_package** 여러 패키지로 결과물을 분리한다. 기본은 아무 동작도 하지 않는 것이다.

대부분 configure, compile, install 태스크만 재정의한다. 그리고 대부분 autotools 같은 클래스를 상속해 함축적으로 사용한다.

빌드 시스템을 사용하지 않는 커스텀 레시피에 대해서는 컴파일 명령어를 위한 do_compile과 설치를 위한 do_install을 재정의해야 하고 필요에 따라 설정을 위한 do_configure를 재정의한다. 이런 유형의 예제인 meta-custom/recipes-example/helloworld/helloworld_1.0.bb 레시피는 다음과 같다.

```
DESCRIPTION = "Simple helloworld application"
SECTION = "examples"
LICENSE = "MIT"
LIC_FILES_CHKSUM =
    "file://${COMMON_LICENSE_DIR}/MIT;md5=0835ade698e0bcf8506e
    cda2f7b4f302"
```

```
SRC_URI = "file://helloworld.c"

S = "${WORKDIR}"

do_compile() {
    ${CC} helloworld.c -o helloworld
}

do_install() {
    install -d ${D}${bindir}
    install -m 0755 helloworld ${D}${bindir}
}
```

meta-custom/recipes-example/helloworld/helloworld-1.0/helloworld.c 소스 파일은 다음과 같다.

```
#include <stdio.h>

int main(void) {
    return printf("Hello World");
}
```

4장에서 일반적인 빌드 시스템을 사용하는 예제를 살펴본다.

패키지 설정

욕토 빌드 시스템은 여러 개의 특성별로 패키지를 쉽게 설정할 수 있도록 PACKAGECONFIG 변수를 제공한다. 레시피에서 다음과 같이 개별 특성을 정의한다.

```
PACKAGECONFIG ??= "feature"
PACKAGECONFIG[feature] = "--with-feature,--without-feature,build-
    deps-feature,rt-deps-feature"
```

PACKAGECONFIG 변수는 특성 이름을 공백으로 구분하고 bbappend 파일에서 확장하거나 덮어쓸 수 있다. 다음 예제를 보자.

```
PACKAGECONFIG_append = " feature1 feature2"
```

배포판이나 로컬 설정 파일에서 확장하거나 덮어씌우기 위해 다음 구문을
사용한다.

```
PACKAGECONFIG_pn-<package_name> = "feature1 feature2"
PACKAGECONFIG_append_pn-<package_name> = " feature1 feature2"
```

다음은 4개의 순차적인 인자를 설명한 것이다.

- 특성을 활성화할 때 (EXTRA_OECONF를 위해) 추가적인 설정 인자
- 특성을 비활성화할 때 (EXTRA_OECONF를 위해) 추가적인 설정 인자
- 특성을 활성화할 때 (DEPENDS를 위한) 빌드 의존성
- 특성을 활성화할 때 (RDEPENDS를 위한) 런타임 의존성

4개의 인자는 선택 사항이지만 주변에 쉼표를 남겨 순서를 유지해야 한다.

예를 들어 wpa-supplicant 레시피는 gnutls와 openssl라는 2가지 특성
을 정의하지만, 다음과 같이 기본적으로 gnutls만 활성화한다.

```
PACKAGECONFIG ??= "gnutls"
PACKAGECONFIG[gnutls] = ",,gnutls"
PACKAGECONFIG[openssl] = ",,openssl"
```

여러 패키지로 분리

일반적으로 서로 다른 요구 사항에 따라 레시피 내용을 여러 패키지로 분리
한다. 대표적으로 doc 패키지는 문서를 포함하고, dev 패키지에는 헤더와
라이브러리를 포함한다. 패키지 분리를 위해 다음과 같이 FILES 변수를 사
용한다.

```
FILES_${PN} += "List of files to include in the main package"
FILES_${PN}-dbg += "Optional list of files to include in the debug
    package"
```

```
FILES_${PN}-dev += "Optional list of files to include in the
    development package"
FILES_${PN}-doc += "Optional list of files to include in the
    documentation package"
```

머신에 특화된 변수 설정

'이미지 내용 파헤치기' 절에서 설명한 것과 같이 각 레시피는 패키지 피드에서 레시피를 분류하는 PACKAGE_ARCH 변수를 갖고 있다. 대부분 욕토 빌드 시스템이 자동으로 분류한다. 예를 들어 레시피가 커널인지, 커널 모듈인지 아니면 이미지 레시피인지, 또는 크로스컴파일 애플리케이션인지, 네이티브 애플리케이션인지에 따라 욕토 빌드 시스템은 패키지 아키텍처를 설정한다.

또한 비트베이크는 SRC_URI 머신 오버라이드를 보고 패키지 아키텍처를 조정한다. 그리고 레시피가 allarch 클래스를 사용하면 all로 패키지 아키텍처를 설정한다.

따라서 머신이나 머신군에만 적용하거나 머신, 머신군에 특화된 변경 사항이 있는 레시피를 작업할 때 적절한 패키지 피드에 맞게 패키지를 분류하는지 확인해야 한다. 그렇지 않으면 다음 코드를 사용해 레시피에서 명시적으로 패키지 아키텍처를 지정해야 한다.

```
PACKAGE_ARCH = "${MACHINE_ARCH}"
```

또한 레시피가 특정 종류의 머신에서만 파싱하려면 COMPATIBLE_MACHINE 변수로 해당 머신을 명시해야 한다. 예를 들어 mxs, mx5, mx6 SoC군에서만 호환되게 하려면 다음을 사용한다.

```
COMPATIBLE_MACHINE = "(mxs|mx5|mx6)"
```

데이터, 스크립트, 설정 파일 추가

모든 레시피는 실행하기 위한 기본 태스크 집합을 갖는 base 클래스를 상속한다. base 클래스를 상속한 후 다운로드와 컴파일과 같은 동작 방법을 레시피에 정의한다.

대부분의 레시피는 실행 파일을 설치하기 때문에 base 클래스에 의해 실행 파일을 빌드하는 방법을 정의한다. 그러나 가끔 데이터, 스크립트, 설정 파일을 파일 시스템에 설치할 필요가 있다.

데이터나 설정 파일이 애플리케이션과 관련돼 있으면 애플리케이션 예제 자체에 모든 것을 포함해서 패키징하는 것이 합리적이다. 반면 분리해 설치하는 것이 좋다면 개별 패키지 단위로 분리할 수도 있다.

그러나 데이터나 설정 파일이 애플리케이션과 관련이 없으면 전체 시스템에 적용하거나 레시피를 따로 분리하는 것이 좋다. 선택적으로 컴파일할 필요가 없는 펄이나 파이썬 스크립트를 설치할 수도 있다.

예제 구현

다음 사례에서 레시피는 아키텍처에 상관없는 결과를 만드는 allarch 클래스를 상속해야 한다.

meta-custom/recipes-example/example-data/example-data_1.0.bb 레시피 예제는 다음과 같다.

```
DESCRIPTION = "Example of data or configuration recipe"
SECTION = "examples"

LICENSE = "GPLv2"
LIC_FILES_CHKSUM = "file://${COREBASE}/meta/files/common-licenses/
    GPL-2.0;md5=801f80980d171dd6425610833a22dbe6"

SRCREV = "${AUTOREV}"
```

```
SRC_URI = "git://github.com/yoctocookbook/examples.git \
          file://example.data"

S = "${WORKDIR}/git"

inherit allarch

do_compile() {
}

do_install() {
   install -d ${D}${sysconfdir}
   install -d ${D}${sbindir}
   install -m 0755 ${WORKDIR}/example.data ${D}/${sysconfdir}/
   install -m 0755 ${S}/python-scripts/* ${D}/${sbindir}
}
```

위의 예제에서는 루트 파일 시스템에 설치할 python-scripts 디렉토리가 가상의 examples.git 저장소에 있다고 가정한다.

테스트 가능한 레시피 예제는 책과 함께 배포된 소스코드에 있다.

사용자와 그룹 관리

파일 시스템에 사용자와 그룹을 추가하거나 수정하는 것은 흔히 있는 일이다. 이 절에서는 사용자와 그룹을 관리하는 방법을 설명한다.

준비

사용자 정보는 시스템 사용자 정보로 사용하는 텍스트 파일로, /etc/passwd 파일에 있다. passwd 파일은 사용자가 읽을 수 있는 형식의 파일이다.

파일의 각 줄은 시스템에서 한 사용자에 매핑되고 다음과 같은 형식이다.

```
<username>:<password>:<uid>:<gid>:<comment>:<home
    directory>:<login shell>
```

이 형식의 매개변수는 다음과 같다.

- **username** 로그인할 때 사용자를 식별하는 유일한 문자열
- **uid** 사용자 ID, 리눅스에서 사용자를 식별하는 데 사용하는 숫자
- **gid** 그룹 ID, 리눅스에서 사용자의 주요 그룹을 식별하는 데 사용하는 숫자
- **comment** 계정, 일반적으로 사용자 주소를 자세히 설명하는 콤마로 분리하는 값
- **home directory** 사용자 홈 디렉토리 경로
- **login shell** 대화형 로그인을 위해 시작하는 셸

기본 passwd 파일은 base-passwd 패키지에 있고 다음과 같다.

```
root::0:0:root:/root:/bin/sh
daemon:*:1:1:daemon:/usr/sbin:/bin/sh
bin:*:2:2:bin:/bin:/bin/sh
sys:*:3:3:sys:/dev:/bin/sh
sync:*:4:65534:sync:/bin:/bin/sync
games:*:5:60:games:/usr/games:/bin/sh
man:*:6:12:man:/var/cache/man:/bin/sh
lp:*:7:7:lp:/var/spool/lpd:/bin/sh
mail:*:8:8:mail:/var/mail:/bin/sh
news:*:9:9:news:/var/spool/news:/bin/sh
uucp:*:10:10:uucp:/var/spool/uucp:/bin/sh
proxy:*:13:13:proxy:/bin:/bin/sh
www-data:*:33:33:www-data:/var/www:/bin/sh
backup:*:34:34:backup:/var/backups:/bin/sh
list:*:38:38:Mailing List Manager:/var/list:/bin/sh
irc:*:39:39:ircd:/var/run/ircd:/bin/sh
```

```
gnats:*:41:41:Gnats Bug-Reporting System (admin):/var/lib/gnats:/bin/
sh
nobody:*:65534:65534:nobody:/nonexistent:/bin/sh
```

암호가 없는 root를 제외하고 암호 항목에 *가 있어 모든 계정은 직접 로그
인하지 못한다. 기본적으로 root 사용자의 암호를 없애려고 debug-tweaks
특성을 넣고 빌드하기 때문이다. root 암호를 활성화하면 암호화한 root 암
호를 볼 수 있다.

 제품 이미지에서는 debug-tweaks 특성을 반드시 제거해야 한다.

동시에 시스템 그룹의 정보를 갖고 있는 /etc/group 파일이 만들어진다.

`core-image-minimal` 이미지는 섀도우shadow 파일로 암호를 보호하지는 않
지만, `core-image-full-cmdline` 같은 다른 이미지는 섀도우 파일로 암호
를 보호한다. 이렇게 되면 모든 암호 항목은 x로 표시되고 암호화된 암호는
슈퍼 사용자만 접근할 수 있는 /etc/shadow 파일에 보관한다.

앞의 예제에서 살펴본 시스템상에서 필요하지만 때로는 목록에 없는 사용자
도 생성한다.

예제 구현

시스템 사용자나 그룹을 추가하거나 수정하기 위한 표준 방법은 다음과 같
은 변수가 있는 `useradd` 클래스를 레시피에 사용하는 것이다.

- **USERADD_PACKAGES** 레시피에서 사용자나 그룹을 추가할 필요가 있는
  개별 패키지를 명시한다. 기본 패키지는 다음과 같이 사용한다.

  ```
  USERADD_PACKAGES = "${PN}"
  ```

- **USERADD_PARAM** 시스템에 새로운 사용자를 추가하기 위해 리눅스 useradd 명령어에 추가할 인자를 넣는다.

- **GROUPADD_PARAM** 시스템에 새로운 그룹을 추가하기 위해 리눅스 groupadd 명령어에 추가할 인자를 넣는다.

- **GROUPMEMS_PARAM** 사용자의 주요 그룹의 구성원을 관리하는 groupmems 명령어에 추가할 인자를 넣는다.

다음은 useradd 클래스를 사용하는 레시피의 일부분이다.

```
inherit useradd

PASSWORD ?= "miDBHFo2hJSAA"
USERADD_PACKAGES = "${PN}"
USERADD_PARAM_${PN} = "--system --create-home \
                       --groups tty \
                       --password ${PASSWORD} \
                       --user-group ${PN}"
```

암호는 whois 우분투 패키지로 설치하는 mkpasswd 커맨드라인 유틸리티를 사용해 호스트에서 생성할 수 있다.

부연 설명

useradd 클래스를 사용해 사용자와 그룹을 만들 때 uid와 gid 값은 패키지 설치 과정에서 동적으로 할당한다. 이러한 동적 할당이 필요하지 않으면 passwd와 group 파일을 제공해 시스템 전체의 정적 uid와 gid 값을 할당하는 방법이 있다.

이를 위해서 다음과 같이 conf/local.conf 파일에 USERADDEXTENSION 변수를 정의해야 한다.

```
USERADDEXTENSION = "useradd-staticids"
```

그러고 나서 빌드 시스템은 uid와 gid를 얻기 위해 BBPATH 변수를 탐색해 files/passwd와 files/group 파일을 찾는다. 이 파일은 앞에서 설명한 암호 항목을 무시하는 표준 passwd 레이아웃을 갖고 있다.

기본 파일명은 USERADD_UID_TABLES와 USERADD_GID_TABLES 변수를 사용해 변경할 수 있다.

또한 다음 변수를 정의해야 한다.

```
USERADD_ERROR_DYNAMIC = "1"
```

제공하는 파일에서 필요한 uid와 gid 값을 찾을 수 없으면 빌드 시스템이 에러를 만들게 하는 것이다.

 이미 빌드된 프로젝트에서 useradd 클래스를 사용하면 tmp 디렉토리를 제거하고 sstate-cache 디렉토리로 다시 빌드해야 한다. 그렇지 않으면 에러가 발생한다.

특정 레시피에 상관없이 이미지에 사용자와 그룹의 정보를 추가하는 방법이 있다. 다음과 같이 이미지 레시피에서 extrausers 클래스를 상속하고 EXTRA_USER_PARAMS 변수를 설정한다.

```
inherit extrausers

EXTRA_USERS_PARAMS = "\
    useradd -P password root; \
    "
```

이것은 root 암호를 password로 설정하는 것이다.

sysvinit 초기화 관리자 사용

초기화 관리자는 루트 파일 시스템의 중요한 부분이다. 리눅스 커널이 가장 먼저 실행하는 것이고, 나머지 시스템을 시작하는 책임을 갖고 있다.

이 절에서는 sysvinit 초기화 관리자를 소개한다.

준비

sysvinit은 욕토의 기본 초기화 관리자고, 운영체제 초기부터 리눅스에서 사용하고 있다. 커널은 커맨드라인 인자에 일반적으로 /sbin/init인 init을 넣는다. init 프로세스는 PID 1이고 모든 프로세스의 부모다. init 프로세스는 BusyBox를 사용하거나 sysvinit 패키지를 설치해 구성할 수 있다. 둘 다 실행할 프로세스를 정의하는 시스템 상태인 runlevel 개념 기반의 방식으로 동작한다.

init 프로세스는 inittab 파일을 읽고 기본 runlevel을 찾는다. 기본 inittab 파일은 sysvinit-inittab 패키지에서 설치하며, 다음과 같다.

```
# /etc/inittab: init(8) configuration.
# $Id: inittab,v 1.91 2002/01/25 13:35:21 miquels Exp $

# The default runlevel.
id:5:initdefault:

# Boot-time system configuration/initialization script.
# This is run first except when booting in emergency (-b) mode.
si::sysinit:/etc/init.d/rcS

# What to do in single-user mode.
~~:S:wait:/sbin/sulogin

# /etc/init.d executes the S and K scripts upon change
# of runlevel.
#
```

```
# Runlevel 0 is halt.
# Runlevel 1 is single-user.
# Runlevels 2-5 are multi-user.
# Runlevel 6 is reboot.

l0:0:wait:/etc/init.d/rc 0
l1:1:wait:/etc/init.d/rc 1
l2:2:wait:/etc/init.d/rc 2
l3:3:wait:/etc/init.d/rc 3
l4:4:wait:/etc/init.d/rc 4
l5:5:wait:/etc/init.d/rc 5
l6:6:wait:/etc/init.d/rc 6
# Normally not reached, but fallthrough in case of emergency.
z6:6:respawn:/sbin/sulogin
```

그러고 나서 init은 /etc/rcS.d 디렉토리에 있는 S로 시작하는 모든 스크립트를 실행한 다음 /etc/rcN.d 디렉토리에 있는 S로 시작하는 모든 스크립트를 실행한다. N은 runlevel 값이다.

따라서 init 프로세스는 초기화만 수행하고 프로세스에 대한 것은 잊어버린다. 어떤 것이 잘못되거나 프로세스가 죽으면 아무것도 할 수 없다. init이 응답하지 않으면 시스템 감시자는 시스템을 재부팅한다. 그러나 일반적으로 하나 이상의 프로세스를 가진 애플리케이션은 시스템의 상태를 확인하는 여러 프로세스 모니터가 필요하지만 sysvinit은 이러한 메커니즘을 제공하지 않는다.

그러나 sysvinit은 이해하기 쉽고 신뢰할 수 있는 초기화 관리자이기 때문에 추가적인 기능이 필요하지 않다면 sysvinit을 사용하는 것을 추천한다.

예제 구현

초기화 관리자로 sysvinit을 사용할 경우 욕토는 필요할 때 시작하고 멈추게 하는 초기화 스크립트를 설치하는 데 도움을 주는 update-rc.d 클래스를 제공한다.

이 클래스를 사용할 때 설치를 위한 스크립트 이름과 함께 `INITSCRIPT_NAME` 변수와 `update-rc.d` 유틸리티에 넣는 옵션과 같이 `INITSCRIPT_PARAMS`를 명시해야 한다. 선택적으로 초기화 스크립트를 포함하는 패키지 변수를 열거하는 `INITSCRIPT_PACKAGES` 변수를 사용할 수 있다. 이 변수는 디폴트로 기본 패키지만 포함하고, 여러 패키지를 제공하면 `INITSCRIPT_NAME`과 `INITSCRIPT_PARAMS`는 오버라이드를 사용해 각각 명시해야 한다. 다음은 예제의 일부다.

```
INITSCRIPT_PACKAGES = "${PN}-httpd ${PN}-ftpd"
INITSCRIPT_NAME_${PN}-httpd = "httpd.sh"
INITSCRIPT_NAME_${PN}-ftpd = "ftpd.sh"
INITSCRIPT_PARAMS_${PN}-httpd = "defaults"
INITSCRIPT_PARAMS_${PN}-ftpd = "start 99 5 2 . stop 20 0 1 6 ."
```

초기화 스크립트가 특정 레시피에 있지 않을 때 이를 그 레시피에 추가할 수 있다. 예를 들어 다음 예제는 recipes-example/sysvinit-mount/sysvinit-mount_1.0.bb 파일에서 mount.sh 스크립트를 실행한다.

```
DESCRIPTION = "Initscripts for mounting filesystems"
LICENSE = "MIT"

LIC_FILES_CHKSUM =
    "file://${COMMON_LICENSE_DIR}/MIT;md5=0835ade698e0bcf8506ec
    da2f7b4f302"

SRC_URI = "file://mount.sh"

INITSCRIPT_NAME = "mount.sh"
INITSCRIPT_PARAMS = "start 09 S ."

inherit update-rc.d

S = "${WORKDIR}"

do_install () {
    install -d ${D}${sysconfdir}/init.d/
```

```
    install -c -m 755 ${WORKDIR}/${INITSCRIPT_NAME}
    ${D}${sysconfdir}/init.d/${INITSCRIPT_NAME}
}
```

systemd 초기화 관리자 사용

sysvinit의 대안으로 더 많은 기능을 가진 systemd 초기화 관리자를 사용
할 수 있다.

준비

systemd 초기화 관리자는 sysvinit 및 대부분 리눅스 배포판의 다른 초기
화 관리자를 대체하고 있다. 시스템 시작과 유지 보수에 관련 있는 모든 엘
리멘트의 추상화인 유닛과, 유닛 그룹이나 runlevel과 비슷한 타깃 개념 기반
이다. systemd 유닛은 다음과 같다.

- Services
- Sockets
- Devices
- Mount points
- Snapshots
- Timers
- Paths

runlevel에 해당하는 타깃은 다음 표에서 보여준다.

Sysvinit	Runlevel	Systemd 타깃	참고
0	runlevel0. target	poweroff. target	시스템을 멈춘다.
1, s, single	runlevel1. target	rescue. target	단독 사용자 모드
2, 4	runlevel2. target, runlevel4. target	multi-user. target	사용자 정의/사이트 특화된 runlevels. 기본적으로 3과 동일하다.
3	runlevel3. target	multi-user. target	다수 사용자, 그래픽 없음. 사용자는 보통 여러 개의 콘솔이라 네트워크를 통해 로그인할 수 있다.
5	runlevel5. target	graphical. target	다수 사용자, 그래픽적. 일반적으로 모든 runlevel 3의 모든 서비스에 더해 그래픽적 로그인을 갖는다.
6	runlevel6. target	reboot. target	시스템을 재부팅한다.

systemd 초기화 관리자는 sysvinit 초기화 스크립트를 사용하는 것을 포함해 sysvinit과 호환되도록 설계돼 있다.

systemd의 특징은 다음과 같다.

- 빠른 부팅 시간을 위한 병렬 처리
- 필요할 때만 서비스를 시작하게 하기 위한 소켓과 D-Bus를 통한 서비스 초기화
- 프로세스 실패 시 복구하기 위한 프로세스 모니터링
- 시스템 상태 스냅샷과 복원
- 마운트 포인트 관리
- 유닛 간의 의존성을 만드는 트랜잭션 의존성 기반의 유닛 제어

systemd를 사용하도록 시스템을 설정하기 위해 기본 포키 배포판인 sources/
poky/meta-yocto/conf/distro/poky.conf 배포판 설정 파일이나 conf/local.conf
파일에 다음과 같이 systemd 배포판 특성을 추가해야 한다.

```
DISTRO_FEATURES_append = " systemd"
```

 따옴표 내의 시작하는 부분에 공백을 반드시 넣어야 한다.

```
VIRTUAL-RUNTIME_init_manager = "systemd"
```

이 설정 예제는 systemd를 사용하는 메인 이미지와 sysvinit을 사용하는
복구 이미지를 정의한다. 복구 이미지는 VIRTUAL-RUNTIME_init_manager
를 사용하지 않기 때문에 packagegroup-core-boot나 packagegroup-
core-full-cmdline을 사용할 수 없다. 예를 들어 3장의 '루트 파일 시스
템 이미지 크기 줄이기' 절에서 설명할 이미지 크기를 줄인 예제는 복구 이
미지를 위한 기초로 사용한다.

시스템에서 sysvinit을 완벽하게 제거하기 위해 다음과 같이한다.

```
DISTRO_FEATURES_BACKFILL_CONSIDERED = "sysvinit"
VIRTUAL-RUNTIME_initscripts = ""
```

backfilling 특성은 이전 버전과 호환성을 유지하는 머신과 배포 특성의 자
동 확장 기능이다. sysvinit 배포 특성은 자동으로 채워진다. sysvinit을
제거하기 위해 앞에서 살펴본 DISTRO_FEATURES_BACKFILL_CONSIDERED
변수에 추가함으로써 sysvinit을 블랙리스트에 올려야 한다.

기존의 프로젝트를 사용하고 있고 앞에서 설명한 DISTRO_FEATURES를 변경한다면 tmp 디렉토리를 제거하고 sstate-cache를 사용해 다시 빌드해야 한다. 그렇지 않으면 빌드가 실패한다.

부연 설명

루트 파일 시스템을 설정하고 리눅스 커널도 systemd에 필요한 모든 특성에 대해 특별한 설정이 필요하다. systemd 소스 README 파일에 커널 설정을 위한 변수의 목록이 있다. 예를 들어 3장의 뒤에서 소개할 '리눅스 커널 이미지 크기 줄이기' 절에 있는 완드보드의 systemd 지원을 위한 최소한의 커널 설정을 확장하기 위해 arch/arm/configs/wandboard-quad_minimal_defconfig 파일에 다음 설정을 추가해야 한다.

```
+CONFIG_FHANDLE=y
+CONFIG_CGROUPS=y
+CONFIG_SECCOMP=y
+CONFIG_NET=y
+CONFIG_UNIX=y
+CONFIG_INET=y
+CONFIG_AUTOFS4_FS=y
+CONFIG_TMPFS=y
+CONFIG_TMPFS_POSIX_ACL=y
+CONFIG_SCHEDSTATS=y
```

완드보드에서 제공하는 기본 커널 설정으로 systemd core-image-minimal 이미지가 잘 동작할 것이다.

systemd 유닛 파일 설치

욕토는 유닛 파일 설치를 도와주는 systemd 클래스를 제공한다. 기본적으로 유닛 파일은 목적 디렉토리의 ${systemd_unitdir}/system 경로에 설치한다.

systemd 클래스를 사용할 때 설치하려는 유닛 파일명과 함께 SYSTEMD_SERVICE_${PN} 변수를 명시해야 한다. 선택적으로 유닛 파일을 포함하기 위한 패키지를 열거하는 SYSTEMD_PACKAGES 변수를 사용할 수 있다. 기본적으로 주요 패키지만 정의돼 있고, 여러 패키지를 제공하려면 SYSTEMD_SERVICE를 추가로 재정의해야 한다.

서비스는 기본적으로 부팅 시 실행하게 설정돼 있지만 SYSTEMD_AUTO_ENABLE 변수를 사용해 변경할 수 있다.

다음은 예제의 일부다.

```
SYSTEMD_PACKAGES = "${PN}-syslog"
SYSTEMD_SERVICE_${PN}-syslog = "busybox-syslog.service"
SYSTEMD_AUTO_ENABLE = "disabled"
```

패키지 설치 스크립트 설치

RPM, ipk, deb와 같이 지원하는 패키지 형식에서 패키지 설치 과정 동안 따로 실행 가능한 추가 설치 스크립트를 지원한다. 이 절에서는 이 스크립트를 설치하는 방법을 설명한다.

준비

설치 스크립트의 유형은 다음과 같다.

- Preinstallation 스크립트(pkg_preinst) 패키지의 압축을 풀기 전에 호출한다.
- Postinstallation 스크립트(pkg_postinst) 패키지가 압축을 풀고 의

존성을 설정한 후에 호출한다.

- Preremoval 스크립트(pkg_prerm) 패키지를 전체 또는 최소한 부분적으로 설치하면서 호출한다.
- Postremoval 스크립트(pkg_postrm) 패키지의 파일을 제거하거나 대체한 후 호출한다.

예제 구현

예제에서 preinstallation 스크립트 설치 예제의 일부는 다음과 같다.

```
pkg_preinst_${PN} () {
    # Shell commands
}
```

postinstallation 스크립트가 루트 파일 시스템 이미지 생성 시점에 호스트에서, (호스트에서 실행할 수 없는 동작의 실행을 위해) 타깃에서, 또는 패키지를 타깃에 직접 패키지를 설치할 때 실행되는 것을 제외하면 모든 설치 스크립트는 같은 방식으로 동작한다. 다음 코드를 살펴본다.

```
pkg_postinst_${PN} () {
    if [ x"$D" = "x" ]; then
        # Commands to execute on device
    else
        # Commands to execute on host
    fi
}
```

postinstallation 스크립트가 성공하면 패키지는 설치된 것으로 표시된다. 실패하면 패키지는 압축이 풀린 것으로 표시되고 이미지를 다시 부팅할 때 스크립트가 실행된다.

설치 스크립트를 레시피에 정의하면 특정 패키지 유형을 위한 클래스는 특정 형식의 패키징 규칙을 따르는 동안 그 스크립트를 설치한다.

postinstallation 스크립트가 호스트에서 실행할 때 D가 목적지 디렉토리로 설정돼서 앞 예제에서의 비교 테스트는 실패한다. 그러나 타깃에서 실행할 때 D는 빈값이 들어간다.

 일부 루트 파일 시스템은 읽기 전용이고 타깃에서 일부 동작을 수행하는 것이 불가능하기 때문에 가능하다면 호스트에서 postinstallation 스크립트를 수행하는 것을 추천한다.

리눅스 커널 이미지 크기 줄이기

루트 파일 시스템 수정 전이나 병행해 임베디드 리눅스 프로젝트는 일반적으로 부팅 시간과 메모리 사용량을 줄이는 이미지 크기 최적화를 요구한다.

이미지 크기가 작을수록 저장 공간, 전송 시간, 프로그래밍 시간이 적게 들어 제조와 필드 업데이트 관점에서 비용을 절약할 수 있다.

기본적으로 wandboard-quad를 위한 압축된 리눅스 커널 이미지(zImage)는 약 5.2MB다. 이 절에서는 이 크기를 줄일 수 있는 방법을 설명한다.

완드보드를 위한 마이크로SD 카드 루트 파일 시스템에서 부팅할 수 있는 최소 커널 설정의 예제는 arch/arm/configs/wandboard-quad_minimal_defconfig 파일에 있고 다음과 같다.

```
CONFIG_KERNEL_XZ=y
CONFIG_NO_HZ=y
CONFIG_HIGH_RES_TIMERS=y
CONFIG_BLK_DEV_INITRD=y
CONFIG_CC_OPTIMIZE_FOR_SIZE=y
CONFIG_EMBEDDED=y
CONFIG_SLOB=y
CONFIG_ARCH_MXC=y
CONFIG_SOC_IMX6Q=y
CONFIG_SOC_IMX6SL=y
CONFIG_SMP=y
CONFIG_VMSPLIT_2G=y
CONFIG_AEABI=y
CONFIG_CPU_FREQ=y
CONFIG_ARM_IMX6_CPUFREQ=y
CONFIG_CPU_IDLE=y CONFIG_VFP=y
CONFIG_NEON=y CONFIG_DEVTMPFS=y
CONFIG_DEVTMPFS_MOUNT=y
CONFIG_PROC_DEVICETREE=y
CONFIG_SERIAL_IMX=y
CONFIG_SERIAL_IMX_CONSOLE=y
CONFIG_REGULATOR=y CONFIG_REGULATOR_ANATOP=y
CONFIG_MMC=y CONFIG_MMC_SDHCI=y
CONFIG_MMC_SDHCI_PLTFM=y
CONFIG_MMC_SDHCI_ESDHC_IMX=y
CONFIG_DMADEVICES=y
CONFIG_IMX_SDMA=y
CONFIG_EXT3_FS=y
```

이 설정은 886K로 압축된 리눅스 커널 이미지(zImage)를 빌드한다.

(메모리로 이미지를 로딩하는 것을 피하기 위한 NOR 플래시와 XIP^{eXecute In Place}로 리눅스 커널을 실행하는 것과 같은) 하드웨어 설계 고려 사항 외에 커널 크기 최적화의 첫 번째 단계는 커널 설정을 검토하고 불필요한 모든 특징을 제거하는 것이다.

커널 블록 크기를 분석하기 위해 다음을 사용한다.

```
$ size vmlinux */built-in.o
text      data      bss       dec       hex filename
8746205   356560    394484    9497249   90eaa1 vmlinux
117253    2418      1224      120895    1d83f block/built-in.o
243859    11158     20        255037    3e43d crypto/built-in.o
2541356   163465    34404     2739225   29cc19 drivers/built-in.o
1956      0         0         1956      7a4 firmware/built-in.o
1728762   18672     10544     1757978   1ad31a fs/built-in.o
20361     14701     100       35162     895a init/built-in.o
29628     760       8         30396     76bc  ipc/built-in.o
576593    20644     285052    882289    d7671 kernel/built-in.o
106256    24847     2344      133447    20947 lib/built-in.o
291768    14901     3736      310405    4bc85 mm/built-in.o
1722683   39947     50928     1813558   1bac36 net/built-in.o
34638     848       316       35802     8bda security/built-in.o
276979    19748     1332      298059    48c4b sound/built-in.o
138       0         0         138       8a usr/built-in.o
```

여기 `vmlinux`는 리눅스 build 디렉토리에 있는 리눅스 커널 ELF 이미지다. 일반적으로 다음과 같은 사항을 제외한다.

- IPv6(`CONFIG_IPV6`)와 다른 불필요한 네트워크 기능을 제거한다.

- 필요하지 않으면 블록 디바이스(`CONFIG_BLOCK`)를 제거한다.

- 사용하지 않으면 암호화 기능(`CONFIG_CRYPTO`)을 제거한다.

- 지원하는 파일 시스템을 검토해 불필요한 것을 삭제한다. 예를 들면 플

래시 없는 장치의 플래시 파일 시스템과 같은 것이 있다.

- 가능하면 커널에 모듈을 사용하지 않고 모듈 지원(CONFIG_MODULES)을 제 거한다.

최소 커널로 시작하고 시스템이 동작할 때까지 필요한 것을 추가하는 것이 좋다. allnoconfig GNU make으로 시작하고 allnoconfig 설정에 속하 지 않는 CONFIG_EXPERT와 CONFIG_EMBEDDED의 설정 항목을 검토한다.

확실하지는 않지만 기능 제거 없이 이미지 크기를 상당히 줄일 수 있는 일부 설정의 변경 사항은 다음과 같다.

- LZO^{Lempel-Ziv-Oberhumer}에서 XZ(CONFIG_KERNEL_XZ)로 기본 압축 방법을 변 경한다. XZ의 압축 푸는 속도는 약간 더 느리다.
- 작은 메모리를 사용하는 임베디드 리눅스 시스템을 위해 SLUB에서 SLOB^{Simple List Of Blocks}(CONFIG_SLOB)로 할당자를 변경한다.
- 4GB 이상 메모리를 사용하지 않으면 CONFIG_HIGHMEM 설정을 사용하 지 않는다.

또한 제품과 개발 시스템에서 서로 다른 설정을 갖는 것이 좋다. 따라서 제 품 이미지에는 다음을 제거한다.

- printk 지원(CONFIG_PRINTK)
- tracing 지원(CONFIG_FTRACE)

컴파일 측면에서 CONFIG_CC_OPTIMIZE_FOR_SIZE를 사용하면 크기를 최 적화할 수 있다.

기본 구성이 됐으면 더 줄일 수 있는 영역을 찾기 위해 커널 함수를 분석해 야 한다. 다음을 사용해 커널 심벌을 정렬한 목록을 출력할 수 있다.

```
$ nm --size-sort --print-size -r vmlinux | head
        808bde04 00040000 B __log_buf
```

```
8060f1c0 00004f15 r kernel_config_data
80454190 000041f0 T hidinput_connect
80642510 00003d40 r drm_dmt_modes
8065cbbc 00003414 R v4l2_dv_timings_presets
800fbe44 000032c0 T __blockdev_direct_IO
80646290 00003100 r edid_cea_modes
80835970 00003058 t imx6q_clocks_init
8016458c 00002e74 t ext4_fill_super
8056a814 00002aa4 T hci_event_packet
```

그러고 나서 최적화를 하기 위해 커널 소스를 살펴봐야 한다.

메모리에서 압축이 해제된 커널이 사용하는 실제 공간에서 다음과 같이 완드보드 커널 로그에서 볼 수 있다.

```
$ dmesg | grep -A 3 "text"
        .text : 0x80008000 - 0x80a20538 (10338 kB)
        .init : 0x80a21000 - 0x80aae240 ( 565 kB)
        .data : 0x80ab0000 - 0x80b13644 ( 398 kB)
        .bss : 0x80b13644 - 0x80b973fc ( 528 kB)
```

여기서 .text 영역은 코드와 상수를 갖고 있고, .data 영역은 변수의 초기화 값을 갖고 있으며, .bss 영역은 모든 초기화되지 않은 값을 갖고 있다. .init 영역은 리눅스를 초기화하는 동안만 사용하는 전역 변수를 갖고 있다. 이후 다음 리눅스 커널 부팅 메시지를 보면 그 변수가 해제된 것을 알 수 있다.

```
Freeing unused kernel memory: 564K (80a21000 - 80aae000)
```

리눅스 커널의 크기를 줄이는 노력은 계속 진행 중이다. 따라서 새로운 커널은 더 작고 임베디드 시스템에서 사용하기에 더 적합할 것이다.

루트 파일 시스템 이미지 크기 줄이기

기본적으로 완드보드 쿼드 파일 시스템 타르볼을 위한 core-image-minimal 크기는 약 45MB고, core-image-sato는 약 150MB다. 이 절에서는 이 크기를 줄이기 위한 방법을 설명한다.

packagegroup-core-boot 레시피를 사용하지 않고 recipes-core/images/core-image-small.bb에 있는 작은 크기의 루트 파일 시스템을 위한 기본 이미지로 사용하는 core-image-small 이미지 예제는 다음과 같다.

```
DESCRIPTION = "Minimal console image."

IMAGE_INSTALL= "\
        base-files \
        base-passwd \
        busybox \
        sysvinit \
        initscripts \
        ${ROOTFS_PKGMANAGE_BOOTSTRAP} \
        ${CORE_IMAGE_EXTRA_INSTALL} \
"

IMAGE_LINGUAS = " "

LICENSE = "MIT"

inherit core-image

IMAGE_ROOTFS_SIZE ?= "8192"
```

이 예제는 약 6.4MB 이미지를 만든다. conf/local.conf 파일에서 다음을 추가해 poky-tiny 배포판을 사용하면 더 작은 이미지도 만들 수 있다.

```
DISTRO = "poky-tiny"
```

poky-tiny 배포판은 이미지에 포함할 수 있는 패키지 집합을 제한해 크기를 최적화해 만든다. 이 이미지를 성공적으로 빌드하기 위해 다음을 추가해 욕토 빌드 시스템에서 수행하는 세너티[sanity] 체크를 건너뛰어야 한다.

```
INSANE_SKIP_glibc-locale = "installed-vs-shipped"
```

poky-tiny를 사용하면 이미지 크기는 약 4MB로 줄어든다.

추가적으로 이미지 크기를 줄일 수 있는 방법이 더 있다. 예를 들어 sysvinit을 tiny-init으로 대체할 수 있지만, 여기서는 독자의 몫으로 남기고 설명하지 않는다.

줄어든 크기의 이미지도 시스템 복구와 제조 테스트 프로세스 같은 작업을 위한 제품 이미지로 사용할 수 있다. 또한 initramfs 이미지로 빌드하는 것도 이상적인 방법이다. 즉, 리눅스 커널 이미지는 메모리에서 마운트하고 하나의 리눅스 커널 이미지 바이너리로도 묶을 수 있다.

예제 분석

core-image-minimal 같은 적절한 이미지로 시작하고, 1장의 '빌드 시스템 디버깅' 절에서 설명한 의존성을 분석하고 필요 없는 것을 결정한다. 또한 파일 시스템에서 가장 큰 파일을 찾기 위해 1장의 '빌드 히스토리 사용' 절에서 설명한 이미지의 빌드 히스토리에 있는 파일 크기를 사용하고 검토할 수 있다. files-in-image.txt 파일의 4번째 열에 있는 것으로 파일 크기를 역순으로 정렬하기 위해 다음을 실행한다.

```
$ sort -r -g -k 4,4 files-in-image.txt -o sorted-files-in-image.txt
sorted-files-in-image.txt:
-rwxr-xr-x root      root        1238640 ./lib/libc-2.19.so
-rwxr-xr-x root      root         613804 ./sbin/ldconfig
-rwxr-xr-x root      root         539860 ./bin/busybox.nosuid
-rwxr-xr-x root      root         427556 ./lib/libm-2.19.so
```

```
-rwxr-xr-x root     root        130304 ./lib/ld-2.19.so
-rwxr-xr-x root     root         88548 ./lib/libpthread-2.19.so
-rwxr-xr-x root     root         71572 ./lib/libnsl-2.19.so
-rwxr-xr-x root     root         71488 ./lib/libresolv-2.19.so
-rwsr-xr-x root     root         51944 ./bin/busybox.suid
-rwxr-xr-x root     root         42668 ./lib/libnss_files-2.19.so
-rwxr-xr-x root     root         30536 ./lib/libnss_compat-2.19.so
-rwxr-xr-x root     root         30244 ./lib/libcrypt-2.19.so
-rwxr-xr-x root     root         28664 ./sbin/init.sysvinit
-rwxr-xr-x root     root         26624 ./lib/librt-2.19.so
```

glibc가 파일 시스템에서 가장 큰 크기를 가진다는 것을 알 수 있다. 콘솔용
시스템에서 차지하는 공간은 다음 방법을 적용해 줄일 수 있다.

- 제품의 루트 파일 시스템에서 package-management 특성을 제거하지
  만, 가장 작은 IPK 패키지 관리자를 사용한다.
- 다음과 같이 conf/local.conf 파일에 적용해 udev 대신 BusyBox의
  mdev 디바이스 관리자를 사용한다.

    ```
    VIRTUAL-RUNTIME_dev_manager = "mdev"
    ```

  단, 이는 packagegroup-core-boot를 포함하는 이미지에서만 동작한
  다는 점을 주의하자.
- 블록 디바이스에서 루트 파일 시스템이 동작하면 ext3나 ext4 대신 저널
  링 없이 ext2를 사용한다.
- bbappend 안의 설정 파일에서 필수 애플릿만 BusyBox에 설정한다.
- DISTRO FEATURES_LIBC 배포판 설정 변수로 변경할 수 있는 glibc
  설정을 검토한다. 예제 사용법은 poky 소스에 포함돼 있는 poky-tiny
  배포판에서 찾을 수 있다. poky-tiny 배포판은 작은 시스템의 배포판
  수정을 위한 템플릿으로 사용할 수 있다.
- 기본 glibc보다 더 작은 C 라이브러리로 변경하는 것을 고려한다. 잠

시 대안으로 uclibc를 사용한 적이 있다. 하지만 그 라이브러리는 지난 몇 년 동안 관리되지 않아서 완드보드의 core-image-minimal 이미지는 현재 uclibc를 사용하지 않는다.

 최근 새로운 MIT 라이선스의 C 라이브러리인 musl(http://www.musl-libc.org/)의 활동이 이뤄지고 있다. 이것을 활성화하려면 conf/ local.conf 파일에 다음을 추가하면 된다.

TCLIBC = "musl"

그리고 conf/bblayers.conf 파일에 meta-musl 레이어 (https://github.com/kraj/meta-musl)를 추가해야 한다.

현재는 QEMU 타깃을 위해 core-image-minimal을 빌드할 수 있지만, 여전히 완드보드 같은 실제 하드웨어에 적용하기 위한 작업이 남아있다.

- 크기 최적화를 위해 -Os로 애플리케이션을 컴파일한다.

소프트웨어 릴리스

욕토 프로젝트 기반으로 제품을 릴리스할 때 서로 다른 라이선스 요구 사항을 가진 수많은 다른 오픈소스 프로젝트상에서 빌드하는 것을 고려해야 한다.

최소한 임베디드 제품은 부트로더(아마 U-Boot), 리눅스 커널, 하나 이상의 애플리케이션을 포함한 루트 파일 시스템을 갖고 있다. U-Boot와 리눅스 커널 모두 GPLv2^{General Public License version 2} 라이선스다. 그리고 루트 파일 시스템은 다른 라이선스를 사용한 다양한 프로그램을 포함할 수 있다.

모든 오픈소스 라이선스는 독립적이고, 제품이 모든 오픈소스 라이선스를 준수하면 지적 재산권과 오픈소스가 혼합된 상용 제품을 팔 수 있게 허가한다. 뒤에 나오는 '오픈소스와 지적 재산권 코드로 작업' 절에서 오픈소스와 지적 재산권에 대해 설명한다.

시장에 제품을 릴리스하기 전에 모든 라이선스의 영향을 이해하는 것은 중요하다. 욕토 프로젝트는 더 쉽게 라이선스 요구 사항을 다룰 수 있도록 도구를 제공한다.

준비

우선 욕토 프로젝트로 빌드한 제품을 배포하기 위해 준수해야 하는 요구 사항이 무엇인지 명시해야 한다. 대부분 오픈소스 라이선스는 다음과 같은 것을 요구한다.

- 수정 사항을 포함한 소스코드 배포
- 라이선스 문구 배포
- 소프트웨어를 빌드하고 실행하기 위해 사용하는 도구 배포

예제 구현

`archiver` 클래스를 사용해 라이선스 준수를 위해 배포할 결과물을 제공할 수 있다.

- 패치하지 않은 원본 소스를 타르볼로 제공한다.
- 원본 소스에 적용하기 위한 패치를 제공한다.
- 소스를 빌드하기 위해 사용하는 예제를 제공한다.
- 바이너리와 함께 라이선스 문구를 제공한다.

앞에서 설명한 `archiver` 클래스를 사용하기 위해 conf/local.conf 파일에 다음을 추가한다.

```
INHERIT += "archiver"
ARCHIVER_MODE[src] = "original"
ARCHIVER_MODE[diff] = "1"
```

```
ARCHIVER_MODE[recipe] = "1"
COPY_LIC_MANIFEST = "1"
COPY_LIC_DIRS = "1"
```

소스는 라이선스 하위 디렉토리 계층 구조의 tmp/deploy/sources 디렉토리에 있다.

완드보드 쿼드용으로 tmp/deploy/sources에서 다음 디렉토리를 볼 수 있다.

- allarch-poky-linux

- arm-poky-linux-gnueabi

그리고 tmp/deploy/sources/arm-poky-linux-gnueabi/linux-wandboard-3.10.17-r0에서 GPLv2 패키지 리눅스 커널 소스를 위해 배포하는 것을 볼 수 있다.

- defconfig

- github.com.wandboard-org.linux.git.tar.gz

- linux-wandboard-3.10.17-r0-recipe.tar.gz

커널을 빌드하기 위해 사용하는 다음의 커널 설정, 소스 타르볼, 레시피를 포함한다.

- linux-wandboard_3.10.17.bb

- linux-dtb.inc

- linux-wandboard.inc

패키지 디렉토리 계층 구조 안에서 라이선스 문구에 대한 루트 파일 시스템 패키지는 /usr/share/common-licenses 디렉토리에 있다.

이 설정은 모든 빌드 패키지에 대해 결과물을 제공한다. 하지만 정말 필요한 것은 필요한 라이선스에 대해서만 결과물을 제공하는 것이다.

배포를 원하지 않는 지적 재산권 코드가 포함된 현재 sources 디렉토리의
모든 내용을 임의로 배포하기를 원하지 않는다.

다음과 같이 GPL과 LGPL 패키지만 소스코드를 제공하기 위해 archiver
클래스를 설정할 수 있다.

```
COPYLEFT_LICENSE_INCLUDE = "GPL* LGPL*"
COPYLEFT_LICENSE_EXCLUDE = "CLOSED Proprietary"
```

임베디드 제품에서는 제품 자체에 포함되는 소프트웨어만 고려하면 된다.
따라서 다음과 같이 타깃 이미지에 들어가는 레시피 형식을 제한할 수
있다.

```
COPYLEFT_RECIPE_TYPES = "target"
```

소스 배포판을 요구하는 라이선스를 가진 패키지를 결정하기 위해 법적 자
문을 받아야 한다.

원본 소스와 패치를 분리하는 대신 통합해 제공하거나 소스 타르볼 대신
rpm 소스를 제공하는 것과 같은 다른 설정 옵션도 있다. 더 자세한 내용은
archiver 클래스에 있다.

부연 설명

빌드 환경 전체를 배포하는 것을 선택할 수도 있다. 일반적으로 이를 위한
가장 좋은 방법은 BSP와 소프트웨어 레이어를 공용 깃 저장소로 배포하
는 것이다. 그러면 소프트웨어 레이어는 build 디렉토리를 설정하기 위해
사용하는 bblayers.conf.sample과 local.conf.sample을 제공할 수
있다.

- 배포를 위한 라이선스 선택 메커니즘처럼 여기서 다루지 않는 요구 사항이 있다. 제품을 릴리스하기 전에 반드시 모든 라이선스 요구 사항을 만족할 수 있도록 법적 자문을 받을 것을 권장한다.

라이선스 준수를 위한 시스템 분석

욕토 빌드 시스템을 통해 법률 자문을 위한 감사 정보를 쉽게 제공할 수 있다. 이 절에서는 그 방법을 설명한다.

예제 구현

tmp/deploy/licenses에서 (라이선스를 포함하는) 패키지 디렉토리 목록과, 패키지와 라이선스 매니페스트를 포함하는 image 디렉토리를 볼 수 있다.

앞에서 제공한 `core-image-small` 예제 이미지는 다음과 같은 목록을 가진다.

tmp/deploy/licenses/core-image-small-wandboard-quad-<timestamp>/package.manifest
```
base-files
base-passwd
busybox
busybox-syslog
busybox-udhcpc
initscripts
initscripts-functions
libc6
run-postinsts
sysvinit
sysvinit-inittab
```

```
sysvinit-pidof
update-alternatives-opkg
update-rc.d
```

그리고 tmp/deploy/licenses/core-image-small-wandboard-quad-<timestamp>/
license.manifest 파일의 일부는 다음과 같다.

```
PACKAGE NAME: base-files
PACKAGE VERSION: 3.0.14
RECIPE NAME: base-files
LICENSE: GPLv2

PACKAGE NAME: base-passwd
PACKAGE VERSION: 3.5.29
RECIPE NAME: base-passwd
LICENSE: GPLv2+
```

이 파일은 루트 파일 시스템을 만든 모든 패키지를 분석하고, 대중에게 제품을 릴리스할 때 라이선스 준수 여부를 확인하는 데 사용할 수 있다.

부연 설명

INCOMPATIBLE_LICENSE 설정 변수를 사용해 특정 라이선스를 사용하지 않도록 욕토 빌드 시스템에 알려줄 수 있다. conf/local.conf 파일에 다음을 추가해 GPLv3 관련 라이선스를 사용하지 않게 할 수 있다.

```
INCOMPATIBLE_LICENSE = "GPL-3.0 LGPL-3.0 AGPL-3.0"
```

추가적인 이미지 기능을 추가하지 않는 한 core-image-minimal과 core-image-base 이미지는 빌드 가능하다.

오픈소스와 지적 재산권 코드로 작업

임베디드 시스템에서 욕토와 같은 오픈소스 시스템으로 빌드하고, 가치 있고 제품에 특화된 지적 재산권 소프트웨어가 포함되는 것은 일반적이다. 대부분 지적 재산권이 있고 보호돼야 한다. 그리고 오픈소스와 같이 사용하는 방법을 이해하는 것이 중요하다.

이 절에서는 임베디드에서 흔히 사용하는 오픈소스 패키지의 예제를 살펴보고, 지적 재산권을 가진 소프트웨어와 같이 사용하는 방법을 간략히 설명한다.

예제 구현

오픈소스 라이선스는 크게 2가지로 나눌 수 있다.

- **방임적 라이선스** ISC[Internet Software Consortium], MIT, BSD 라이선스와 비슷하다. 거의 요구 사항이 없이 저작권 표시만을 요구한다.

- **제한적 라이선스** 소스코드와 바이너리 혹은 그 이후 버전의 바이너리 및 소스를 빌드, 설치, 실행하기 위한 도구까지 배포해야 하는 GPL과 비슷하다.

그러나 일부 라이선스는 수정 사항과 파생 작업까지 그 라이선스를 적용시켜 흔히 바이러스성 라이선스라고도 한다. 예를 들어 GPL 라이선스 코드를 애플리케이션에서 사용하면 그 애플리케이션도 GPL을 따르게 된다.

GPL의 치명적인 특성 때문에 개발자들은 GPL 라이선스 소프트웨어를 경계한다. 그러나 지적 재산권 소프트웨어는 라이선스 용어를 이해하고 존중만 하면 GPL 라이선스를 사용할 수 있다.

예를 들어 이후에 배포하는 것이 GPLv2를 준수하더라도 GPLv2 라이선스를 침해하는 것은 향후에 GPLv2 코드를 배포하는 권리를 잃는 것을 의미한다. 이 사례에서 다시 코드를 배포할 수 있는 유일한 방법은 저작권 소유자에게 권한을 요청하는 것이다.

임베디드 제품에서 흔히 사용하는 일부 오픈소스 패키지를 위한 라이선스 요구 사항에 대한 가이드를 제시한다. 앞에서 언급한 것처럼 대중에게 릴리스하기 전에 제품의 법적 검토를 해야 한다.

U-Boot 부트로더

U-Boot는 GPLv2 라이선스지만, U-Boot에 의해 실행되는 어떤 프로그램도 라이선스를 상속받지 않는다. 따라서 지적 재산권 운영체제를 실행하기 위해 U-Boot를 자유롭게 사용할 수 있다. 그러나 최종 제품은 U-Boot에 관해 GPLv2를 준수해야 하고, U-Boot 소스코드와 수정 사항을 제공해야 한다.

리눅스 커널

리눅스 커널도 GPLv2 라이선스다. 리눅스 커널 사용자 공간에서 실행하는 어떠한 프로그램도 이 라이선스를 상속받지는 않는다. 따라서 리눅스에서 자유롭게 지적 재산권 소프트웨어를 실행할 수 있다. 그러나 리눅스 커널 모듈은 리눅스 커널의 부분이기 때문에 GPLv2를 준수해야 한다. 또한 최종 제품은 제품에서 실행하는 외부 모듈을 포함해 리눅스 커널 소스와 수정 사항을 릴리스해야 한다.

Glibc

GNU C 라이브러리는 라이선스 상속 없이 동적 링크를 허용하는 LGPL[Lesser General Public License] 라이선스다. 따라서 지적 재산권 코드는 동적으로 glibc를 사용해 링크할 수 있다. 하지만 glibc에 대해서는 여전히 LGPL을 준수해야 한다. 정적 링크를 한 애플리케이션은 LGPL의 영향을 받기 때문에 주의해야 한다.

BusyBox

BusyBox도 GPLv2다. 이 라이선스는 관련 없는 소프트웨어와 함께 실행하는 것을 허용하므로 지적 재산권 소프트웨어는 자유롭게 BusyBox와 같이 실행할 수 있다. 이전에 언급한 것처럼 BusyBox에 대해서는 GPLv2를 준수해야 하고, 그 소스와 수정 사항을 배포해야 한다.

Qt 프레임워크

Qt는 오픈소스 프로젝트를 위해 흔히 사용하는 3가지 라이선스를 가진다. (개발자의 지적 재산권을 보호받는) 상업적 라이선스, (이전에 언급한 것처럼 Qt 프레임워크는 LGPL을 준수해야 하지만 동적 링크를 통해 지적 재산권 소프트웨어를 보호할 수 있는) LGPL 라이선스, (애플리케이션에 의해 상속돼) GPLv3 중 원하는 것을 선택할 수 있다.

X 윈도우 시스템

X. Org 소스는 방임적 MIT 스타일 라이선스다. 이와 같이 지적 재산권 소프트웨어는 자유롭게 사용하고 저작권 표시만 하면 된다.

부연 설명

욕토 빌드 시스템에서 지적 재산권 라이선스 코드를 통합하는 방법을 알아본다. 애플리케이션을 위한 예제가 준비되면 라이선스에 여러 접근 방법을 선택할 수 있다.

- LICENSE를 CLOSED로 표시한다. 지적 재산권 애플리케이션에서 자주 사용한다.

```
LICENSE = "CLOSED"
```

- LICENSE를 Proprietary로 표시하고 라이선스 동의를 추가한다. 레시피에 언급된 최종 사용자 동의의 일종으로, 바이너리를 릴리스할 때 주로 사용한다. 예를 들어 `meta-fsl-arm`은 프리스케일 최종 사용자 동의를 준수하기 위해 이 유형의 라이선스를 다음과 같이 사용한다.

```
LICENSE = "Proprietary"
LIC_FILES_CHKSUM = "file://EULA.txt;md5=93b784b1c11b3fffb1
638498a8dde3f6"
```

- 오픈소스 라이선스와 상업 라이선스 같은 여러 가지 라이선스 옵션을 제공한다. 이 사례에서 LICENSE 변수는 오픈소스 라이선스를 명시해 사용하고 LICENSE_FLAGS 변수는 상업 라이선스를 위해 사용한다. 일반적인 예제는 포키에 있는 `gst-plugins-ugly` 패키지다.

```
LICENSE = "GPLv2+ & LGPLv2.1+ & LGPLv2+"
LICENSE_FLAGS = "commercial"
LIC_FILES_CHKSUM =
    "file://COPYING;md5=a6f89e2100d9b6cdffcea4f398e37343 \
    file://gst/synaesthesia/synaescope.h;beginline=1;
    endline=20;md5=99f301df7b80490c6ff8305fcc712838 \
    file://tests/check/elements/xingmux.c;beginline=1;
    endline=21;md5=4c771b8af188724855cb99cadd390068 \
    file://gst/mpegstream/gstmpegparse.h;beginline=1;
    endline=18;md5=ff65467b0c53cdfa98d0684c1bc240a9"
```

LICENSE_FLAGS 변수를 레시피에 설정할 때 라이선스에 LICENSE_FLAGS_WHITELIST 변수를 추가하지 않으면 패키지를 빌드하지 않는다. 빌드하게 하려면 conf/local.conf 파일에 다음을 추가한다.

```
LICENSE_FLAGS_WHITELIST = "commercial"
```

LICENSE와 LICENSE_FLAGS_WHITELIST 변수는 좁게 또는 광범위하게 정확히 일치시킬 수 있다. 이전 예제는 commercial 문구로 시작하는 모든 라이선스를 일치하게 한다. 범위를 좁히기 위해 패키지 이름을 라이선스 이름에 추가해야 한다. 예를 들어 gst-plugins-ugly 패키지만 화이트리스트에 넣고 싶으면 다음을 추가한다.

```
LICENSE_FLAGS_WHITELIST = "commercial_gst-plugins-ugly"
```

참고 사항

- 프로그램에 필요한 요구 사항을 완벽히 이해하기 위해 특정 라이선스를 참조해야 한다. 오픈소스 라이선스 목록은 http://spdx.org/licenses/에 있다.

4

애플리케이션 개발

4장에서 다루는 내용은 다음과 같다.

- 툴체인 소개
- SDK 준비와 사용
- 애플리케이션 개발 툴킷 사용
- 이클립스 IDE 사용
- GTK+ 애플리케이션 개발
- Qt 크리에이터Creator IDE 사용
- Qt 애플리케이션 개발
- 애플리케이션 개발 작업 흐름
- GNU make로 작업
- GNU 빌드 시스템으로 작업
- CMake 빌드 시스템으로 작업
- Scons 빌더로 작업
- 라이브러리 개발

- 리눅스 프레임버퍼 작업

- X 윈도우 시스템 사용

- Wayland 사용

- 파이썬 애플리케이션 추가

- 오라클 자바 런타임 환경 통합

- 오픈 자바 개발 도구 통합

- 자바 애플리케이션 통합

소개

욕토는 유용한 애플리케이션 개발 도구를 제공하며, 이클립스와 Qt 크리에이터와 같이 대중적인 **통합 개발 환경**IDE을 사용하는 기능을 제공한다. 완성된 애플리케이션을 빌드 시스템과 타깃 이미지에 정합하는 데 있어 유용한 넓은 범위의 유틸리티 클래스도 제공한다.

4장은 통합 개발 환경을 소개하고 C와 C++ 애플리케이션을 빌드하는 방법과 디버깅하는 방법을 설명한다. 그리고 그래픽 프레임워크와 욕토 정합, C, C++, 파이썬, 자바 애플리케이션 개발에 대해 설명한다.

툴체인 소개

툴체인은 컴퓨터 플랫폼에서 실행하기 위해 애플리케이션을 빌드하는 데 사용하는 바이너리와 라이브러리로 구성된 도구다. 욕토에서 툴체인은 GNU 컴포넌트를 기반으로 한다.

GNU 툴체인은 다음의 컴포넌트를 갖고 있다.

- **어셈블러(GNU as)** `binutils` 패키지의 한 부분이다.
- **링커(GNU ld)** `binutils` 패키지의 한 부분이다.
- **컴파일러(GNU gcc)** C, C++, 자바, Ada, 포트란^{Fortarn}, 오브젝티브^{Objective} C를 지원한다.
- **디버거(GNU gdb)** GNU 디버거다.
- **바이너리 파일 도구(objdump, nm, objcopy, readelf, strip 등)** `binutils` 패키지 중 일부다.

C 라이브러리 없이 위의 컴포넌트만 가지고도 베어 메탈$^{bare\ metal}$ 애플리케이션, U-boot 같은 부트로더, 또는 리눅스 커널과 같은 운영체제를 빌드할 수 있다. 그러나 리눅스 사용자 공간 애플리케이션을 빌드하기 위해서는 POSIX 호환 C 라이브러리가 필요하다.

GNU C 라이브러리인 `glibc`는 욕토 프로젝트에서 사용하는 기본 라이브러리다. 욕토는 경량화된 C 라이브러리인 `musl`을 지원하고 있으며, 이전에 언급한 대로 FSL 커뮤니티 레이어에 의해 지원되는 하드웨어 플랫폼에서 사용하기 위한 준비 작업이 계속 이뤄지고 있다.

그러나 임베디드 시스템에서는 단순한 툴체인이 아닌 크로스컴파일 툴체인이 필요하다. 빌드는 호스트 컴퓨터에서 수행하고, 빌드 산출물은 보통 호스트 머신과 아키텍처가 다른 타깃에서 실행되기 때문에 툴체인을 빌드한 머신(빌드 머신), 툴체인의 실행 환경(호스트 머신), 툴체인으로 빌드된 바이너리의 실행 환경(타깃 머신)의 아키텍처에 따라 툴체인을 여러 종류로 나눌 수 있다. 일반적인 조합은 다음과 같다.

- **네이티브(Native)** 예를 들어 x86 타깃용 바이너리를 컴파일하기 위한

툴체인으로 x86 머신에서 빌드돼 x86 머신에서 실행되는 툴체인이 해당된다. 데스크톱 컴퓨터에서 많이 사용한다.

- **크로스컴파일(Cross-Compilation)** 임베디드 시스템에서 많이 사용한다. 예를 들어 x86 머신에서 빌드되고 x86 머신에서 실행되는 툴체인이지만 ARM과 같이 다른 아키텍처용 바이너리를 빌드한다.

- **크로스네이티브(Cross-native)** 주로 타깃에서 실행되는 툴체인이다. 예를 들면 x86 머신에서 빌드된 툴체인이 ARM 환경에서 실행되고 ARM용 바이너리를 생성하는 경우다.

- **캐나디언(Canadian)** 거의 보기 드물다. 툴체인이 빌드된 머신, 실행되는 머신, 빌드 산출물의 타깃 아키텍처가 모두 다르다.

크로스컴파일 툴체인을 빌드하는 과정은 복잡하고 결함이 발생하기 쉬워 buildroot나 crosstool-NG 같은 툴체인 빌드를 위한 자동화 도구가 등장해왔다. 욕토 빌드 시스템 역시 애플리케이션 개발에 사용할 툴체인을 빌드 중에 직접 컴파일한다.

그러나 애플리케이션을 빌드하려면 크로스컴파일 툴체인과 C 라이브러리 외에 다른 것들도 필요하다. 또한 타깃 루트 파일 시스템에서 볼 수 있는 라이브러리와 헤더 파일을 갖는 호스트 루트 파일 시스템인 sysroot도 필요하다.

크로스컴파일 툴체인, sysroot, IDE 같은 개발 도구의 조합을 소프트웨어 개발 키트^{SDK, Software Development Kit}라고 부른다.

예제 구현

욕토 프로젝트로 SDK를 만드는 방법에는 여러 가지가 있다.

- **애플리케이션 개발 툴킷(ADT) 사용**
  QEMU 가상 머신이나 레퍼런스 보드 같은 포키^{Poky}에서 지원하는 하드웨어 플랫폼을 사용한다면 모든 SDK 컴포넌트가 설치된 ADT를 사용할 것을 권장한다.

- **미리 컴파일된 툴체인 다운로드**

지원 가능한 플랫폼을 위한 크로스컴파일 툴체인을 얻는 쉬운 방법은 욕토 프로젝트의 다운로드 사이트(http://downloads.yoctoproject.org/releases/yocto/yocto-1.7.1/toolchain/)와 같은 곳에서 미리 컴파일된 크로스컴파일 툴체인을 다운로드하는 것이다. 욕토 프로젝트는 미리 컴파일된 32비트와 64비트 i686 호스트 머신과 armv5와 armv7 모두를 위한 ARM 툴체인을 제공한다. 이들은 `core-image-sato` 타깃 이미지에 맞는 `sysroot`를 포함한다. 그러나 미리 빌드된 이 `sysroot`는 소프트 부동소수점으로 빌드됐기 때문에 하드웨어 부동소수점을 사용하는 FSL 커뮤니티 레이어의 i.MX6 기반 플랫폼에서는 사용할 수 없다. 다음과 같이 실행하면 미리 컴파일된 x86_64 호스트용 armv7 툴체인을 설치할 수 있다.

```
$ wget http://downloads.yoctoproject.org/releases/yocto/yocto-
  1.7.1/toolchain/x86_64/poky-glibc-x86_64-core-image-sato-
  armv7a-vfp-neon-toolchain-1.7.1.sh
$ chmod a+x poky-glibc-x86_64-core-image-sato-armv7a-vfp-neon-
  toolchain-1.7.1.sh
$ ./poky-glibc-x86_64-core-image-sato-armv7a-vfp-neon-
  toolchain-1.7.1.sh
```

- **고유의 툴체인 인스톨러(installer) 빌드**

대부분의 임베디드 리눅스 프로젝트는 머신을 외부 레이어에서 지원하며, `sysroot`를 맞춰야 하는 커스터마이즈된 루트 파일 시스템을 가진다. 따라서 커스터마이즈된 루트 파일 시스템에서는 고유의 툴체인 인스톨러를 구축하는 것이 좋다. 예를 들어 완드보드 작업을 위한 이상적인 툴체인은 Cortex-A9에 특화된 하드웨어 부동소수점 바이너리를 생성하는 툴체인이다.

- 욕토 프로젝트 빌드 시스템 사용

  욕토 빌드 시스템이 호스트에 설치돼 있으면 애플리케이션 개발에 이를 사용할 수 있다. 일반적으로 애플리케이션 개발자는 복잡한 욕토 빌드 시스템이 필요하지 않으며, 타깃 시스템에 대한 툴체인 인스톨러로도 충분하다.

SDK 준비와 사용

욕토 빌드 시스템은 크로스컴파일 툴체인과 타깃 시스템을 위한 sysroot를 생성할 수 있다.

준비

이전에 생성한 wandboard-quad 빌드 디렉토리와 setup-environment 스크립트를 사용한다.

```
$ cd /opt/yocto/fsl-community-bsp/
$ source setup-environment wandboard-quad
```

예제 구현

욕토 시스템에서 SDK를 빌드하는 방법은 여러 가지가 있다.

- meta-toolchain 타깃

  타깃 플랫폼과 호환성이 있지만 기본적인 sysroot는 타깃의 루트 파일 시스템과 맞지 않는 툴체인을 빌드한다. 그러나 이 툴체인으로 U-boot 부트로더나 리눅스 커널과 같이 sysroot가 필요 없는 베어 메탈bare metal 소프트웨어를 빌드할 수 있다. 욕토 프로젝트에서는 지원하는 하드웨어 플랫폼을 위해 다운로드 가능한 sysroot를 제공한다. 툴체인을 직접 빌드하기 위해 다음을 수행한다.

```
$ bitbake meta-toolchain
```

빌드가 완료되면 설치하기 위해 다음을 수행한다.

```
$ cd tmp/deploy/sdk
$ ./poky-glibc-x86_64-meta-toolchain-cortexa9hf-vfp-neon-
  toolchain-1.7.1.sh
```

- populate_sdk 태스크

타깃 플랫폼에 호환성 있고, 타깃의 루트 파일 시스템의 sysroot를 갖는 툴체인을 빌드하기 위해 권장하는 방법이다. 다음을 수행해 빌드한다.

```
$ bitbake core-image-sato -c populate_sdk
```

sysroot가 일치하는 타깃 루트 파일 시스템 이미지로 core-image-sato를 교체해야 한다. 빌드한 툴체인을 설치하기 위해 다음을 수행한다.

```
$ cd tmp/deploy/sdk
$ ./poky-glibc-x86_64-core-image-sato-cortexa9hf-vfp-neon-
  toolchain-1.7.1.sh
```

또한 툴체인으로 정적 애플리케이션을 빌드하려면 정적 라이브러리를 툴체인에 추가해야 한다. 이는 특정한 정적 라이브러리를 타깃 이미지에 추가함으로써 가능한데, 네이티브 컴파일에도 사용할 수 있다. 예를 들어 정적 glibc 라이브러리를 추가하기 위해 다음을 conf/local.conf 파일에 추가한다.

```
IMAGE_INSTALL_append = " glibc-staticdev"
```

그리고 이전에 설명한 것과 같이 루트 파일 시스템을 일치시키기 위해 툴체인을 빌드한다. 일반적으로 정적 라이브러리를 이미지에 설치하지 않지만, 정적 애플리케이션 크로스컴파일이 가능하게 하려면 다음과 같이 모든 정적라이브러리를 툴체인에 추가한다.

```
SDKIMAGE_FEATURES_append = " staticdev-pkgs"
```

- meta-toolchain-qt 타깃

  이 방법은 Qt 애플리케이션을 빌드하기 위해 `meta-toolchain` 타깃을 확장한다. Qt 애플리케이션을 어떻게 빌드하는지는 나중에 살펴볼 것이다. 툴체인을 빌드하기 위해 다음 명령어를 수행한다.

  ```
  $ bitbake meta-toolchain-qt
  ```

  빌드가 되면 다음 명령으로 설치한다.

  ```
  $ cd tmp/deploy/sdk
  $ ./poky-glibc-x86_64-meta-toolchain-qt-cortexa9hf-vfp-neon-
    toolchain-qt-1.7.1.sh
  ```

  여기서 언급한 모든 경우에 빌드한 툴체인 인스톨러는 tmp/deploy/ sdk 에 있다.

- meta-ide-support 타깃

  툴체인 인스톨러를 생성하지 않지만, 빌드 프로젝트에서 고유의 툴체인을 사용할 수 있게 한다. `envionment-setup` 스크립트가 tmp 디렉토리에 생성된다.

  ```
  $ bitbake meta-ide-support
  ```

  추가된 툴체인을 사용하기 위해 스크립트를 다음과 같이 적용한다.

  ```
  $ source tmp/environment-setup-cortexa9hf-vfp-neon-poky-linux-
    gnueabi
  ```

애플리케이션 개발 툴킷 사용

ADT^Application Development Toolkit는 포키 지원 하드웨어 플랫폼을 위해 다음과 같은 것들을 설치하는 SDK 설치 스크립트다.

- 앞에서 설명한 미리 빌드된 크로스컴파일 툴체인

- `core-image-sato` 타깃 이미지에 맞는 `sysroot`

- QEMU 에뮬레이터

- 시스템 프로파일링을 위한 사용자 공간 개발 도구(이는 5장에서 설명한다)

ADT를 설치하기 위해 다음 옵션 중 하나를 선택한다.

- 다음 명령어를 사용해 미리 컴파일된 타르볼을 욕토 프로젝트 다운로드
  사이트에서 받는다.

  ```
  $ wget http://downloads.yoctoproject.org/releases/yocto/yocto-
  1.7.1/adt-installer/adt_installer.tar.bz2
  ```

- 욕토 build 디렉토리에서 빌드한다.

ADT 인스톨러는 미리 컴파일된 욕토 SDK 컴포넌트를 설치하기 위한 자동
화 스크립트로, 미리 빌드된 버전을 다운받든 직접 빌드를 하든 동일하다.

실행하기 전에 설치를 커스터마이즈하기 위한 설정도 가능하다.

포키에서 지원하는 플랫폼에서만 ADT를 사용하는 것이 적합하다. 직접 컴
포넌트를 제공하지 않는 한 wandboard-quad와 같은 외부 하드웨어 환경에
서는 유용하지 않다.

예제 구현

욕토 빌드 디렉토리에서 ADT를 빌드하기 위해서는 셸을 새로 열어 다음을
실행한다.

```
$ cd /opt/yocto/poky
$ source oe-init-build-env qemuarm
```

```
$ bitbake adt-installer
```

ADT 타르볼은 tmp/deploy/sdk 디렉토리에 설치된다.

예제 분석

설치를 위해 다음 과정을 수행한다.

1. 타르볼을 원하는 경로에 압축을 푼다.

   ```
   $ cd /opt/yocto
   $ cp /opt/yocto/poky/qemuarm/tmp/deploy/sdk/adt_installer.tar.bz2
     /opt/yocto
   $ tar xvf adt_installer.tar.bz2
   $ cd /opt/yocto/adt-installer
   ```

2. adt_installer.conf 파일을 편집해 환경을 설정한다. 옵션 중 일부는 다음과 같다.

   □ **YOCTOADT_REPO** 사용할 패키지와 루트 파일 시스템을 갖는 저장소다. 기본적으로 욕토 프로젝트 웹사이트(http://adtrepo.yoctoproject.org/ 1.7.1/)에 있는 것을 사용한다. 그러나 커스터마이즈된 패키지와 루트 파일 시스템을 사용하게 설정하는 것도 가능하다.

   □ **YOCTOADT_TARGETS** SDK를 위한 머신을 설정한다. 기본 값은 ARM과 x86이다.

   □ **YOCTOADT_QEMU** QEMU 에뮬레이터를 설치할지 결정한다. 기본적으로는 설치한다.

   □ **YOCTOADT_NFS_UTIL** 사용자 모드 NFS를 설치할지 결정한다. QEMU 머신을 기반으로 하는 이클립스 IDE를 사용한다면 설치하는 것을 권장한다. 기본 값은 설치하는 것이다.

   그리고 특정 타깃 아키텍처를 위한 옵션도 있다(ARM에 대해서만 표시했음).

□ **YOCTOADT_ROOTFS_arm** ADT 저장소로부터 다운로드하기 위한 특정 루트 파일 시스템 이미지를 정의한다. 기본적으로는 `minimal`과 `sato-sdk` 이미지를 설치하게 되어 있다.

□ **YOCTOADT_TARGET_SYSROOT_IMAGE_arm** `sysroot` 생성에 사용하는 루트 파일 시스템이다. 앞에서 언급한 `YOCTOADT_ROOTFS_arm` 설정 값을 반드시 포함해야 한다. 기본 값은 `sato-sdk` 이미지다.

□ **YOCTOADT_TARGET_MACHINE_arm** 다운로드되는 이미지 타깃 머신 값이다. 기본 값은 `qemuarm`이다.

□ **YOCTOADT_TARGET_SYSROOT_LOC_arm** 타깃의 `sysroot`를 설치하기 위한 호스트상의 경로다. 기본 값은 $HOME/test-yocto/이다.

3. ADT 인스톨러를 다음과 같이 실행한다.

```
$ ./adt_installer
```

이를 실행하면 설치 경로(기본 값: /opt/poky/1.7.1)와 인터랙티브^{interactive} 모드와 사일런트^{silent} 모드 중에 어떤 모드로 설치할 것인지 묻는다.

이클립스 IDE 사용

이클립스는 오픈소스 IDE로 대부분 자바로 구현돼 있고, 이클립스 공공 라이선스^{EPL, Eclipse Public License}를 따라 배포된다. 플러그인을 사용해 확장 가능하며, 욕토 프로젝트에서는 애플리케이션 개발을 위한 이클립스 욕토 플러그인을 릴리스한다.

준비

욕토 1.7에서는 서로 다른 2개의 이클립스 버전인 Juno와 Kepler에 대한 욕토 플러그인을 제공한다. 이는 http://downloads.yoctoproject.org/releases/

yocto/yocto-1.7.1/eclipse-plugin/에서 다운로드할 수 있다. 이 책에서는 현재 최신 버전인 Kepler 4.3을 사용한다. 이클립스 Kepler 스탠더드 에디션에서 필요한 모든 플러그인을 설치한다.

다른 자바 제공자가 있어도 오라클 자바 1.7에서 이클립스를 실행하는 것을 권장한다. 오라클 웹사이트 https://www.java.com/en/ 혹은 우분투 자바 인스톨러 PPA(https://launchpad.net/~webupd8team/+archive/ubuntu/java)를 사용해 오라클 자바 1.7을 설치할 수 있다. 후자의 방법이 자바를 패키지 관리 시스템과 통합하기 때문에 이를 권장한다. 설치를 위해 다음과 같은 과정을 실행한다.

```
$ sudo add-apt-repository ppa:webupd8team/java
$ sudo apt-get update
$ sudo apt-get install oracle-java7-set-default
```

x86_64를 위한 이클립스 Kepler 스탠더드 에디션을 다운로드해서 설치하기 위해 다음을 수행한다.

1. 이클립스 다운로드 사이트(http://eclipse.org/downloads/packages/release/Kepler/SR2)에서 디렉토리 타르볼을 다운로드 받는다.

   ```
   $ wget http://download.eclipse.org/technology/epp/downloads/
   release/kepler/SR2/eclipse-standard-kepler-SR2-linux-gtk-
   x86_64.tar.gz
   ```

2. 압축을 풀어 원하는 위치에 설치한다.

   ```
   $ tar xvf eclipse-standard-kepler-SR2-linux-gtk-x86_64.tar.gz
   ```

3. 다음과 같이 이클립스 IDE를 실행한다.

   ```
   $ nohup eclipse/eclipse &
   ```

4. Help 풀다운 메뉴에서 Install New Software를 선택한다. Kepler - http://download.eclipse.org/releases/kepler 소스를 선택한다.

5. 다음과 같이 이클립스 컴포넌트를 설치한다.

□ 리눅스 도구

LTTng – Linux Tracing Toolkit

□ 모바일과 디바이스 개발

C/C++ Remote Launch

Remote System Explorer End-user Runtime

Remote System Explorer User Actions

Target Management Terminal

TCF Remote System Explorer add-in

TCF Target Explorer

□ 프로그래밍 언어

C/C++ Autotools Support

C/C++ Development Tools

6. 이클립스 욕토 플러그인을 설치하기 위해 다음 스크린샷처럼 http://downloads.yoctoproject.org/releases/eclipse-plugin/1.7.1/kepler 저장소 소스를 추가한다.

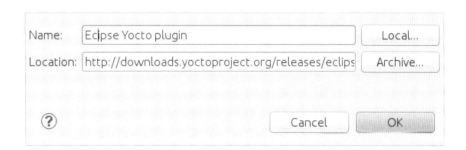

7. Yocto Project ADT plugin을 선택하고 unsigned content 경고를 무시한다. 다른 확장 플러그인에 대해서는 설명하지 않는다.

욕토 툴체인을 사용하도록 이클립스를 설정하기 위해 Window ❯ Preferences ❯ Yocto Project ADT를 선택한다.

ADT 설정은 다음과 같은 두 가지 크로스컴파일 옵션을 제공한다.

1. **독립형 미리 빌드된 툴체인(Standalone pre-built toolchain)** 툴체인 인스톨러나 ADT 인스톨러에서 설치된 툴체인을 갖고 있는 경우 이 옵션을 선택한다.

2. **툴체인에 파생된 빌드 시스템(Build system derived toolchain)** 앞에서 설명했던 `meta-ide-support` 레이어를 사용한 욕토 build 디렉토리를 사용할 때 이 옵션을 선택한다.

또한 다음과 같은 두 가지의 타깃 옵션도 제공한다.

1. **QEMU 에뮬레이터** 가상 머신과 포키를 사용하고 `qemuarm` 리눅스 커널과 루트 파일 시스템을 설치하기 위해 ADT 인스톨러를 사용하는 경우 이 옵션을 선택한다.

2. **외부 하드웨어** `wandaboard-quad` 하드웨어와 같은 진짜 하드웨어를 사용하는 경우 이 옵션을 선택한다. 일반적으로 임베디드 개발자에게 유용한 옵션이다.

다음은 ADT 인스톨러와 그 기본 설정을 사용할 경우 QEMU 에뮬레이터와 함께 독립형 미리 빌드된 툴체인 옵션을 선택하는 구성에 대한 예다.

- 크로스컴파일러 옵션
  - □ 독립형 미리 빌드된 툴체인

    Toolchain root location   /opt/poky/1.7.1

    sysroot location ${HOME}/test-yocto/qemuarm

Target architecture armv5te-poky-linux-gnueabi

  □ 타깃 옵션

  QEMU kernel /tmp/adt-installer/download_image/zImage-emuarm.bin

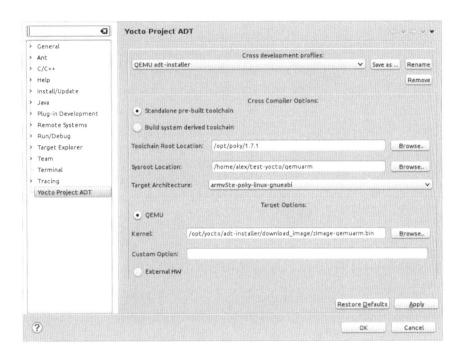

그리고 wandboard-quad 레퍼런스 보드를 사용하는 툴체인에서 파생된 빌드 시스템에 대해 다음 설정이 필요하다.

- 크로스컴파일 옵션
  □ 툴체인에서 파생된 빌드 시스템

  Toolchain root location /opt/yocto/fsl-community-bsp/wandboard-quad

  sysroot location /opt/yocto/fsl-community-bsp/wandboard-quad/tmp/sysroots/wandboard-quad

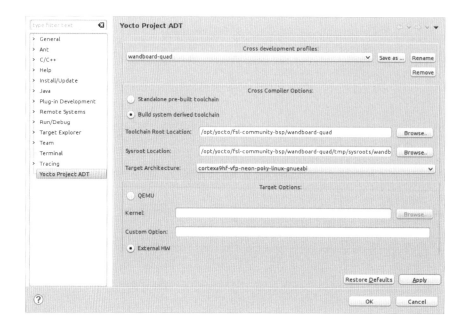

부연 설명

원격지 타깃에서 디버깅을 수행하기 위해 `tcf-agent` 데몬을 실행해야 한다. SDK 이미지는 기본적으로 이 데몬을 갖고 있다. conf/local.conf 파일에 다음을 추가해서 다른 이미지에도 추가할 수 있다.

```
EXTRA_IMAGE_FEATURES += "eclipse-debug"
```

참고 사항

- 자세한 내용은 http://www.yoctoproject.org/docs/1.7.1/adt-manual/adt-manual의 욕토 프로젝트 애플리케이션 개발자 가이드를 참고한다.

GTK+ 애플리케이션 개발

이 절은 이클립스 IDE를 사용해 그래픽 GTK+ 애플리케이션을 빌드, 실행, 디버깅하는 방법을 설명한다.

준비

1. eclipse-debug 기능을 프로젝트의 conf/local.conf 파일에 다음과 같이 추가한다.

   ```
   EXTRA_IMAGE_FEATURES += "eclipse-debug"
   ```

2. 다음과 같이 core-image-sato를 빌드한다.

   ```
   $ cd /opt/yocto/fsl-community-bsp/
   $ source setup-environment wandboard-quad
   $ bitbake core-image-sato
   ```

3. 다음과 같이 core-image-sato 툴체인을 빌드한다

   ```
   $ bitbake -c populate_sdk core-image-sato
   ```

4. 툴체인을 다음과 같이 설치한다.

   ```
   $ cd tmp/deploy/sdk
   $ ./poky-glibc-x86_64-core-image-sato-cortexa9hf-vfp-neon-
     toolchain-1.7.1.sh
   ```

이클립스 IDE를 실행하기 전에 GTK 애플리케이션을 빌드하고, 실행할 수 있는지 확인할 수 있다. 다음의 hello world GTK+ 애플리케이션을 빌드한다.

다음은 gtk_hello_word.c에 대한 코드다.

```
#include <gtk/gtk.h>

int main(int argc, char *argv[])
{
    GtkWidget *window;
```

```
    gtk_init (&argc, &argv);
    window = gtk_window_new (GTK_WINDOW_TOPLEVEL);
    gtk_widget_show (window);
    gtk_main ();
    return 0;
}
```

빌드하기 위해 이전에 설명했던 core-image-sato 툴체인을 사용한다.

```
$ source /opt/poky/1.7.1/environment-setup-cortexa9hf-vfp-neon-
  poky-linux-gnueabi
$ ${CC} gtk_hello_world.c -o helloworld `pkg-config --cflags --libs
  gtk+-2.0`
```

이 명령어는 pkg-config 도구를 사용해 GTK 라이브러리와 함께 sysroot
에 설치된 .pc 파일을 읽어 include 디렉토리에 대한 --cflags와 라이브러
리와 링크를 위한 --libs를 결정한다.

core-image-sato가 NFS로 부팅되는 동안 빌드한 바이너리를 완드보드로
수동 복사해 타깃의 콘솔에서 실행할 수 있다.

```
# DISPLAY=:0 helloworld
```

예제 구현

이전에 설명한 것처럼 독립형 툴체인을 사용하는 이클립스 ADT 플러그인
을 구성하거나 툴체인에서 파생된 빌드 시스템을 대신 사용하게 지정할 수
있다.

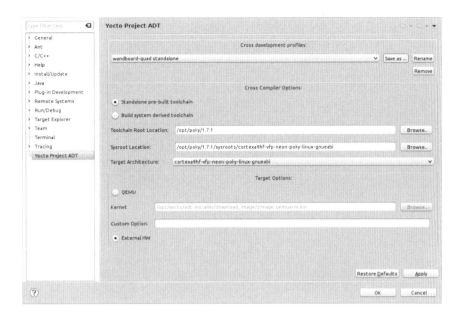

hello world 애플리케이션을 빌드하고 실행하기 위해 다음 과정을 수행한다.

1. 새로운 hello world GTK autotools 프로젝트를 생성한다. 프로젝트 생성 마법사의 모든 기본 설정을 적용한다. File ❯ New ❯ Project ❯ C/C++ ❯ C Project ❯ Yocto Project ADT Autotools Proect ❯ Hello World GTK C Autotools Project를 차례로 선택한다.

 프로젝트 이름을 선택할 때 −와 같은 특수 문자는 빌드 도구에 문제가 생길 수 있으므로 사용하지 않는다.

2. Project ❯ Build Project로 가서 프로젝트를 빌드한다.

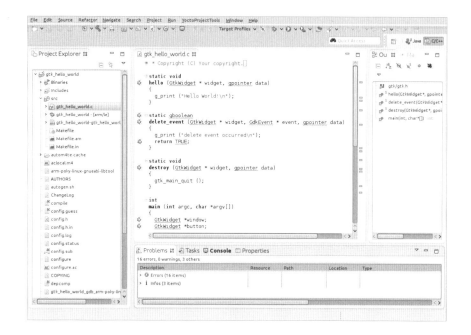

3. 프로젝트의 빌드를 성공적으로 마치더라도 소스 창과 Problems 탭에
   에러가 표시될 수도 있다. 이는 이클립스의 코드 분석 기능이 모든 프
   로젝트 심벌을 찾을 수 없기 때문이다. Project ▶ Properties ▶ C/C++
   General ▶ Paths and Symbols ▶ Includes를 선택해서 필요한 헤더
   파일을 프로젝트 속성에 추가해 이를 해결한다.

4. Run ▶ Run Configurations에서 `<project_name>_gdb_arm-poky-linux-gnueabi`라는 이름의 TCF 타깃과 C/C++ Remote Application 이 있어야 한다. 없을 경우에는 생성해야 한다.

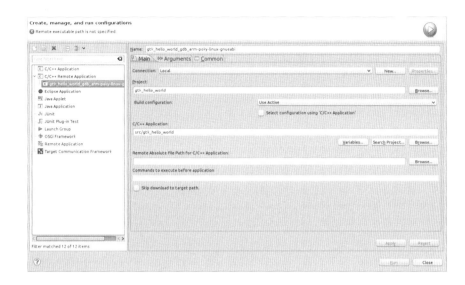

5. Main 탭의 New... 버튼을 사용해서 타깃 IP 주소로의 TCF 연결을 생성한다.

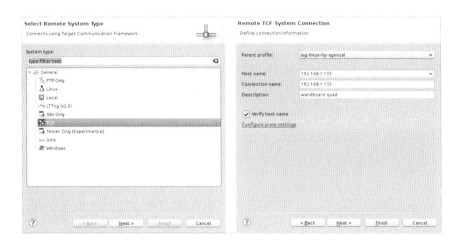

6. Remote Absolute File Path for C/C++ Application에 /gtk_hello_word 와 같이 바이너리 경로와 이름을 입력한다.

7. Commands to execute before application란에 export DISPLAY=:0 을 입력한다.

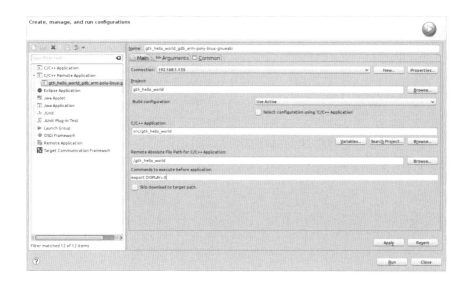

8. 애플리케이션을 실행하고 빈 암호를 사용해 루트 계정으로 로그인한다. 콘솔 탭 출력과 함께 SATO 데스크톱상에서 GTK 애플리케이션을 볼 수 있다.

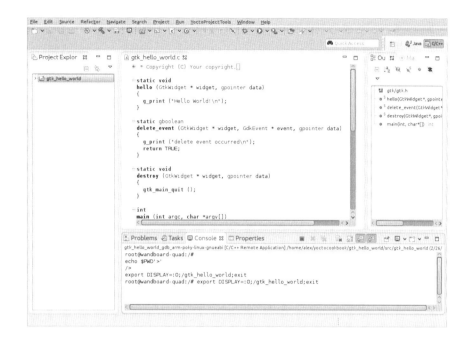

 타깃과 연결하는 데 문제가 있으면 타깃 콘솔상에서 tcf-agent를 실행해 확인할 수
있다.

 # ps w | grep tcf

735 root   11428 S   /usr/sbin/tcf-agent -d -L--10

로그인에 문제가 있으면 이클립스의 원격 시스템 탐색기(RSE, Remote System
Explorer)를 사용해 패스워드를 삭제하고 타깃과의 연결을 디버깅할 수 있다. 연결
이 되면 RSE를 통해 타깃의 파일 시스템을 탐색할 수 있고, 실행 설정으로 복귀할
수 있다.

부연 설명

디버깅을 위해 다음 순서로 작업한다.

1. Run ❯ Debug Configuration 메뉴로 들어간다.

2. Debugger 탭에서 GDB 디버거 경로가 올바른 툴체인 디버거 위치인
   지 확인한다.

   /opt/poky/1.7.1/sysroots/x86_64-pokysdk-linux/usr/bin/arm-
   poky-linux-gnueabi/arm-poky-linux-gnueabi-gdb

   위치가 올바르지 않다면 정확한 위치로 설정한다.

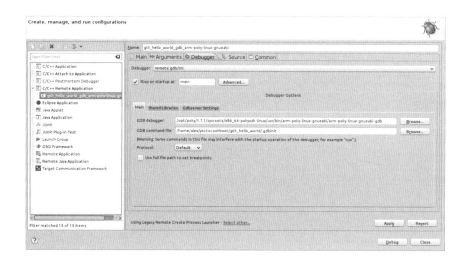

3. 소스 파일의 main 함수를 더블클릭해 중단점[breakpoint]을 추가한다. 파란
   색 점이 사이드 바에 나타난다.

4. Debug 버튼을 클릭한다. 완드보드 하드웨어상에서 실행 중인 애플리
   케이션과 디버그 도움 기능이 나타난다.

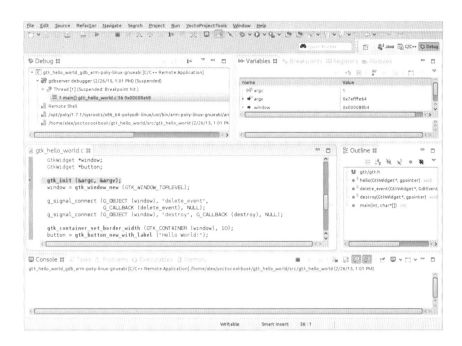

 Text file busy 에러가 나타나면 이전에 실행했던 애플리케이션을 닫는다.

Qt 크리에이터 IDE 사용

Qt 크리에이터는 Qt 애플리케이션 개발 프레임워크 SDK의 멀티플랫폼 IDE 의 일부다. Qt 애플리케이션 개발용으로 사용하는 IDE이며, GPLv3, GPLv2 와 상용 라이선스를 포함한 여러 라이선스로 사용할 수 있다.

준비

1. Qt 프로젝트 웹사이트에서 Qt 크리에이터 3.3.0을 호스트 머신에 다운 로드해 설치한다. x86_64 리눅스 호스트에 설치하려면 다음과 같은

명령어를 수행한다.

```
$ wget http://download.qt.io/official_releases/qtcreator/3.3/
   3.3.0/qt-creator-pensource-linux-x86_64-3.3.0.run
$ chmod u+x qt-creator-opensource-linux-x86_64-3.3.0.run
$ ./qt-creator-opensource-linux-x86_64-3.3.0.run
```

2. 다음과 같이 Qt 애플리케이션을 개발하기 위한 툴체인을 빌드한다.

```
$ cd /opt/yocto/fsl-community-bsp/
$ source setup-environment wandboard-quad
$ bitbake meta-toolchain-qt
```

3. 다음 명령으로 설치한다.

```
$ cd tmp/deploy/sdk
$ ./poky-glibc-x86_64-meta-toolchain-qt-cortexa9hf-vfp-
   neon-toolchain-qt-1.7.1.sh
```

Qt 크리에이터 실행 전에 개발 환경을 설정해야 한다. Qt 크리에이터가 실행될 때 자동으로 환경을 설정하기 위해 초기화 스크립트를 패치할 수 있다. 다음 줄을 bin/qtcreator.sh의 시작 부분에 추가한다.

```
source /opt/poky/1.7.1/environment-setup-cortexa9hf-vfp-neon-poky-
   linux-gnueabi
#! /bin/sh
```

 환경 초기화 스크립트는 #! 이전에 작성해야 한다.

이제 다음과 같이 Qt 크리에이터를 실행할 수 있다.

```
$ ./bin/qtcreator.sh &
```

그리고 Tools ❯ Options에서 다음 과정을 수행해 설정한다.

1. 완드보드 디바이스를 설정한다. Devices ❯ Add에서 Generic Linux
   Device를 선택한다.

타깃의 루트 콘솔에서 `passwd` 명령어로 설정한 루트 패스워드를
password란에 입력한다.

2. Build & Run에서 욕토 `meta-toolchain-qt` 컴파일러 설치 경로를 가
   리키도록 컴파일러를 설정한다. 아래의 경로는 다음 스크린샷에 입력
   된 설치 경로다.

   /opt/poky/1.7.1/sysroots/x86_64-pokysdk-linux/usr/bin/arm-
   poky-linux-gnueabi/arm-poky-linux-gnueabi-g++

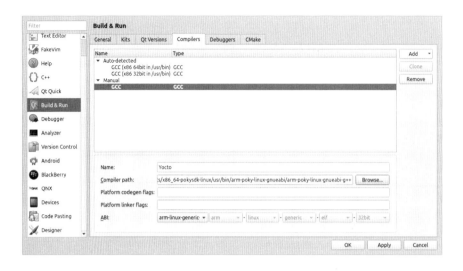

3. 마찬가지로 아래의 경로는 다음 스크린 샷에서 사용한 경로다.

/opt/poky/1.7.1/sysroots/x86_64-pokysdk-linux/usr/bin/arm-poky-linux-gnueabi/arm-poky-linux-gnueabi-gdb

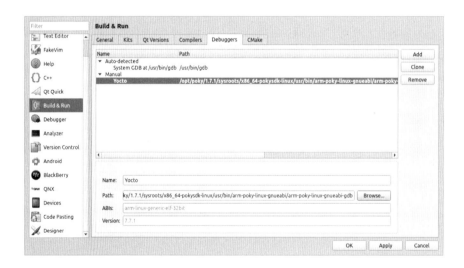

4. 툴체인에서 qmake 빌더를 선택해 Qt를 구성한다. 다음 스크린샷은 사용된 파일 경로를 보여준다.

```
/opt/poky/1.7.1/sysroots/x86_64-pokysdk-linux/usr/bin/qmake
```

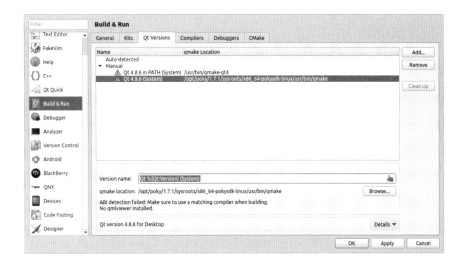

5. 최종적으로 다음과 같이 도구를 구성한다.

1. Generic Linux Device를 선택해 `sysroot`를 설정한다.

   /opt/poky/1.7.1/sysroots/cortexa9hf-vfp-neon-poky-linux-gnueabi/

2. 컴파일러, 디버거, Qt 버전을 정의한다.

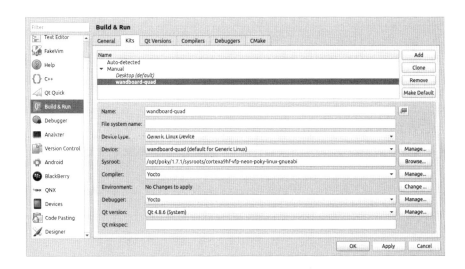

우분투에서 Qt 크리에이터 설정은 사용자 홈 디렉토리 아래의 .config/QtProject/에 저장된다.

Qt 애플리케이션 개발

이 절에서는 Qt 크리에이터를 사용해 Qt 그래픽 애플리케이션을 빌드, 실행, 디버깅하는 방법을 설명한다.

준비

Qt 크리에이터를 실행하기 전에 Qt 애플리케이션을 빌드하고 실행할 수 있는지 확인할 수 있다. 예를 들어 Qt hello world 애플리케이션을 빌드한다. 다음은 qt_hello_world.cpp 소스코드다.

```cpp
#include <QApplication>
#include <QPushButton>

int main(int argc, char *argv[])
{
    QApplication app(argc, argv);
    QPushButton hello("Hello world!");
    hello.show();
    return app.exec();
}
```

빌드하기 위해 앞에서 설명한 meta-toolchain-qt 툴체인을 사용한다.

```
$ source /opt/poky/1.7.1/environment-setup-cortexa9hf-vfp-neon-
  poky-linux-gnueabi
$ qmake -project
$ qmake
```

```
$ make
```

디렉토리의 모든 관련 코드 파일과 함께 프로젝트 파일, Makefile을 생성하기 위해 qmake를 사용한다.

실행하려면 먼저 Qt를 지원하는 파일 시스템을 빌드해야 한다. 우선 다음과 같이 환경을 준비한다.

```
$ cd /opt/yocto/fsl-community-bsp/
$ source setup-environment wandboard-quad
```

그리고 다음과 같이 qt4-pkgs 특성을 conf/local.conf 파일에 추가해 프로젝트를 구성한다.

```
EXTRA_IMAGE_FEATURES += "qt4-pkgs"
```

Qt 라이브러리가 ICU^{International Component for Unicode}를 포함해 빌드되기 때문에 Qt 애플리케이션을 위해 ICU 라이브러리를 추가해야 한다.

```
IMAGE_INSTALL_append = " icu"
```

이제 다음과 같이 빌드한다.

```
$ bitbake core-image-sato
```

빌드가 끝나면 마이크로SD 카드에 이미지를 올려 완드보드를 부팅한다. qt_hello_world 바이너리를 타깃에 복사해 실행한다.

```
# DISPLAY=:0 qt_hello_world
```

Qt hello world 애플리케이션 창을 X11 데스크톱상에서 볼 수 있다.

예제 구현

다음 과정을 수행해 hello world 애플리케이션 예제를 빌드하고 실행한다.

1. File ❯ New File or Project ❯ Other project ❯ Empty qmake project
   로 가서 빈 프로젝트를 만든다.

2. wandboard-quad를 선택한다.

3. File ❯ New File or Project ❯ C++ ❯ C++ Source File로 가서 qt_
   hello_world.cpp 신규 C++ 파일을 추가한다.

4. 다음 스크린샷처럼 qt_hello_world.cpp의 내용을 Qt 크리에이터에 붙
   여 넣는다.

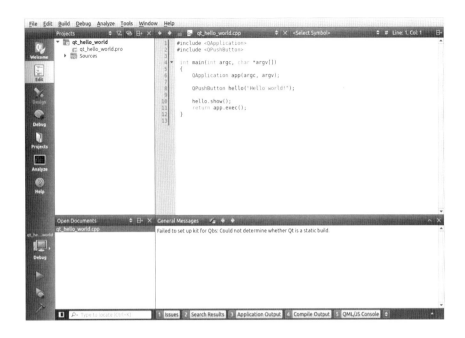

5. hw.pro 파일에 다음을 추가해 타깃 설치에 관한 프로젝트를 설정한다.

```
SOURCES += \
    qt_hello_world.cpp

TARGET = qt_hello_world
    target.files = qt_hello_world
    target.path = /

INSTALLS += target
```

qt_hello_world는 독자의 프로젝트 이름으로 바꾼다.

6. 프로젝트를 빌드한다. 에러가 발생하면 욕토 빌드 환경이 제대로 설정 돼 있는지 확인한다.

 Qt 크리에이터를 실행하기 전에 수동으로 environment-setup 스크립트를 실행해 볼 수 있다.

7. Projects ❭ Run으로 가서 프로젝트 설정을 확인한다.

8. 스크린샷에서 볼 수 있는 것처럼 Qt 크리에이터는 SFTP 프로토콜을 사용해 타깃으로 파일을 전송할 수 있다. 기본적으로 `core-image-sato`에서 동작하는 dropbear SSH 서버는 SFTP 를 지원하지 않는다. Qt 크리에이터가 동작하도록 프로젝트의 conf/local.conf에 `openssh-sftp-sever` 패키지를 추가한다.

```
IMAGE_INSTALL_append = " openssh-sftp-server"
```

애플리케이션을 디버깅하기 위해서는 gdbserver와 같은 다른 도구도 필요하다. `eclipse-debug` 특성을 추가해 필요한 애플리케이션을 타깃에 쉽게 설치할 수 있다.

```
EXTRA_IMAGE_FEATURES += "eclipse-debug"
```

9. 이제 프로젝트를 실행할 수 있다.

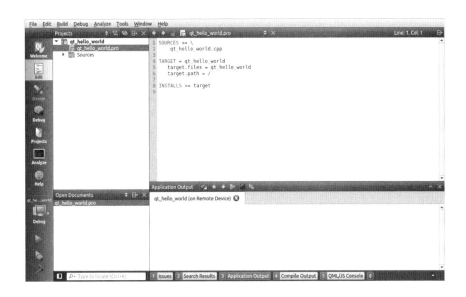

 로그인 에러로 인해 애플리케이션 배포가 실패한다면 이전 절에서 설명한 것과 같이 타깃에 root 암호가 설정돼 있는지 확인해보거나 SSH 키 인증을 사용하고 있는지 확인한다.

이제 Qt hello world 애플리케이션이 SATO 데스크톱에서 동작하는 것을 볼 수 있다.

부연 설명

애플리케이션을 디버깅하기 위해 소스에서 중단점을 토글toggle하고 디버그 버튼을 누른다.

애플리케이션 개발 작업 흐름

이 절은 2장에서 살펴봤던 U-Boot와 리눅스 커널 개발 사례와 비슷하다.

예제 구현

다음과 같은 개발 작업 흐름을 애플리케이션 개발에 적용하는 방법을 살펴본다.

- 외부 개발

- 작업 디렉토리 개발

- 외부 소스 개발

외부 개발

앞 절에서 살펴본 독립형 툴체인을 사용한 명령어로 이클립스와 Qt 크리에이터 IDE를 이용한 방법에 해당한다. 이 작업 방법으로 생성한 바이너리는 실행과 디버깅을 위해 하드웨어에 개별적으로 복사해야 한다. 이 방법은 다른 작업 흐름과 함께 사용할 수 있다.

작업 디렉토리 개발

욕토 빌드 시스템으로 애플리케이션 빌드할 때 나타나는 산발적인 문제를 디버깅할 때 사용하는 작업 흐름이지만, 장기적인 개발 관점에서는 권장하는 방법은 아니다. 이는 초반에 서드파티 패키지를 디버깅할 때 사용하는 정도임을 유념해야 한다.

3장의 '새로운 패키지 추가' 절에서 살펴봤던 helloworld_1.0.bb 커스텀 예제를 사례로 살펴본다.

```
DESCRIPTION = "Simple helloworld application"
SECTION = "examples"
LICENSE = "MIT"
LIC_FILES_CHKSUM =
    "file://${COMMON_LICENSE_DIR}/MIT;md5=0835ade698e0bcf8506ecda
    2f7b4f302"

SRC_URI = "file://helloworld.c"

S = "${WORKDIR}"

do_compile() {
    ${CC} helloworld.c -o helloworld
}
```

```
do_install() {
    install -d ${D}${bindir}
    install -m 0755 helloworld ${D}${bindir}
}
```

다음은 helloworld.c 소스 파일이다.

```
#include <stdio.h>

int main(void)
{
    return printf("Hello World");
}
```

작업 흐름 단계는 다음과 같다.

1. 처음부터 다시 패키지 컴파일을 시작한다.

   $ **cd /opt/yocto/fsl-community-bsp/**
   $ **source setup-environment wandboard-quad**
   $ **bitbake -c cleanall helloworld**

   이는 패키지 빌드 디렉토리, 셰어드 스테이트 캐시 및 다운로드 패키지 소스를 삭제한다.

2. 개발 셸을 실행한다.

   $ **bitbake -c devshell helloworld**

   helloworld를 소스 다운로드, 압축 해제, 패치한 후에 컴파일 환경이 적용된 새로운 셸이 만들어진다. 새로 열린 셸에서 패키지의 build 디렉토리를 수정한다.

3. SRC_URI 변수에 따라 패키지의 build 디렉토리는 이미 버전 관리가 가능한 상태일 수도 있다. 그렇지 않다면 이 예제처럼 로컬 깃 저장소를 다음과 같이 만든다.

   $ **git init**

```
$ git add helloworld.c
$ git commit -s -m "Original revision"
```

4. 필요한 변경 사항을 적용한다. 예를 들어 Howdy World를 출력하도록
   다음과 같이 수정한다.

```
#include <stdio.h>

int main(void)
{
    return printf("Howdy World");
}
```

5. 개발 셸을 종료하고 수정 사항 삭제 없이 패키지를 빌드한다.

```
$ bitbake -C compile helloworld
```

 대문자 C를 사용해 컴파일 태스크를 실행하면 뒤따르는 모든 태스크가 실행된다.

6. 생성한 패키지를 하드웨어에 복사, 설치해 변경 사항을 테스트한다.
   수정한 패키지가 하나뿐이므로 나머지 의존성을 갖는 패키지들은 이미
   실행 중인 루트 파일 시스템에 설치돼 있어야 한다. 다음 명령어를 수
   행한다.

```
$ bitbake -e helloworld | grep ^WORKDIR=
WORKDIR="/opt/yocto/fsl-community-bsp/wandboard-
  quad/tmp/work/cortexa9hf-vfp-neon-poky-linux-
  gnueabi/helloworld/1.0-r0"
$ scp ${WORKDIR_PATH}/deploy-rpms/deploy-
  rpms/cortexa9hf_vfp_neon/helloworld-1.0-
  r0.cortexa9hf_vfp_neon.rpm root@<target_ip_address>:/
$ rpm -i /helloworld-1.0-r0.cortexa9hf_vfp_neon.rpm
```

package-management 특성을 포함해 타깃 루트 파일 시스템을 빌드

했고, rm_work 클래스가 동작할 때 helloworld 패키지를 RM_WORK_
EXCLUDE 변수에 추가했음을 가정한 것이다.

7. 개발 셸로 돌아가서 변경 사항을 로컬 저장소에 다음과 같이 커밋한다.

```
$ bitbake -c devshell helloworld
$ git add helloworld.c
$ git commit -s -m "Change greeting message"
```

8. 패치 파일을 만들어 레시피의 패치 경로에 저장한다.

```
$ git format-patch -1 -o /opt/yocto/fsl-community-
  bsp/sources/meta-custom/recipes-
  example/helloworld/helloworld-1.0
```

9. 최종적으로 SRC_URI 변수에 패치 파일을 추가한다.

```
SRC_URI = "file://helloworld.c \
           file://0001-Change-greeting-message.patch"
```

외부 소스 개발

이 작업 흐름은 애플리케이션을 욕토 빌드 시스템에 통합하는 작업을 할 때
권장하는 방법이다. 예를 들어 IDE를 사용한 외부 개발 방식과 함께 사용
가능하다.

앞서 봤던 예제에서 소스 파일은 메타데이터와 더불어 meta-custom 레이
어에 위치한다.

일반적으로 깃과 같은 버전 관리 시스템을 통해 직접 소스를 불러오게 레시피
를 구성하므로 meta-custom/recipes-example/helloworld/helloworld_1.0.bb
파일을 깃 디렉토리에서 가져올 수 있게 다음과 같이 수정한다.

```
DESCRIPTION = "Simple helloworld application"
SECTION = "examples"
LICENSE = "MIT"
LIC_FILES_CHKSUM =
```

```
  "file://${COMMON_LICENSE_DIR}/MIT;md5=0835ade698e0bcf8506
  ecda2f7b4f302"

SRC_URI = "git://github.com/yoctocookbook/helloworld"

S = "${WORKDIR}/git"

do_compile() {
   ${CC} helloworld.c -o helloworld
}

do_install() {
   install -d ${D}${bindir}
   install -m 0755 helloworld ${D}${bindir}
}
```

로컬 디렉토리로 다음과 같이 소스를 클론^{clone}할 수 있다.

$ cd /opt/yocto/
$ git clone git://github.com/yoctocookbook/helloworld

원격 버전 관리 저장소의 대안으로 로컬 저장소를 사용하는 방법은 다음과 같다.

1. 소스를 포함할 로컬 깃 저장소를 만든다.

   $ mkdir -p /opt/yocto/helloworld
   $ cd /opt/yocto/helloworld
   $ git init

2. helloworld.c를 복사해 저장소에 추가한다.

   $ git add helloworld.c

3. 마지막으로 서명과 메시지를 커밋한다.

   $ git commit -s -m "Original revision"

어떤 경우이든 버전 관리된 소스는 로컬 디렉토리에 있다. 다음과 같이 conf/local.conf 파일을 구성해 사용할 수 있다.

```
INHERIT += "externalsrc"
EXTERNALSRC_pn-helloworld = "/opt/yocto/helloworld"
EXTERNALSRC_BUILD_pn-helloworld = "/opt/yocto/helloworld"
```

그리고 다음과 같이 빌드한다.

```
$ cd /opt/yocto/fsl-community-bsp/
$ source setup-environment wandboard-quad
$ bitbake helloworld
```

이렇게 하면 비트베이크에 의한 코드 삭제를 방지하면서 로컬 디렉토리에서 직접 작업을 할 수 있다. 개발을 완료하면 conf/local.conf의 변경 사항을 삭제해 원래의 SRC_URI에서 소스를 가져오게 한다.

GNU make로 작업

GNU make는 리눅스 시스템을 위한 make 구현이다. 커널과 다양한 오픈소스 프로젝트에서 사용한다. Makefile에 빌드 방법을 기술해 빌드를 관리한다.

예제 구현

욕토 레시피는 base.bbclass를 상속하며, 기본 동작은 Makefile, makefile 또는 GNU Makefile 스크립트와 GNU make를 사용해 패키지를 빌드하는 것이다.

패키지가 이미 Makefile을 갖고 있으면 make 실행에 필요한 인자만 고려하면 된다. EXTRA_OEMAKE 변수를 사용해 make 인자를 전달할 수 있으며, oe_runmake install 명령어를 호출하도록 do_install을 재정의해야 한다, 그렇지 않으면 빈 install 태스크가 실행된다.

예를 들어 Makefile을 사용하는 logrotate 레시피를 살펴본다.

```
SUMMARY = "Rotates, compresses, removes and mails system log files"
SECTION = "console/utils"
HOMEPAGE = "https://fedorahosted.org/logrotate/"
LICENSE = "GPLv2"

DEPENDS="coreutils popt"

LIC_FILES_CHKSUM =
    "file://COPYING;md5=18810669f13b87348459e611d31ab760"

SRC_URI =
    "https://fedorahosted.org/releases/l/o/logrotate/logrotate-
    ${PV}.tar.gz \"
SRC_URI[md5sum] = "99e08503ef24c3e2e3ff74cc5f3be213"
SRC_URI[sha256sum] =
    "f6ba691f40e30e640efa2752c1f9499a3f9738257660994de70a45fe00d12b64"

EXTRA_OEMAKE = ""

do_install(){
    oe_runmake install DESTDIR=${D} PREFIX=${D} MANDIR=${mandir}
    mkdir -p ${D}${sysconfdir}/logrotate.d
    mkdir -p ${D}${sysconfdir}/cron.daily
    mkdir -p ${D}${localstatedir}/lib
    install -p -m 644 examples/logrotate-default
${D}${sysconfdir}/logrotate.conf
    install -p -m 755 examples/logrotate.cron
${D}${sysconfdir}/cron.daily/logrotate
    touch ${D}${localstatedir}/lib/logrotate.status
}
```

참고 사항

GNU make에 대한 자세한 정보는 https://www.gnu.org/software/make/manual/에 있다.

GNU 빌드 시스템으로 작업

Makefile은 glibc, gcc 버전 및 사용 가능한 라이브러리 버전을 알고 있는 동일한 시스템에서 항상 소프트웨어를 빌드하고 실행할 때 좋은 솔루션이다. 그러나 대부분의 소프트웨어는 다양한 시스템에서 빌드하고 실행할 수 있어야 한다.

준비

GNU 빌드 시스템, 즉 autotools는 다양한 시스템에서 Makefile을 생성하기 위한 도구다. 이는 다음과 같은 3개의 주요 도구로 구성돼 있다.

- **autoconf** 빌드할 소스코드를 기술한 configure.ac 파일의 내용을 파싱하고, configure 스크립트를 생성한다. 이 스크립트는 최종 Makefile을 만드는 데 사용된다.
- **automake** Makefile.am 파일을 파싱해 Makefile.in 파일로 변환한다. configure 스크립트에 의해 생성된 config.status 스크립트가 자동으로 실행되면서 Makefile.in 파일을 사용해 최종 Makefile이 만들어진다.
- **libtools** 정적 라이브러리와 동적 라이브러리 생성을 처리한다.

예제 구현

욕토 빌드 시스템에는 autotools 패키지 빌드에 필요한 정보를 포함하는 클래스가 있다. 모든 레시피는 autotools 클래스를 상속해야 하며, EXTRA_OECONF 변수를 통해 configure 스크립트로 인자를 전달할 수 있게 설정해야 한다. 보통 autotools 시스템에 의해 소프트웨어가 설치되므로 do_install 재정의는 필요 없다.

autotools 빌드 시스템을 사용하는 다양한 오픈소스 프로젝트가 있다.

예를 들면 추가 구성 옵션이 필요 없는 meta-custom/recipes-example/hello/
hello_2.9.bb가 있다.

```
DESCRIPTION = "GNU helloworld autotools recipe"
SECTION = "examples"

LICENSE = "GPLv3"
LIC_FILES_CHKSUM = "file://${COREBASE}/meta/files/common-
    licenses/GPL-.0;md5=c79ff39f19dfec6d293b95dea7b07891"

SRC_URI = "${GNU_MIRROR}/hello/hello-${PV}.tar.gz"
SRC_URI[md5sum] = "67607d2616a0faaf5bc94c59dca7c3cb"
SRC_URI[sha256sum] =
"ecbb7a2214196c57ff9340aa71458e1559abd38f6d8d169666846935df191ea7"

inherit autotools gettext
```

참고 사항

- GNU 빌드 시스템에 대한 자세한 정보는 http://www.gnu.org/software/
  automake/manual/html_node/GNU-Build-System.html에 있다.

CMake 빌드 시스템으로 작업

리눅스 시스템에서만 빌드한다면 GNU make 시스템은 훌륭한 도구다. 그러나
일부 패키지는 멀티플랫폼을 지원하며, 서로 다른 운영체제에서 Makefile을
처리할 수 있어야 한다. CMake는 GNU make, 마이크로소프트 비주얼 스튜
디오, 애플 엑스코드Xcode에서도 동작하는 크로스플랫폼 빌드 시스템이다.

CMake는 빌드 프로세스를 처리하기 위해 모든 디렉토리의 CMakeLists.txt
파일을 파싱한다. hello world를 컴파일하기 위한 CMakeLists.txt 예제는 다
음과 같다.

```
cmake_minimum_required(VERSION 2.8.10)
project(helloworld)
add_executable(helloworld helloworld.c)
install(TARGETS helloworld RUNTIME DESTINATION bin)
```

예제 구현

욕토 빌드 시스템에는 CMake 패키지 빌드에 필요한 정보를 가진 클래스도
있다. 모든 레시피는 cmake 클래스를 상속해야 하며, configure 스크립트로
전달할 인자를 EXTRA_OECMAKE 변수에 설정한다. 일반적으로 CMake 시스
템에 의해 소프트웨어가 설치되기 때문에 do_install 재정의는 필요 없다.

helloworld.c 애플리케이션 예제를 빌드하기 위한 meta-custom/recipes-
example/helloworld-cmake/helloworld-cmake_1.0.bb 레시피는 다음과 같다.

```
DESCRIPTION = "Simple helloworld cmake application"
SECTION = "examples"
LICENSE = "MIT"
LIC_FILES_CHKSUM =
"file://${COMMON_LICENSE_DIR}/MIT;md5=0835ade698e0b
cf8506ecda2f7b4f302"

SRC_URI = "file://CMakeLists.txt \
           file://helloworld.c"

S = "${WORKDIR}"

inherit cmake
```

```
EXTRA_OECMAKE = ""
```

CMake에 대한 자세한 정보는 http://www.cmake.org/documentation/에 있다.

Scons 빌더로 작업

Scons는 멀티플랫폼 빌드 시스템으로, 파이썬으로 구현돼 있다. 또한 설정 파일도 같은 언어로 작성한다. Scons는 마이크로소프트 비주얼 스튜디오를 지원한다.

Scons는 Sconstruct 파일을 파싱하며, 기본적으로는 빌드 시스템으로 빌드 환경을 전파하지 않는다. 이는 빌드 환경 차이에 의해 발생하는 빌드 문제를 피하기 위함이다. 따라서 욕토에서 크로스컴파일 툴체인 환경 구성을 복잡하게 만든다.

Scons에서는 크로스컴파일 지원 방법에 대한 표준을 정의하지 않고 있다. 따라서 모든 프로젝트의 구현이 달라진다. hello world 프로그램과 같은 간단한 예제를 위해서는 CC와 PATH 변수를 외부 환경 값으로 다음과 같이 초기화할 수 있다.

```
import os
env = Environment(CC = os.environ['CC'],
                  ENV = {'PATH': os.environ['PATH']})
env.Program("helloworld", "helloworld.c")
```

욕토 빌드 시스템에는 Scons 패키지 빌드에 필요한 정보를 포함하는 클래스
가 있다. 모든 레시피는 Scons 클래스를 상속해야 하며, configure 스크립
트로 전달할 인자를 EXTRA_OESCONS 변수에 설정해야 한다. 일부 Scons
클래스를 사용하는 패키지에서는 SCons 클래스에서 사용하는 설치 에일리
어스^{install alias}를 통해 패키지 설치를 처리하기도 하지만, 일반적으로
do_install 태스크 재정의가 필요하다.

helloworld.c 레시피를 빌드하기 위한 meta-custom/recipes-example/helloworld-
scons/helloworld-scons_1.0.bb 레시피는 다음과 같다.

```
DESCRIPTION = "Simple helloworld scons application"
SECTION = "examples"

LICENSE = "MIT"
LIC_FILES_CHKSUM = "file://${COMMON_LICENSE_DIR}/MIT;md5=0835ade
698e0bcf8506ecda2f7b4
    f302"

SRC_URI = "file://SConstruct \
           file://helloworld.c"

S = "${WORKDIR}"

inherit scons

EXTRA_OESCONS = ""

do_install() {
   install -d ${D}/${bindir}
   install -m 0755 helloworld ${D}${bindir}
}
```

- Scons에 대한 자세한 정보는 http://www.scons.org/doc/HTML/scons-user/ 사이트에 있다.

라이브러리 개발

일반적인 애플리케이션은 공유 라이브러리를 활용한다. 공유 라이브러리는 서로 다른 애플리케이션 간에 공유되므로 시스템 메모리와 디스크 공간을 절약한다. 코드를 라이브러리로 모듈화하는 것은 코드 관리와 버전 관리를 쉽게 만든다.

이 절은 리눅스와 욕토에서 정적 라이브러리와 공유 라이브러리로 작업하는 방법을 설명한다.

준비

관례적으로 라이브러리 파일명은 lib로 시작한다.

라이브러리 종류에는 다음과 같은 두 가지가 있다.

- **정적 라이브러리(.a)** 오브젝트 코드가 링크될 때 애플리케이션의 일부로 포함된다.
- **동적 라이브러리(.so)** 컴파일 시점에 링크되지만, 애플리케이션 안에 포함되지 않는다. 따라서 런타임에 필요하다. 여러 애플리케이션에서 동적 라이브러리를 공유할 수 있기 때문에 디스크 공간을 절약한다.

라이브러리 위치는 다음과 같은 표준 루트 파일 시스템 경로를 따른다.

- **/lib** 시스템 기동 시 필요한 라이브러리
- **/usr/lib** 대부분의 시스템 라이브러리

- /usr/local/lib 비시스템 라이브러리

동적 라이브러리는 여러 버전을 동시에 설치할 수 있게 분명한 명명 규칙을 따라 이름을 정한다. 따라서 라이브러리를 다른 이름으로 참조하는 것도 가능하다.

- .so 접미사를 사용한 링커 이름, 예를 들면 libexample.so 같은 경우다.
- 정규화된 라이브러리 이름이나 soname, 라이브러리 이름을 가리키는 심벌릭 링크다. 이를테면 x를 버전 값으로 하는 libexample.so.x다. 라이브러리가 이전 버전과 호환되지 않을 경우 버전 값을 증가시킨다.
- 실제 이름, 예를 들면 libexample.so.x.y[.z]가 있는데, x는 메이저 버전 값, y는 마이너 버전 값이다. 선택적으로 사용하는 z는 릴리스 숫자다. 마이너 버전 값이나 릴리스 숫자를 증가시켜도 호환성을 유지한다.

GNU glibc에서는 ELF 바이너리 시작 시점에 /lib/ld-linux-X 프로그램 로더를 호출한다.

X는 버전 값이고, 필요한 모든 공유 라이브러리를 찾는다. 이 과정에서 다음 파일을 사용한다.

- /etc/ld.so.conf 로더에 의해 탐색될 디렉토리 리스트를 저장한다.
- /etc/ld/so.preload 라이브러리를 재정의할 때 사용한다.

ldconfig 도구는 ld.so.conf 파일을 읽고 접근 속도를 향상시키기 위해 캐시 파일(/etc/ld/so.cache)을 만든다.

다음의 환경 변수는 유용하다.

- **LD_LIBRARY_PATH** 라이브러리 탐색을 위한 디렉토리 리스트로, 콜론(:)으로 구분한다. 디버깅이나 비표준 라이브러리 경로를 지정할 때 사용한다.
- **LD_PRELOAD** 공유 라이브러리를 재정의할 때 사용한다.

정적 라이브러리 빌드

hello.c와 world.c 소스 파일을 사용해 libhelloworld 정적 라이브러리를 빌드한다. 그리고 이를 사용해 hello world 애플리케이션을 빌드한다. 라이브러리를 위한 소스 파일은 다음과 같다.

다음은 hello.c 파일이다.

```
char * hello (void)
{
    return "Hello";
}
```

이는 world.c 파일이다.

```
char * world (void)
{
    return "World";
}
```

라이브러리 빌드를 위해 다음 단계를 수행한다.

1. 빌드 환경을 구성한다.

   ```
   $ source /opt/poky/1.7.1/environment-setup-cortexa9hf-vfp-
     neon-poky-linux-gnueabi
   ```

2. 라이브러리를 컴파일하고 링크한다.

   ```
   ${CC} -c hello.c world.c
   ${AR} -cvq libhelloworld.a hello.o world.o
   ```

3. 라이브러리 내용을 검증한다.

   ```
   ${AR} -t libhelloworld.a
   ```

애플리케이션 소스코드는 다음과 같다.

- 다음은 helloworld.c 파일의 소스코드다.

```
#include <stdio.h>
int main (void)
{
    return printf("%s %s\n",hello(),world());
}
```

- 빌드를 위해 다음을 실행한다.

  ${CC} -o helloworld helloworld.c libhelloworld.a

- readelf를 사용해 어떤 라이브러리가 링크됐는지 확인 가능하다.

  ```
  $ readelf -d helloworld
  Dynamic section at offset 0x534 contains 24 entries:
    Tag         Type              Name/Value
   0x00000001  (NEEDED)           Shared library: [libc.so.6]
  ```

공유된 동적 라이브러리 빌드

동적 라이브러리를 소스로부터 빌드하려면 다음을 수행한다.

```
${CC} -fPIC -g -c hello.c world.c
${CC} -shared -Wl,-soname,libhelloworld.so.1 -o
 libhelloworld.so.1.0 hello.o world.o
```

라이브러리를 사용해 helloworld C 애플리케이션을 다음과 같이 빌드한다.

```
${CC} helloworld.c libhelloworld.so.1.0 -o helloworld
```

그리고 다시 readelf와 동적 라이브러리를 확인한다.

```
$ readelf -d helloworld
Dynamic section at offset 0x6ec contains 25 entries:
  Tag         Type              Name/Value
 0x00000001  (NEEDED)           Shared library: [libhelloworld.so.1]
 0x00000001  (NEEDED)           Shared library: [libc.so.6]
```

정적 라이브러리 레시피인 meta-custom/recipes-example/libhelloworld-static/
libhelloworldstatic_1.0.bb는 다음과 같다.

```
DESCRIPTION = "Simple helloworld example static library"
SECTION = "libs"
LICENSE = "MIT"
LIC_FILES_CHKSUM = "file://${COMMON_LICENSE_DIR}/MIT;md5=0835ade
698e0bcf8506ecda2f7b4f302"

SRC_URI = "file://hello.c \
           file://world.c \
           file://helloworld.pc"

S = "${WORKDIR}"

do_compile() {
    ${CC} -c hello.c world.c
    ${AR} -cvq libhelloworld.a hello.o world.o
}

do_install() {
    install -d ${D}${libdir}
    install -m 0755 libhelloworld.a ${D}${libdir}
}
```

기본적으로 meta/conf/bitbake.conf의 설정에 따라 모든 정적 라이브러리는
-staticdev 패키지에 있다. sysroot에도 있어 이를 사용할 수 있다.

동적 라이브러리에 대해 다음의 meta-custom/recipes-example/libhelloworld-
dyn/libhelloworlddyn_1.0.bb 레시피를 사용한다.

```
meta-custom/recipes-example/libhelloworld-dyn/libhelloworlddyn_1.0.bb
DESCRIPTION = "Simple helloworld example dynamic library"
SECTION = "libs"
LICENSE = "MIT"
```

```
LIC_FILES_CHKSUM = "file://${COMMON_LICENSE_DIR}/MIT;md5=0835ade
698e0bcf8506ecda2f7b4f302"

SRC_URI = "file://hello.c \
           file://world.c \
           file://helloworld.pc"

S = "${WORKDIR}"

do_compile() {
    ${CC} -fPIC -g -c hello.c world.c
    ${CC} -shared -Wl,-soname,libhelloworld.so.1 -o
  libhelloworld.so.1.0 hello.o world.o
}

do_install() {
    install -d ${D}${libdir}
    install -m 0755 libhelloworld.so.1.0 ${D}${libdir}
    ln -s libhelloworld.so.1.0 ${D}/
  ${libdir}/libhelloworld.so.1
    ln -s libhelloworld.so.1 ${D}/${libdir}/libhelloworld.so
}
```

라이브러리 의존성이 있다면 보통 RDEPENDS 변수에 이를 나열한다. 하지만
항상 이 작업이 필요한 것은 아니다. 빌드 시스템에서 라이브러리와 pkg-
config 파일을 검사하고 검출된 의존성을 RDEPENDS에 자동으로 추가하는
일련의 자동화된 의존성 확인 작업을 수행하기 때문이다

실행 중인 시스템상에서 여러 버전의 같은 라이브러리가 동시에 존재할 수
있다. 이를 위해 패키지 이름은 동일하고 패키지 리비전이 다른 레시피를
각각 작성해야 한다. 예를 들어 libhelloworld_1.0.bb와 helloworld_1.1.bb
파일을 작성하는 것이다.

정적 라이브러리를 사용해 애플리케이션을 빌드하기 위해서 meta-custom/
recipes-example/helloworld-static/helloworldstatic_1.0.bb 레시피를 다음
과 같이 만든다.

```
DESCRIPTION = "Simple helloworld example"
SECTION = "examples"
LICENSE = "MIT"
LIC_FILES_CHKSUM = "file://${COMMON_LICENSE_DIR}/MIT;md5=0835ade
698e0bcf8506ecda2f7b4f302"

DEPENDS = "libhelloworldstatic"

SRC_URI = "file://helloworld.c"

S = "${WORKDIR}"

do_compile() {
      ${CC} -o helloworld helloworld.c
   ${STAGING_LIBDIR}/libhelloworld.a
}

do_install() {
   install -d ${D}${bindir}
   install -m 0755 helloworld ${D}${bindir}
}
```

동적 라이브러리를 사용해 빌드하기 위해 meta-custom/recipes-example/
helloworld-shared/helloworldshared_1.0.bb 파일을 작성한다.

```
meta-custom/recipes-example/helloworld-shared/helloworldshared_1.0.bb
DESCRIPTION = "Simple helloworld example"
SECTION = "examples"
LICENSE = "MIT"
LIC_FILES_CHKSUM = "file://${COMMON_LICENSE_DIR}/MIT;md5=0835ade
698e0bcf8506ecda2f7b4f302"

DEPENDS = "libhelloworlddyn"

SRC_URI = "file://helloworld.c"

S = "${WORKDIR}"

do_compile() {
```

```
    ${CC} -o helloworld helloworld.c -lhelloworld
}

do_install() {
    install -d ${D}${bindir}
    install -m 0755 helloworld ${D}${bindir}
}
```

라이브러리는 include 헤더와 라이브러리 의존성 같은 라이브러리 사용에 필요한 정보를 제공해야 한다. 욕토는 라이브러리에서 빌드 설정을 제공하기 위한 두 가지 방법을 제공한다.

- binconig 레거시 클래스로, -config 스크립트를 제공하는 라이브러리에서 빌드 설정을 제공하기 위해 사용한다.
- pkgconfig 클래스로, 라이브러리에서 빌드 설정을 제공하는 데 있어 권장하는 방법이다.

pkg-config 빌드 설정 파일은 .pc 확장자를 갖는 파일이며, 라이브러리와 함께 배포한다. 그리고 이 파일을 pkg-config 도구에 알려진 일반적인 경로에 설치한다.

동적 라이브러리를 위한 helloworld.pc 파일은 다음과 같다.

```
prefix=/usr/local
exec_prefix=${prefix}
includedir=${prefix}/include
libdir=${exec_prefix}/lib

Name: helloworld
Description: The helloworld library
Version: 1.0.0
Cflags: -I${includedir}/helloworld
```

```
Libs: -L${libdir} -lhelloworld
```

하지만 정적 라이브러리를 위해 마지막 줄을 다음과 같이 수정해야 한다.

```
Libs: -L${libdir} libhelloworld.a
```

.pc 파일을 사용하려는 패키지는 `pkgconfig` 클래스를 상속한다.

부연 설명

라이브러리와 실행 파일을 동시에 설치할 필요가 없는 패키지에 대해 라이브러리와 실행 파일을 분리해 각각의 패키지로 분리할 수 있는 방법이 있다. `lib_package` 클래스를 상속하면 패키지는 실행 파일이 분리된 별도의 -bin 패키지를 생성한다.

참고 사항

pkg-config에 대한 자세한 정보는 http://www.freedesktop.org/wiki/Software/pkg-config/에 있다.

리눅스 프레임버퍼 작업

리눅스 커널은 프레임버퍼 형태로 그래픽 하드웨어의 추상화를 제공한다. 이는 잘 정의된 API를 통해 애플리케이션이 그래픽 하드웨어에 접근할 수 있게 한다. 프레임버퍼도 리눅스 거널로의 그래픽 곤솔을 제공해 색상이나 로고를 표시할 수 있게 한다.

이번 절에서는 애플리케이션에서 프레임버퍼를 사용해 그래픽과 비디오를 표시하는 방법을 설명한다.

특히 임베디드 장치에서 일부 애플리케이션은 메모리를 매핑하고 이를 직접
접근하는 방식을 통해 프레임버퍼에 접근할 수 있다. 예를 들어 gstreamer
프레임워크의 경우 Qt 그래픽 프레임워크와 마찬가지로 프레임버퍼로 작업
이 가능하다.

Qt는 C++로 작성된 크로스플랫폼 애플리케이션 프레임워크로, Digia 사가
모회사인 Qt 사와 함께 오픈소스 Qt 프로젝트에 의해 개발했다.

Qt 애플리케이션을 위해 포키는 qt4e-demo-image를 제공하며, FSL 커뮤
니티의 BSP는 qte-in-use-image를 제공한다. 이들 모두 프레임버퍼를 통
한 Qt4 확장Extended을 지원한다. 프레임워크는 하드웨어 가속도 지원하며,
비디오, OpenGL, OpenVG API를 통한 2D, 3D그래픽 가속을 지원한다.

예제 구현

Qt hello world 애플리케이션을 컴파일하기 위해 앞서 'Qt 애플리케이션 개발'
절에서 봤던 meta-custom/recipes-qt/qt-helloworld/qt-helloworld_1.0.bb 욕
토 레시피를 사용한다.

```
DESCRIPTION = "Simple QT helloworld example"
SECTION = "examples"
LICENSE = "MIT"
LIC_FILES_CHKSUM =
    "file://${COMMON_LICENSE_DIR}/MIT;md5=0835ade698e0bcf850
    6ecda2f7b4f302"

RDEPENDS_${PN} += "icu"

SRC_URI = "file://qt_hello_world.cpp \
           file://qt_hello_world.pro"

S = "${WORKDIR}"
```

```
inherit qt4e

do_install() {
    install -d ${D}${bindir}
    install -m 0755 qt_hello_world ${D}${bindir}
}
```

meta-custom/recipes-qt/qt-helloworld/qt-helloworld-1.0/qt_hello_world.cpp 소스 파일은 다음과 같다.

```
#include <QApplication>
#include <QPushButton>

int main(int argc, char *argv[])
{
    QApplication app(argc, argv);

    QPushButton hello("Hello world!");

    hello.show();
    return app.exec();
}
```

그리고 meta-custom/recipes-qt/qt-helloworld/qt-helloworld-1.0/qt_hello_world.pro 파일은 다음과 같다.

```
SOURCES += \
    qt_hello_world.cpp
```

다음을 conf/local.conf 파일에 넣고 애플리케이션을 이미지에 추가한다.

```
IMAGE_INSTALL_append = " qt-helloworld"
```

이미지를 빌드한다.

```
$ bitbake qt4e-demo-image
```

SD 카드에 이미지를 넣고 완드보드에서 부팅해 로그인 후 애플리케이션을 다음과 같이 실행한다.

```
# qt_hello_world -qws
```

서버 애플리케이션을 실행하려면 -qws 명령어 옵션을 사용해야 한다.

예제 분석

프레임버퍼 장치는 /dev에 있다. 기본 프레임버퍼 장치는 /dev/fb0이다. 그리고 하드웨어에서 하나 이상의 프레임버퍼를 지원할 경우 순서대로 번호가 붙여진다.

기본적으로 완드보드는 2개의 프레임버퍼 장치, fb0와 fb1을 가지고 부팅한다. 첫 번째 장치는 기본 비디오 표시이며, 두 번째 장치는 화면에서 콘텐츠를 조합하기 위해 사용하는 오버레이 평면이다.

i.MX6 SoC는 4개까지 디스플레이를 지원해 2개의 오버레이 프레임버퍼 외에 최대 프레임버퍼 4개까지 사용할 수 있다.

애플리케이션에서 사용할 기본 프레임버퍼를 FRAMEBUFFER 환경 변수로 변경할 수 있다. 예를 들어 하드웨어가 여러 개의 프레임버퍼를 지원한다면 두 번째 장치를 사용하게 다음을 실행한다.

```
# export FRAMEBUFFER=/dev/fb1
```

프레임버퍼 장치는 사상된 메모리며, 파일 오퍼레이션을 수행할 수 있다. 예를 들어 다음 명령어를 수행하면 스크린상의 콘텐츠를 지울 수 있다.

```
# cat /dev/zero > /dev/fb0
```

복사를 위해 다음과 같이 실행한다.

```
# cat /dev/fb0 > fb.raw
```

복사한 내용을 복구하고 싶다면 다음을 수행한다.

```
# cat fb.raw > /dev/fb0
```

사용자 공간 프로그램은 ioctl이나 콘솔에서 fbset 애플리케이션을 사용해 프레임버퍼를 조회하거나 설정을 조작할 수 있다. fbset은 BusyBox 애플릿으로서 욕토 코어 이미지에 포함돼 있다.

```
# fbset -fb /dev/fb0
mode "1920x1080-60"
        # D: 148.500 MHz, H: 67.500 kHz, V: 60.000 Hz
        geometry 1920 1080 1920 1080 24
        timings 6734 148 88 36 4 44 5
        accel false
        rgba 8/16,8/8,8/0,0/0
endmode
```

video 커맨드라인 옵션을 U-Boot 부트로더에서 리눅스 커널로 전달해 특정 해상도, 픽셀당 비트 수, 재생률과 함께 프레임버퍼 HDMI 장치를 구성할 수 있다. 형식은 장치의 프레임버퍼 드라이버 장치에 따라 다르며, 완드보드에서는 다음과 같다.

```
video=mxcfbn:dev=hdmi,<xres>x<yres>M[@rate]
```

각 인자는 다음과 같다.

- n은 프레임버퍼 숫자다.

- xres는 수평 해상도다.

- yres는 수직 해상도다.

- M은 룩업look-up 테이블 대신 VESA 조정 비디오 타이밍을 사용하게 명시하는 것이다.

- rate는 재생률이다.

예를 들어 fb0에 관해 다음과 같이 설정할 수 있다.

```
video=mxcfb0:dev=hdmi,1920x1080M@60
```

 비활성 시간이 지나 가상 콘솔이 꺼진 후에 디스플레이를 활성화하려면 다음과 같이
수행하면 된다.

```
# echo 0 > /sys/class/graphics/fb0/blank
```

부연 설명

FSL 커뮤니티의 BSP 레이어는 gstreamer 프레임워크가 포함돼 있는 fsl-
image-multimedia 타깃 이미지를 제공하며, 이는 i.MX6 SoC에서의 하
드웨어 가속 기능을 활용하는 플러그인을 포함하고 있다. fsl-image-
multimedia-full 이미지도 제공하며, 이는 지원되는 gstreamer 플러그
인까지 확장해 포함하고 있다.

프레임버퍼를 지원하는 fsl-image-multimedia 이미지를 빌드하려면 conf/
local.conf에 다음을 추가해 그래픽 배포 특성을 제거해야 한다.

```
DISTRO_FEATURES_remove = "x11 directfb wayland"
```

그리고 다음 명령어로 이미지를 빌드한다.

```
$ bitbake fsl-image-multimedia
```

tmp/deploy/images 디렉토리에 있는 빌드된 fsl-image-multimedia-
wandboard-quad.sdcard 이미지를 마이크로SD 카드에 올려 부팅할 수
있다.

기본 완드보드 디바이스 트리에서 mxcfb1 노드는 다음과 같이 정의한다.

```
mxcfb1: fb@0 {
    compatible = "fsl,mxc_sdc_fb";
    disp_dev = "hdmi";
```

```
    interface_pix_fmt = "RGB24";
    mode_str ="1920x1080M@60";
    default_bpp = <24>;
    int_clk = <0>;
    late_init = <0>;
};
```

따라서 1920x1080 HDMI 모니터에 연결하면 포키 로그인 프롬프트와 함께
가상 터미널을 볼 수 있다.

gstreamer 파이프라인을 구성하는 데 gstreamer 커맨드라인 도구인
gst-launch를 사용한다. 예를 들면 하드웨어 가속된 비디오를 프레임버퍼에
서 보여주기 위해 Big Bunny 티저 풀 HD 파일을 다운로드하고 gstreamer
프레임워크의 gst-launch 커맨드라인 도구를 다음과 같이 실행해 프레임
버퍼에서 재생할 수 있다.

```
# cd /home/root
# wget
  http://video.blendertestbuilds.de/download.blender.org/peach/
  trailer_1080p.mov
# gst-launch playbin2 uri=file:///home/root/trailer_1080p.mov
```

비디오는 프리스케일^{Freescale}의 h.264 디코더 플러그인 vpudec을 사용하며,
이는 h.264 비디오를 디코딩하기 위해 i.MX6 SoC에 내장된 하드웨어 비디
오 처리 유닛을 활용한다.

사용 가능한 i.MX6 플러그인 리스트를 다음과 같이 확인할 수 있다.

```
# gst-inspect | grep imx
h264.imx:  mfw_h264decoder: h264 video decoder
audiopeq.imx:  mfw_audio_pp: audio post equalizer
aiur.imx: webm: webm
aiur.imx:  aiurdemux: aiur universal demuxer
mpeg2dec.imx:  mfw_mpeg2decoder: mpeg2 video decoder
tvsrc.imx:  tvsrc: v4l2 based tv src
```

```
ipucsc.imx:  mfw_ipucsc: IPU-based video converter
mpeg4dec.imx:  mfw_mpeg4aspdecoder: mpeg4 video decoder
vpu.imx:  vpudec: VPU-based video decoder
vpu.imx:  vpuenc: VPU-based video encoder
mp3enc.imx:  mfw_mp3encoder: mp3 audio encoder
beep.imx: ac3: ac3
beep.imx: 3ca: ac3
beep.imx:  beepdec: beep audio decoder
beep.imx:  beepdec.vorbis: Vorbis decoder
beep.imx:  beepdec.mp3: MP3 decoder
beep.imx:  beepdec.aac: AAC LC decoder
isink.imx:  mfw_isink: IPU-based video sink
v4lsink.imx:  mfw_v4lsink: v4l2 video sink
v4lsrc.imx:  mfw_v4lsrc: v4l2 based camera src
amrdec.imx:  mfw_amrdecoder: amr audio decoder
```

참고 사항

- 프레임버퍼 API는 리눅스 커널 문서 https://www.kernel.org/doc/Documentation/fb/api.txt에 있다.

- 임베디드 리눅스를 위한 Qt에 관한 정보는 http://qt-project.org/doc/qt-4.8/qt-embedded-linux.html에 있다.

- gstreamer 0.10 프레임워크에 대한 문서는 http://www.freedesktop.org/software/gstreamer-sdk/data/docs/2012.5/gstreamer-0.10/에 있다.

X 윈도우 시스템 사용

X 윈도우 시스템은 디스플레이에서 창을 그리고 움직이며, 마우스, 키보드, 터치스크린 같은 입력 장치와 상호작용하는 GUI 환경을 위한 프레임워크를 제공한다. X11이 20년 넘게 사용한 프로토콜 버전이어서 X11로도 알려져 있다.

X 윈도우 시스템을 위한 레퍼런스 구현은 X.Org 서버며, MIT와 같은 방임적 라이선스를 따른다. 이는 클라이언트/서버 모델을 사용한다. 서버는 여러 클라이언트 프로그램과 통신하며 사용자 입력을 제공하고, 그래픽 출력을 받아 처리한다. X11 프로토콜은 서버와 클라이언트가 서로 다른 머신에서 실행할 수 있게 네트워크 투명성을 제공한다. 그러나 주로 서버와 클라이언트는 동일한 머신에서 실행하며, 로컬 소켓으로 통신한다.

X11에서 버튼이나 메뉴 스타일 같은 사용자 인터페이스 명세를 정의하지 않는다. KDE나 그놈^{Gnome} 등과 같이 일반적인 데스크톱 환경의 일부인 윈도우 관리 애플리케이션에 위임한다.

X11은 하드웨어를 제어하기 위한 입력 드라이버와 비디오 드라이버를 갖고 있다. 예를 들어 가속되지 않는 리눅스 프레임버퍼로 출력 가능한 프레임버퍼 드라이버인 fbdev를 포함하며, 마우스, 키보드, 태블릿, 터치스크린을 지원하기 위한 범용 리눅스 입력 장치 드라이버인 evdev를 갖고 있다.

X11 윈도우 시스템의 구조는 임베디드 장치에서 사용하기에 무겁다. 쿼드 코어 i.MX6 같이 성능이 좋은 디바이스에서 문제없이 사용할 수 있지만, 대다수의 임베디드 장치에서는 다른 그래픽 시스템 대안을 사용한다. 그러나 대부분의 데스크톱 환경에서는 X11 윈도우 시스템에서 동작하는 그래픽 애플리케이션이 많다.

FSL 커뮤니티의 BSP 레이어는 i.MX6 SoC를 위해 하드웨어 가속된 X 비디오 xf86-video-imxfb-vivante 드라이버를 제공하며, core-image-sato 타깃 이미지와 그래픽 이미지는 이를 포함하고 있다.

X 서버는 /etc/X11/xorg.conf 파일에 가속된 장치를 다음과 같이 구성한다.

```
Section "Device"
```

```
    Identifier    "i.MX Accelerated Framebuffer Device"
    Driver        "vivante"
    Option        "fbdev"        "/dev/fb0"
    Option        "vivante_fbdev" "/dev/fb0"
    Option        "HWcursor"     "false"
EndSection
```

i.MX6 SoC에 포함된 비반테^{Vivante} GPU에 의해 그래픽 가속을 지원한다.
저수준의 X11 개발은 권장하지 않으며, GTK+나 Qt 같은 툴킷 사용을 권장
한다. 두 가지 유형의 그래픽 애플리케이션을 욕토 타깃 이미지에 통합하는
방법을 설명한다.

예제 구현

SATO는 그놈 모바일과 임베디드^{GMAE, Gnome Mobile and Embedded}를 기반으로 한
포키 배포의 기본적인 비주얼 스타일이다. 이는 매치박스 윈도우 관리자
^{matchbox-window-manager}를 사용하는 GTK+ 기반의 데스크톱 환경이다. 한 번에
하나의 전체 화면 창을 보여주는 특성이 있다.

GTK hello world 애플리케이션을 빌드하기 위한 meta-custom/recipes-
graphics/gtk-helloworld/gtk-helloworld-1.0/gtk_hello_world.c 파일은 다
음과 같다.

```
#include <gtk/gtk.h>

int main(int argc, char *argv[])
{
    GtkWidget *window;
    gtk_init (&argc, &argv);

    window = gtk_window_new (GTK_WINDOW_TOPLEVEL);

    gtk_widget_show (window);
    gtk_main ();
```

```
    return 0;
}
```

다음의 meta-custom/recipes-graphics/gtk-helloworld/gtk-helloworld_1.0.bb
레시피를 사용한다.

```
DESCRIPTION = "Simple GTK helloworld application"
SECTION = "examples"
LICENSE = "MIT"
LIC_FILES_CHKSUM = "file://${COMMON_LICENSE_DIR}/MIT;md5=0835a
    de698e0bcf8506ecda2f7b4f302"

SRC_URI = "file://gtk_hello_world.c"

S = "${WORKDIR}"

DEPENDS = "gtk+"

inherit pkgconfig

do_compile() {
    ${CC} gtk_hello_world.c -o helloworld `pkg-config --cflags --
    libs gtk+-2.0`
}
do_install() {
    install -d ${D}${bindir}
    install -m 0755 helloworld ${D}${bindir}
}
```

core-image-sato 이미지에 다음과 같이 패키지를 추가한다.

```
IMAGE_INSTALL_append = " gtk-helloworld"
```

빌드하고 프로그램해 애플리케이션을 시리얼 터미널에서 다음과 같이 실행
한다.

```
# export DISPLAY=:0
# helloworld
```

Qt 프레임워크에서 그래픽 가속 출력을 지원한다. qt4e-demo-iamge 타깃처럼 프레임버퍼를 직접 사용하거나 core-image-sato에서 사용 가능한 X11 서버를 사용할 수 있다.

앞 절에서 소개한 Qt hello world 소스를 X11에서 사용하게 빌드하기 위해 다음과 같이 meta-custom/recipes-qt/qtx11-helloworld/qtx11-helloworld_1.0.bb 레시피를 사용한다.

```
DESCRIPTION = "Simple QT over X11 helloworld example"
SECTION = "examples"
LICENSE = "MIT"
LIC_FILES_CHKSUM = "file://${COMMON_LICENSE_DIR}/MIT;md5=0835ade6
    98e0bcf8506ecda2f7b4f302"

RDEPENDS_${PN} += "icu"

SRC_URI = "file://qt_hello_world.cpp \
           file://qt_hello_world.pro"

S = "${WORKDIR}"

inherit qt4x11

do_install() {
   install -d ${D}${bindir}
   install -m 0755 qt_hello_world ${D}${bindir}
}
```

다음과 같이 Qt4 프레임워크와 애플리케이션을 타깃 이미지에 추가한다.

```
EXTRA_IMAGE_FEATURES += "qt4-pkgs"
IMAGE_INSTALL_append = " qtx11-helloworld"
```

core-image-sato를 다음과 같이 빌드한다.

```
$ bitbake core-image-sato
```

이미지를 타깃에 올려 부팅하고 애플리케이션을 실행한다.

```
# export DISPLAY=:0
# qt_hello_world
```

참고 사항

- X.Org 서버에 관한 정보는 http://www.x.org에 있다.

- Qt 애플리케이션 프레임워크 문서는 https://qt-project.org/에 있다.

- GTK+에 관한 추가 정보와 관련 문서는 http://www.gtk.org에 있다.

Wayland 사용

Wayland는 X 윈도우 시스템을 대체할 목적의 디스플레이 서버 프로토콜로, MIT 라이선스를 따른다.

이 절에서는 Wayland의 개요 및 X 윈도우 시스템과 주요 차이점을 살펴보고, 욕토에서 이를 사용하는 방법을 설명한다.

준비

Wayland 프로토콜은 클라이언트/서버 모델을 따르며, 이때 클라이언트는 그래픽 애플리케이션으로서 화면의 픽셀 버퍼에 디스플레이를 요청하고, 서버나 컴포지터는 이 버퍼의 디스플레이를 제어하는 서비스를 제공한다.

Wayland 컴포지터는 리눅스 디스플레이 서버, X 윈도우 애플리케이션 또는 특별한 Wayland 클라이언트가 될 수 있다. Weston은 Wayland 프로젝트의 레퍼런스 컴포지터다. C로 구현돼 있고, 리눅스 커널 API와 동작한다. 입력 이벤트를 처리하기 위해 evdev를 필요로 한다.

Wayland는 리눅스 커널의 다이렉트 렌더링 매니저^{DRM, Direct Rendering Manager}를 사용하며, X 서버 같은 것은 필요하지 않다. 클라이언트는 Qt나 GTK+와 같은 엔진이나 렌더링 라이브러리를 사용해 컴포지터와 공유되는 버퍼에 윈도우 콘텐츠를 스스로 렌더링한다.

Wayland는 X 윈도우와 달리 망 투명성이 없지만, 유사한 기능이 추가될 가능성이 높다.

X 윈도우보다 더 나은 보안 기능을 갖고 있으며, 비밀성과 무결성을 제공하게 설계됐다. Wayland는 애플리케이션이 다른 프로그램의 입력을 보거나, 다른 입력 이벤트를 캡처하거나, 가짜 입력 이벤트를 생성하는 것을 허용하지 않는다. 이것은 윈도우 출력 보호 범위를 넘어서 더 우수한 것이다. 하지만 데스크톱 X 시스템상에서 사용하는 스크린 캡처나 프로그램 접근성의 공통된 기능 등을 제공하는 방법이 없음을 의미하기도 한다.

X.Org보다 가볍고 보안성이 좋은 Wayland는 임베디드 시스템에 활용하기 좋다. 하위 호환성을 위해 X.Org를 Wayland의 클라이언트로 동작하는 것도 가능하다.

그러나 Wayland는 X11처럼 확실히 자리 잡고 있지 않기 때문에 Wayland 기반 이미지는 포키에서 X11 기반 이미지처럼 커뮤니티의 관심을 받지는 못했다.

예제 구현

포키는 Weston 컴포지터를 포함한 core-image-weston 이미지를 제공한다.

'X 윈도우 시스템 사용' 절의 GTK hello world 예제를 간단하게 바꿔서 GTK3를 사용해 Weston으로 동작하게 한다.

```
DESCRIPTION = "Simple GTK3 helloworld application"
SECTION = "examples"
LICENSE = "MIT"
LIC_FILES_CHKSUM = "file://${COMMON_LICENSE_DIR}/MIT;md5=0835ade
    698e0bcf8506ecda2f7b4f302"

SRC_URI = "file://gtk_hello_world.c"

S = "${WORKDIR}"

DEPENDS = "gtk+3"

inherit pkgconfig

do_compile() {
    ${CC} gtk_hello_world.c -o helloworld `pkg-config --cflags --
    libs gtk+-3.0`
}

do_install() {
    install -d ${D}${bindir}
    install -m 0755 helloworld ${D}${bindir}
}
```

빌드하기 위해 conf/local.conf 내용을 다음과 같이 X11 배포 특성을 삭제
하게 구성한다.

```
DISTRO_FEATURES_remove = "x11"
```

 DISTRO_FEATURES 변수를 변경하면 tmp와 sstate-cache 디렉토리를 삭제해 처
음부터 빌드해야 한다.

이미지에 애플리케이션을 다음과 같이 추가한다.

```
IMAGE_INSTALL_append = " gtk3-helloworld"
```

그리고 다음과 같이 이미지를 빌드한다.

```
$ cd /opt/yocto/fsl-community-bsp/
$ source setup-environment wandboard-quad
$ bitbake core-image-weston
```

빌드가 끝나면 마이크로SD 카드 이미지를 tmp/deploy/images/wandboard-quad 경로에서 확인할 수 있다.

다음과 같이 애플리케이션을 실행한다.

```
# export XDG_RUNTIME_DIR=/var/run/user/root
# helloworld
```

부연 설명

FSL 커뮤니티 BSP 릴리스는 i.MX6 SoC에 포함된 비반테 GPU를 사용한 Wayland 하드웨어 가속화된 그래픽을 지원한다.

이는 Weston 컴포지터와 동작할 때 `gstreamer` 같은 애플리케이션이 하드웨어 가속화된 출력을 제공할 수 있음을 의미한다.

Clutter와 GTK3+ 같은 그래픽 툴킷에서도 Wayland를 지원할 수 있다.

참고 사항

* Wayland에 관련된 설명은 http://wayland.freedesktop.org/에 있다.

파이썬 애플리케이션 추가

욕토 1.7에서 포키는 파이썬 2와 파이썬 3 애플리케이션 빌드를 모두 지원하고 파이썬 개발 도구는 meta/recipes-devtools/python 디렉토리에 있다.

meta-openembedded의 한 부분으로서 포함된 meta-python 레이어에서
다양한 파이썬 애플리케이션을 사용할 수 있고, 필요하면 conf/bblayers.conf
파일에 추가해 meta-python 레이어를 사용할 수도 있다.

준비

파이썬 모듈을 패키징하기 위한 표준 도구는 distutils이고, 파이썬 2와
파이썬 3 모두에 포함돼 있다. 포키는 distutils 클래스(파이썬 3에서는
distutils3 클래스)를 갖고 있으며, distutils를 사용해 파이썬 패키지를 빌
드하는 데 사용한다. distutils 클래스를 사용하는 meta-python의 예로
meta-python/recipes-devtools/python/python-pyusb_1.0.0a2.bb 레시피
가 있다.

```
SUMMARY = "PyUSB provides USB access on the Python language"
HOMEPAGE = "http://pyusb.sourceforge.net/"
SECTION = "devel/python"
LICENSE = "BSD"
LIC_FILES_CHKSUM =
    "file://LICENSE;md5=a53a9c39efcfb812e2464af14afab013"
DEPENDS = "libusb1"
PR = "r1"

SRC_URI = "\
    ${SOURCEFORGE_MIRROR}/pyusb/${SRCNAME}-${PV}.tar.gz \
"
SRC_URI[md5sum] = "9136b3dc019272c62a5b6d4eb624f89f"
SRC_URI[sha256sum] =
    "dacbf7d568c0bb09a974d56da66d165351f1ba3c4d5169ab5b734266623e1736"

SRCNAME = "pyusb"
S = "${WORKDIR}/${SRCNAME}-${PV}"

inherit distutils
```

그러나 distutils는 의존성 패키지 설치, 패키지 제거 또는 여러 버전의 동일한 패키지 설치를 지원하지 않기 때문에 단순한 요구 사항에 대해서만 사용하는 것을 권장한다. 이러한 이유로 distutils를 확장하기 위해 setuptools가 개발됐다. 표준 파이썬 라이브러리에 포함되지 않았지만 포키에서 사용할 수 있다. 포키에는 파이썬 패키지 배포에 사용하는 setuptools 클래스(파이썬 3에서는 setuptools3 클래스)가 있다.

예제 구현

파이썬 hello world 예제 애플리케이션을 setuptools로 빌드하기 위해 욕토의 다음과 같은 meta-custom/recipes-python/python-helloworld/pythonhelloworld_1.0.bb를 사용한다.

```
DESCRIPTION = "Simple Python setuptools hello world application"
SECTION = "examples"
LICENSE = "MIT"
LIC_FILES_CHKSUM =
    "file://${COMMON_LICENSE_DIR}/MIT;md5=0835ade698e0bcf8506ecda2f7b4
    f302"

SRC_URI = "file://setup.py \
    file://python-helloworld.py \
    file://helloworld/__init__.py \
        file://helloworld/main.py"

S = "${WORKDIR}"

inherit setuptools

do_install_append () {
    install -d ${D}${bindir}
    install -m 0755 python-helloworld.py ${D}${bindir}
}
```

hello world 패키지 예제를 생성하려면 다음 스크린샷과 같은 디렉토리 구조를 생성해야 한다.

예제 디렉토리 구조의 코드는 다음과 같다.

```
$ mkdir -p meta-custom/recipes-python/python-helloworld/python-
  helloworld-1.0/helloworld/
$ touch meta-custom/recipes-python/python-helloworld/python-
  helloworld-1.0/helloworld/__init__.py
```

다음과 같이 meta-custom/recipes-python/python-helloworld/python-helloworld-1.0/setup.py 파이썬 setup 파일을 작성한다.

```
import sys
from setuptools import setup

setup(
    name = "helloworld",
    version = "0.1",
    packages=["helloworld"],
    author="Alex Gonzalez",
    author_email = "alex@example.com",
    description = "Hello World packaging example",
    license = "MIT",
    keywords= "example",
```

```
    url = "",
)
```

meta-custom/recipes-python/python-helloworld/python-helloworld-1.0/helloworld/main.py도 작성한다.

```
import sys

def main(argv=None):
    if argv is None:
        argv = sys.argv
    print "Hello world!"
    return 0
```

그리고 모듈을 사용한 meta-custom/recipes-python/python-helloworld/python-helloworld-1.0/python-helloworld.py 테스트 스크립트를 추가한다.

```
#!/usr/bin/env python
import sys
import helloworld.main

if __name__ == '__main__':
    sys.exit(helloworld.main.main())
```

이미지에 다음과 같이 추가한다.

```
IMAGE_INSTALL_append = " python-helloworld"
```

다음과 같이 빌드한다.

```
$ cd /opt/yocto/fsl-community-bsp/
$ source setup-environment wandboard-quad
$ bitbake core-image-minimal
```

이미지를 올리고 부팅하면 예제 스크립트를 실행해 모듈을 테스트할 수 있다.

```
# /usr/bin/python-helloworld.py
```

```
Hello world!
```

부연 설명

meta-python 안에는 pip 유틸리티를 타깃 이미지에 추가하는 python-pip
예제가 있다. 이는 **파이썬 패키지 인덱스**^{PyPI, Python Package Index}로 패키지를 설
치하는 데 사용한다.

이미지에 다음과 같이 추가할 수 있다.

```
IMAGE_INSTALL_append = " python-pip python-distribute"
```

이미지를 빌드하기 위해 conf/bblayers.conf 파일에 meta-openembedded/
meta-python 레이어를 추가해야 하며, python-pip에 필요한 python-
distribute 의존성을 추가해야 한다. 그러면 core-image-minimal 이미
지를 다음과 같이 빌드할 수 있다.

```
$ cd /opt/yocto/fsl-community-bsp/
$ source setup-environment wandboard-quad
$ bitbake core-image-minimal
```

설치가 되면 다음과 같이 타깃에서 사용할 수 있다.

```
# pip search <package_name>
# pip install <package_name>
```

오라클 자바 런타임 환경 통합

오라클은 임베디드 개발을 위해 다음과 같은 두 가지 특화된 자바 에디션을
제공한다.

- **자바 SE 임베디드** 표준 자바 SE의 데스크톱 버전의 부분집합이다. 중

간 규모의 임베디드 장치의 필요에 따른 크기와 메모리 사용량 같은 표준 에디션에 관한 최적화와 이를 적용하기 위한 것을 포함한다.

- **자바 마이크로 에디션(ME)** 헤드리스headless 저수준 범위 또는 중간 수준 범위의 장치를 대상으로 하며, **제한적 접속 장치 설정**CLDC, Connected Limited Device Configuration을 따르는 자바 SE의 부분집합이다. 임베디드 시장을 위한 추가 기능이나 도구를 포함한다. 오라클은 레퍼런스 구현을 제공하지만, 소스에서 특정 플랫폼으로 자바 ME를 개별적으로 통합해야 한다.

오라클 다운로드 사이트에서 바이너리 형태로 다운로드 가능한 자바 SE 임베디드를 중점적으로 살펴본다.

자바 SE 임베디드는 상용 라이선스며, 임베디드 배포를 위해 로열티를 지불해야 한다.

준비

욕토 `meta-oracle-java` 레이어는 공식 오라클 **자바 런타임 환경**JRE, Java Runtime Environment 버전 7 통합을 지원한다. 하지만 오라클 웹 페이지의 로그인과 라이선스에 관한 동의 같이 사용자 개입 없이 설치하는 것은 불가능하다.

자바 SE 임베디드 버전 7에서 오라클은 소프트 부동소수점과 하드 부동소수점 버전의 ARMv6/v7를 위한 헤드리스 및 헤드풀 JRE와 소프트 부동소수점 버전의 ARMv5용 JRE를 제공한다. 자바 SE 임베디드 버전 7은 ARM 리눅스를 위한 2개의 서로 다른 **자바 가상 머신**JVM을 제공한다.

- 응답성 최적화된 JVM 클라이언트
- JVM 클라이언트와 동일하지만 장시간 실행하는 애플리케이션에 최적화된 JVM 서버

이 책을 집필한 시점의 `meta-oracle-java` 레이어에는 클라이언트 JVM을 사용하는 헤드리스 하드 부동소수점 버전의 레시피만 있다. 헤드리스와 헤

드풀 하드 부동소수점 JRE를 모두 지원하며, `wandboard-quad`와 같이 i.MX6 기반 보드에서 동작 가능한 자바 7 SE 임베디드 업데이트 75를 위한 레시피가 레이어에 추가될 것이다.

자바 SE 임베디드 런타임 환경을 설치하기 위해 먼저 `meta-oracle-java`를 받아 소스 디렉토리에 포함시켜야 하며, conf/bblayers.conf에 다음을 추가해야 한다.

```
$ cd /opt/yocto/fsl-community-bsp/sources
$ git clone git://git.yoctoproject.org/meta-oracle-java
```

오라클 자바 라이선스에 관한 동의를 명시하기 위해 다음을 conf/local.conf에 추가한다.

```
LICENSE_FLAGS_WHITELIST += "oracle_java"
```

최신 버전을 사용하기 위해 meta-custom/recipes-devtools/oracle-java/oracle-jse-ejre-arm-vfphflt-client-headless_1.7.0.bb 레시피를 다음과 같이 `meta-custom` 레이어에 추가한다.

```
SUMMARY = "Oracle Java SE runtime environment binaries"

JDK_JRE = "ejre"
require recipes-devtools/oracle-java/oracle-jse.inc

PV_UPDATE = "75"
BUILD_NUMBER = "13"

LIC_FILES_CHKSUM = "\
     file://${WORKDIR}/${JDK_JRE}${PV}_${PV_UPDATE}/
COPYRIGHT;md5=0b204
  bd2921accd6ef4a02f9c0001823 \
     file://${WORKDIR}/${JDK_JRE}${PV}_${PV_UPDATE}/
```

```
THIRDPARTYLICENSERE
   ADME.txt;md5=f3a388961d24b8b72d412a079a878cdb \
      "

SRC_URI =
   "http://download.oracle.com/otn/java/ejre/7u${PV_UPDATE}-
   b${BUILD_NUMBER}/ejre-7u${PV_UPDATE}-fcs-b${BUILD_NUMBER}-linux-
   arm-vfp-hflt-client_headless-18_dec_2014.tar.gz"

SRC_URI[md5sum] = "759ca6735d77778a573465b1e84b16ec"
SRC_URI[sha256sum] =
"ebb6499c62fc12e1471cff7431fec5407ace59477abd0f48347bf6e89c6bff3b"

RPROVIDES_${PN} += "java2-runtime"
```

다음과 같이 빌드한다.

$ bitbake oracle-jse-ejre-arm-vfp-hflt-client-headless

체크섬 불일치 에러가 오라클 웹사이트의 라이선스 동의 단계에 의해 발생
한다. 이를 처리하기 위해 수작업으로 파일을 DL_DIR 프로젝트 설정 변수에
명시된 downloads 디렉토리에 다운로드한다

JRE를 타깃에 다음과 같이 추가한다.

```
IMAGE_INSTALL_append = " oracle-jse-ejre-arm-vfp-hflt-client-
   headless"
```

다음과 같이 빌드한다.

$ cd /opt/yocto/fsl-community-bsp/
$ source setup-environment wandboard-quad
$ bitbake core-image-minimal

타깃 보드에서 java를 실행해 로그를 확인한다.

 # /usr/bin/java -version
java version "1.7.0_75"

```
Java(TM) SE Embedded Runtime Environment (build 1.7.0_75-b13,
   headless)
Java HotSpot(TM) Embedded Client VM (build 24.75-b04, mixed mode)
```

다음의 meta-custom/recipes-devtools/oracle-java/oracle-jse-ejre-arm-vfphflt-client-headful_1.7.0.bb 레시피를 사용해 헤드풀 버전도 사용할 수 있다.

```
SUMMARY = "Oracle Java SE runtime environment binaries"

JDK_JRE = "ejre"
require recipes-devtools/oracle-java/oracle-jse.inc

PV_UPDATE = "75"
BUILD_NUMBER = "13"

LIC_FILES_CHKSUM = "\
     file://${WORKDIR}/${JDK_JRE}${PV}_${PV_UPDATE}/
COPYRIGHT;md5=0b204
   bd2921accd6ef4a02f9c0001823 \
     file://${WORKDIR}/${JDK_JRE}${PV}_${PV_UPDATE}/
THIRDPARTYLICENSERE
   ADME.txt;md5=f3a388961d24b8b72d412a079a878cdb \
     "

SRC_URI =
   "http://download.oracle.com/otn/java/ejre/7u${PV_UPDATE}-
   b${BUILD_NUMBER}/ejre-7u${PV_UPDATE}-fcs-b${BUILD_NUMBER}-linux-
   arm-vfp-hflt-client_headful-18_dec_2014.tar.gz"

SRC_URI[md5sum] = "84dba4ffb47285b18e6382de2991edfc"
SRC_URI[sha256sum] =
"5730ffb0ce2502b6d7b39a3cbe16137d205961224899f8380eebe3922baebc61"

RPROVIDES_${PN} += "java2-runtime"
```

그리고 타깃 이미지에 JRE를 추가한다.

```
IMAGE_INSTALL_append = " oracle-jse-ejre-arm-vfp-hflt-client-
   headful"
```

core-image-sato를 다음 명령으로 빌드한다.

```
$ cd cd /opt/yocto/fsl-community-bsp/
$ source setup-environment wandboard-quad
$ bitbake core-image-sato
```

자바 버전은 다음과 같이 출력된다.

```
# /usr/bin/java -version
java version "1.7.0_75"
Java(TM) SE Embedded Runtime Environment (build 1.7.0_75-b13)
Java HotSpot(TM) Embedded Client VM (build 24.75-b04, mixed mode)
```

부연 설명

이 책을 집필한 시점의 최신 릴리스는 자바 SE 임베디드 버전 8 업데이트 33(8u33)이다.

오라클은 JDK 다운로드를 제공하며, JDK로부터 JRE를 구성하고 생성하는 데 사용하는 호스트 도구인 jrecreate를 제공한다. 이 도구는 서로 다른 자바 가상 머신(minimal, 클라이언트, 서버)과 소프트 부동소수점 또는 하드 부동소수점을 선택할 수 있게 하며, JavaFX 같은 확장이나 로케일 외 자바 가상 머신의 여러 가지 수정을 허용한다.

오라클 자바 SE 임베디드 버전 8은 오직 ARMv7 하드 부동소수점 사용자 공간을 위한 Swing, AWT, JavaFX 헤드풀 X11 개발을 지원한다. 그리고 Freescale i.MX6 프로세서상에서 JavaFX(Swing과 AWT를 대체하기 위한 그래픽 프레임워크) 지원을 포함한다.

이 책을 집필하는 시점의 욕토는 자바 버전 8 통합을 위한 레시피를 지원하지 않는다.

오픈 자바 개발 도구 통합

오라클 자바 SE 임베디드 대신 오픈소스로는 오픈 자바 개발 도구 키트^{OpenJDK,} Open Java Development Kit를 사용하는 방법이 있다. 클래스 패스 예외 조항을 포함한 GPLv2를 따르는 자바 SE 라이선스의 오픈소스며, 이것은 애플리케이션이 GPL 라이선스 적용 없이 링크 가능함을 의미한다.

이번 절은 욕토를 사용해 오픈 JDK를 빌드하는 방법과 JRE를 타깃 이미지에 통합하는 방법을 설명한다.

준비

오픈 JDK의 주요 컴포넌트는 다음과 같다.

- 핫스팟^{HotSpot} 자바 가상 머신
- 자바 클래스 라이브러리^{JCL, Java Class Library}
- 자바 컴파일러 javac

초기에는 지적 재산권이 있는 JDK를 사용해 오픈 JDK를 빌드해야 했다. 하지만 IcedTea 프로젝트에 의해 GNU 클래스 패스, 자바를 위한 GNU 컴파일러^{GCJ}, 부트스트랩을 사용하는 오픈 JDK 빌드가 가능해졌다. 이는 웹브라우저 플러그인이나 웹 시작 구현과 같은 자바 SE에서 사용 가능한 일부 누락된 컴포넌트와 함께 오픈 JDK를 보완한다.

IcedTea를 사용한 크로스컴파일 오픈 JDK와 `meta-java` 레이어를 이용해 `meta-java`를 빌드할 수 있다.

오픈 JDK는 깃 저장소 http://git.yoctoproject.org/cgit/cgit.cgi/meta-java/에 있다.

개발 메일링 리스트인 http://lists.openembedded.org/mailman/listinfo/openembedded-devel에서 개발에 대한 논의 및 기여를 할 수 있다.

meta-java 레이어 역시 넓은 범위의 자바 라이브러리와 가상 머신을 위한 레시피 및 ant와 fastjar 애플리케이션 개발 도구를 포함한다.

예제 구현

오픈 JDK 7을 빌드하기 위해 meta-java 레이어를 다음과 같이 다운로드해야 한다.

```
$ cd /opt/yocto/fsl-community-bsp/sources/
$ git clone http://git.yoctoproject.org/cgit/cgit.cgi/meta-java/
```

이 책을 집필한 시점에는 1.7 Dizzy 브랜치가 없었기 때문에 master 브랜치를 직접 사용해야 한다.

conf/bblayers.conf 파일에 다음을 추가한다.

```
+ ${BSPDIR}/sources/meta-java \
"
```

그리고 conf/local.conf에 다음을 추가해 프로젝트를 구성한다.

```
PREFERRED_PROVIDER_virtual/java-initial = "cacao-initial"
PREFERRED_PROVIDER_virtual/java-native = "jamvm-native"
PREFERRED_PROVIDER_virtual/javac-native = "ecj-bootstrap-native"
PREFERRED_VERSION_openjdk-7-jre = "25b30-2.3.12"
PREFERRED_VERSION_icedtea7-native = "2.1.3"
```

오픈 JDK 패키지를 다음과 같이 추가한다.

```
IMAGE_INSTALL_append = " openjdk-7-jre"
```

이미지를 빌드한다.

```
$ cd /opt/yocto/fsl-community-bsp/
$ source setup-environment wandboard-quad
$ bitbake core-image-sato
```

타깃 이미지를 실행해 자바 버전을 확인한다.

```
# java -version
java version "1.7.0_25"
OpenJDK Runtime Environment (IcedTea 2.3.12) (25b30-2.3.12)
OpenJDK Zero VM (build 23.7-b01, mixed mode)
```

예제 분석

JVM을 테스트하기 위해 자바 클래스를 호스트상에서 바이트 컴파일^{byte-compile}할 수 있고 이를 타깃에 복사해 실행할 수 있다. 예를 들어 다음과 같은 간단한 HellowWorld.java 예제를 사용한다.

```
class HelloWorld {
    public static void main(String[] args) {
        System.out.println("Hello World!");
    }
}
```

호스트에서 바이트 컴파일하려면 자바 SDK 설치를 해야 한다. 우분투에서 다음을 실행해 설치한다.

```
$ sudo apt-get install openjdk-7-jdk
```

바이트 컴파일을 위해 다음을 실행한다.

```
$ javac HelloWorld.java
```

실행을 위해 HelloWorld.class를 타깃에 복사하고 같은 디렉토리에서 실행한다.

```
# java HelloWorld
```

오픈 JDK를 제품 시스템에서 사용할 때 버그나 보안 이슈에 관한 개선 사항이 포함된 최신 버전을 사용할 것을 권장한다. 이 책을 집필한 시점에는 오픈 JDK 7 업데이트 71(jdk7u71b14) 버전이 최신 배포 버전이며, 아이스드티 2.5.3을 사용해 빌드 가능하기 때문에 `meta-java` 레시피는 업데이트돼야 한다.

- 오픈 JDK에 관한 최신 정보는 http://openjdk.java.net에 있다.

자바 애플리케이션 통합

`meta-java` 레이어는 자바 라이브러리와 애플리케이션을 욕토로 쉽게 통합하기 위한 헬퍼 클래스를 제공한다. 이번 절에서는 이 클래스를 사용해 자바 라이브러리를 빌드하는 예제를 설명한다.

`meta-java` 레이어는 자바 애플리케이션과 라이브러리를 통합하기 위한 두 개의 주요 클래스를 제공한다.

- **java bbclass** 기본 타깃 디렉토리와 보조 함수를 제공한다.
  - □ **oe_jarinstall** JAR 파일과 심벌릭 링크를 설치한다.
  - □ **oe_makeclasspath** JAR 파일명으로 클래스 경로 문자열을 생성한다.
  - □ **oe_java_simple_wrapper** 셸 스크립트에서 자바 애플리케이션을 래핑한다.

- **java-library bbclass** JAR 파일을 생성하기 위해 java bbclass를 상속받은 확장 클래스다.

예제 구현

그래픽 스윙 hello world 예제인 meta-custom/recipes-java/java-helloworld/ java-helloworld-1.0/HelloWorldSwing.java 파일을 사용한다.

```java
import javax.swing.JFrame;
import javax.swing.JLabel;

public class HelloWorldSwing {
    private static void createAndShowGUI() {
        JFrame frame = new JFrame("Hello World!");
        frame.setDefaultCloseOperation(JFrame.EXIT_ON_CLOSE);
        JLabel label = new JLabel("Hello World!");
        frame.getContentPane().add(label);

        frame.pack();
        frame.setVisible(true);
    }
    public static void main(String[] args) {
        javax.swing.SwingUtilities.invokeLater(new Runnable() {
            public void run() {
                createAndShowGUI();
            }
        });
    }
}
```

HelloWorldSwing 애플리케이션을 통합하기 위해 욕토의 meta-custom/ recipes-java/java-helloworld/java-helloworld_1.0.bb 파일을 사용할 수 있다.

```
DESCRIPTION = "Simple Java Swing hello world application"
SECTION = "examples"
```

```
LICENSE = "MIT"
LIC_FILES_CHKSUM =
"file://${COMMON_LICENSE_DIR}/MIT;md5=0835ade698e0b
    cf8506ecda2f7b4f302"

RDEPENDS_${PN} = "java2-runtime"

SRC_URI = "file://HelloWorldSwing.java"

S = "${WORKDIR}"

inherit java-library

do_compile() {
    mkdir -p build
    javac -d build `find . -name "*.java"`
    fastjar cf ${JARFILENAME} -C build .
}

BBCLASSEXTEND = "native"
```

이 레시피도 호스트 네이티브 아키텍처로 빌드할 수 있다. native 클래스를 상속받아 java-helloworld-native 레시피를 만들거나, 앞의 레시피와 같이 BBCLASSEXTNED 변수를 사용하면 된다. 두 가지 경우 모두 네이티브와 타깃 기능을 구별하기 위해 _class-native와 _class-target 재정의 override를 사용할 수 있다.

자바는 바이트 컴파일돼 타깃 및 호스트용 컴파일된 클래스가 모두 같을지라도 명시적으로 네이티브 지원을 추가하는 것이 명확하다.

예제 분석

java-library 클래스는 lib<패키지>-java 이름을 갖는 라이브러리 패키지를 생성한다. 라이브러리 패키지를 타깃 이미지에 추가하기 위해 다음을 사용한다.

```
IMAGE_INSTALL_append = " libjava-helloworld-java"
```

애플리케이션을 실행하기 위해 오라클 JRE를 사용할지 OpenJDK를 사용할지 결정할 수 있다. OpenJDK를 사용할 경우 다음과 같이 이미지에 추가한다.

```
IMAGE_INSTALL_append = " openjdk-7-jre openjdk-7-common"
```

오라클 JRE를 사용하려면 다음과 같이 추가한다.

```
IMAGE_INSTALL_append = " oracle-jse-ejre-arm-vfp-hflt-client-
    headful"
```

적용될 JRE가 프레임버퍼나 Wayland에서 동작하지 않기 때문에 X11 그래픽을 지원하는 `core-image-sato` 이미지를 사용한다.

```
$ cd /opt/yocto/fsl-community-bsp/
$ source setup-environment wandboard-quad
$ bitbake core-image-sato
```

부팅 후 타깃에 로그인하고 OpenJDK를 사용한 예제를 다음과 같이 실행할 수 있다.

```
# export DISPLAY=:0
# java -cp /usr/share/java/java-helloworld.jar HelloWorldSwing
```

부연 설명

이 책을 집필한 시점에 `meta-java` 레이어의 master 브랜치에서 빌드된 OpenJDK는 X11 애플리케이션을 실행힐 수 없어 다음과 같은 예외 처리 에러가 발생한다.

```
Exception in thread "main" java.awt.AWTError: Toolkit not found:
    sun.awt.X11.XToolkit
        at java.awt.Toolkit$2.run(Toolkit.java:875)
        at java.security.AccessController.doPrivileged(Native
```

```
Method)
    at java.awt.Toolkit.getDefaultToolkit(Toolkit.java:860)
    at java.awt.Toolkit.getEventQueue(Toolkit.java:1730)
    at java.awt.EventQueue.invokeLater(EventQueue.java:1217)
    at javax.swing.SwingUtilities.invokeLater(SwingUtilities.
java:1287)
    at HelloWorldSwing.main(HelloWorldSwing.java:17)
```

반면 미리 빌드된 오라클 JRE는 다음과 같이 에러 없이 실행할 수 있다.

 # export DISPLAY=:0
 # /usr/bin/java -cp /usr/share/java/java-helloworld.jar
  HelloWorldSwing

 오라클 JRE를 가지고 패키지를 빌드할 때 에러가 발생한다면 ipk와 같은 다른 패키지 형식을 사용하도록 conf/local.conf 파일에 다음을 추가해볼 수 있다.

```
PACKAGE_CLASSES = "package_ipk"
```

이는 레이어의 README 파일에 설명된 바와 같이 RPM 패키지 관리자에 의한 meta-oracle-java 레이어의 의존성 문제 때문이다.

5

디버깅, 추적, 프로파일

5장에서 다루는 내용은 다음과 같다.

- 코어 덤프 분석

- 네이티브 GDB 디버깅

- 크로스 GDB 디버깅

- 애플리케이션 디버깅을 위한 strace 사용

- 커널 성능 카운터 사용

- 정적 커널 추적

- 동적 커널 추적

- 동적 커널 이벤트 사용

- 욕토의 추적과 프로파일링 도구

- perf를 사용한 추적 및 프로파일링

- SystemTap 사용

- 오프로파일Oprofile 사용

- LTTng 사용

- blktrace 사용

소개

임베디드 리눅스에서 디버깅은 개발 중인 제품과 배포한 시스템에서도 많이 이뤄진다.

임베디드 리눅스에서 애플리케이션 디버깅은 운영체제와 애플리케이션에서 같은 주소 영역을 공유하는 평면 메모리 모델을 사용하지 않는다는 점에서 전통적인 임베디드 디바이스의 디버깅과 다르다. 대신 리눅스 운영체제에서 주소 영역을 공유하고 실행 중인 프로세스에 가상 메모리 영역을 할당하는 가상 메모리 모델을 사용한다.

가상 메모리 모델에서 커널과 사용자 공간 디버깅을 위해 사용하는 메커니즘은 다르다. 예를 들어 JTAG 기반 하드웨어 디버거를 사용하는 전통적인 모델은 커널 디버깅에 유용하다. 그러나 사용자 공간 프로세스 메모리 매핑을 모르면 사용자 공간 애플리케이션을 디버깅하지 못한다.

애플리케이션 디버깅은 사용자 공간 디버거 서비스를 사용해 접근한다. 앞에서 이클립스 GDB에서 사용하는 TCF 에이전트로 동작하는 예제를 이미 살펴봤다. 일반적으로 많이 사용하는 다른 에이전트는 5장에서 설명하는 gdbserver다.

5장에서는 추적tracing과 프로파일링profiling을 설명한다. 추적은 빈번한 시스템 이벤트의 저수준 로깅이고, 프로파일링은 캡처한 추적을 통계적으로 분석한 것이다.

시스템을 추적하고 프로파일링을 하기 위해 임베디드 리눅스와 욕토Yocto에서 제공하는 도구를 사용한다.

코어 덤프 분석

광범위한 품질 보증 테스트를 한 후에도 판매한 임베디드 시스템에 문제가 발생하고 디버깅이 필요하다. 실험 환경에서 문제를 쉽게 재연하기도 어려

위 최종 생산 단계에 남겨지는 경우도 있다.

앞에서 언급한 시나리오로 시스템을 디자인했다고 가정하면 일반적으로 디버깅을 위해 가장 먼저 하는 것은 문제가 발생한 시스템에서 최대한 많은 정보를 얻어내는 것이다. 오동작한 프로세스의 코어 덤프core dump를 받아서 분석하는 것이 한 예다.

준비

임베디드 리눅스 시스템 디버깅은 표준 리눅스 시스템과 같은 툴박스를 사용한다. 그중 하나의 도구는 문제가 발생하면 메모리 코어 덤프를 생성하기 위해 애플리케이션을 활성화한다. 애플리케이션 전체 메모리 맵을 저장하기 위한 충분한 디스크 공간이 있어야 하고, 시스템이 멈추기 전까지 디스크에 기록해야 한다.

메모리 코어 덤프를 만들면 코어 덤프를 분석하기 위해 호스트 GDB를 사용한다. GDB는 사용할 디버그 정보가 있어야 한다. 디버그 정보는 -dbg 버전의 패키지를 설치하거나 바이너리의 스트립strip을 비활성화해 바이너리 자체에 포함시키거나 별도의 파일로 디버그 정보를 분리한다. 실행 파일과 별도로 디버그 정보를 설치하기 위해 dbg-pkgs를 사용한다. 기본적으로 실행 파일과 같은 위치의 .debug 디렉토리에 패키지의 디버그 정보를 설치한다. 타깃 이미지의 모든 패키지에 디버그 정보를 추가하기 위해 conf/local.conf 설정 파일에 다음과 같이 추가한다.

```
EXTRA_IMAGE_FEATURES += "dbg-pkgs"
```

4장의 'SDK 준비와 사용' 절에서 설명한 대로 파일 시스템에 맞는 툴체인을 빌드한다. 코어 덤프는 문제가 발생할 때 사용한 실행 파일과 라이브러리에 대한 빌드 ID를 포함한다. 따라서 툴체인과 타깃 이미지가 일치하게 하는 것이 중요하다.

`ulimit` 도구를 사용해 시스템 전체 자원의 한계를 표시한다. 애플리케이션 코어 덤프 생성을 방지하게 기본 값은 0으로 설정돼 있다. 문제가 발생한 시스템의 테스트 환경에서 충돌 발생 시 애플리케이션 메모리 코어 덤프를 하기 위해 다음과 같이 실행한다.

```
$ ulimit -c unlimited
```

다음과 같이 수정 사항을 확인한다.

```
$ ulimit -a
-f: file size (blocks)          unlimited
-t: cpu time (seconds)          unlimited
-d: data seg size (kb)          unlimited
-s: stack size (kb)             8192
-c: core file size (blocks)     unlimited
-m: resident set size (kb)      unlimited
-l: locked memory (kb)          64
-p: processes                   5489
-n: file descriptors            1024
-v: address space (kb)          unlimited
-w: locks                       unlimited
-e: scheduling priority         0
-r: real-time priority          0
```

실제 세그먼트 실패segmentation fault 시나리오를 살펴보기 위해 `wvdial` 애플리케이션을 예제로 사용한다. 이 예제의 목적은 애플리케이션 자체를 디버깅하는 것은 아니고 코어 덤프 분석을 위해 사용하는 방법을 보여주는 것이다. 따라서 특정 애플리케이션 설정과 시스템 설치에 관한 세부 사항은 설명하지는 않지만, 좀 더 실제 사례에 가깝다.

타깃에서 `wvdial`을 실행하기 위해 다음 코드를 사용한다.

```
# wvdial
--> WvDial: Internet dialer version 1.61
--> Initializing modem.
--> Sending: ATZ
ATZ
OK
--> Sending: ATQ0 V1 E1 S0=0 &C1 &D2 +FCLASS=0
ATQ0 V1 E1 S0=0 &C1 &D2 +FCLASS=0
OK
--> Sending: AT+CGDCONT=1,"IP","internet"
AT+CGDCONT=1,"IP","internet"
OK
--> Modem initialized.
--> Idle Seconds = 3000, disabling automatic reconnect.
Segmentation fault (core dumped)
```

이 애플리케이션은 같은 디렉토리에 코어 파일을 생성한다. 호스트 시스템
에서 분석하기 위해 코어 파일을 복사한다.

 실행 중인 프로세스에 SIGQUIT 신호를 보내 코어 덤프를 시뮬레이션할 수도 있다.
예를 들어 다음과 같이 코어 덤프를 위해 SIGQUIT 신호를 sleep 명령어에 보낼 수
있다.

```
$ ulimit -c unlimited

$ sleep 30 &

$ kill -QUIT <sleep-pid>
```

예제 분석

코어 덤프 파일을 갖고 있으면 호스트 시스템에서 덤프 파일을 로딩하고 역
추적backtrace 같은 유용한 정보를 얻기 위해 다음과 같이 크로스 GDB를 사용
한다.

1. 호스트 환경을 설정한다.

```
$ cd /opt/poky/1.7.1/
$ source environment-setup-cortexa9hf-vfp-neon-poky-linux-
  gnueabi
```

2. 디버그 버전의 애플리케이션을 사용해 크로스 GDB를 시작한다. 디버
   그 버전은 sysroot에 파일이 있고, 같은 위치의 .debug 디렉토리에
   스트립되지 않은 바이너리도 있다.

   이 예제에서는 전체 GDB 배너를 보여주지만, 다음부터는 생략한다.

```
$ arm-poky-linux-gnueabi-gdb /opt/yocto/fsl-community-
  bsp/wandboard-quad/tmp/work/cortexa9hf-vfp-neon-poky-
  linux-gnueabi/wvdial/1.61-r0/packages-split/wvdial-
  dbg/usr/bin/.debug/wvdial core
GNU gdb (GDB) 7.7.1
Copyright (C) 2014 Free Software Foundation, Inc.
License GPLv3+: GNU GPL version 3 or later <http://gnu.org/
licenses/gpl.html>
This is free software: you are free to change and redistribute
    it.
There is NO WARRANTY, to the extent permitted by law. Type
    "show copying"
and "show warranty" for details.
This GDB was configured as "--host=x86_64-pokysdk-linux --
    target=arm-poky-linux-gnueabi".
Type "show configuration" for configuration details.
For bug reporting instructions, please see:
<http://www.gnu.org/software/gdb/bugs/>.
Find the GDB manual and other documentation resources online at:
<http://www.gnu.org/software/gdb/documentation/>.
For help, type "help".
Type "apropos word" to search for commands related to "word"...
Reading symbols from /opt/yocto/fsl-community-bsp/wandboard-
    quad/tmp/work/cortexa9hf-vfp-neon-poky-linux-
```

```
gnueabi/wvdial/1.61-r0/packages-split/wvdial-
    dbg/usr/bin/.debug/wvdial...done.
[New LWP 1050]

warning: Could not load shared library symbols for 14
    libraries, e.g. /usr/lib/libwvstreams.so.4.6.
Use the "info sharedlibrary" command to see the complete
    listing.
Do you need "set solib-search-path" or "set sysroot"?
Core was generated by `wvdial'.

Program terminated with signal SIGSEGV, Segmentation fault.
#0 0x76d524c4 in ?? ()
```

3. 툴체인의 sysroot 위치를 설정한다.

```
(gdb) set sysroot /opt/poky/1.7.1/sysroots/cortexa9hf-vfp-
    neon-poky-linux-gnueabi/
Reading symbols from /opt/poky/1.7.1/sysroots/cortexa9hf-vfp-
    neon-poky-linux-gnueabi/usr/lib/libwvstreams.so.4.6...Reading
symbols from
    /opt/poky/1.7.1/sysroots/cortexa9hf-vfp-neon-poky-linux-
    gnueabi/usr/lib/.debug/libwvstreams.so.4.6...done.
done.
Loaded symbols for /opt/poky/1.7.1/sysroots/cortexa9hf-vfp-
    neon-poky-linux-gnueabi/usr/lib/libwvstreams.so.4.6
Reading symbols from /opt/poky/1.7.1/sysroots/cortexa9hf-vfp-
    neon-poky-linux-gnueabi/usr/lib/libwvutils.so.4.6...Reading
    symbols from /opt/poky/1.7.1/sysroots/cortexa9hf-vfp-neon-
    poky-linux-gnueabi/usr/lib/.debug/libwvutils.so.4.6...done.
done.
[...]
Loaded symbols for /opt/poky/1.7.1/sysroots/cortexa9hf-vfp-
    neon-poky-linux-gnueabi/lib/libdl.so.2
```

4. 다음과 같이 애플리케이션을 역추적한다.

```
(gdb) bt
```

```
#0    0x76d524c4 in WvTaskMan::_stackmaster () at
    utils/wvtask.cc:416
#1    0x00000000 in ?? ()
```

참고 사항

- http://www.gnu.org/software/gdb/documentation/에서 GDB 문서를 볼
  수 있다.

네이티브 GDB 디버깅

완드보드와 같이 강력한 성능을 가진 디바이스에서 네이티브 디버깅은 산발
적으로 발생하는 문제를 디버깅하기 위한 옵션이다. 이 절에서는 네이티브
디버깅 방법을 알아본다.

준비

네이티브 개발과 디버깅을 위해 욕토는 -dev와 -sdk 타깃 이미지를 제공한
다. -dev 이미지에 개발 도구를 추가하기 위해 tool-sdk 특성을 사용한다.
이미지에 디버그 정보와 디버그 도구를 설치하기 위해 dbg-pkgs와 tools-
debug 특성도 추가한다. 예를 들어 core-image-minimal-dev에 추가하려
면 conf/local.conf 파일에 다음을 추가한다.

```
EXTRA_IMAGE_FEATURES += "tools-sdk dbg-pkgs tools-debug"
```

core-image-minimal-dev 타깃 이미지의 개발 버전을 만들기 위해 다음
명령어를 실행한다.

```
$ cd /opt/yocto/fsl-community-bsp/
$ source setup-environment wandboard-quad
```

```
$ bitbake core-image-minimal-dev
```

그러고 나서 타깃의 개발 이미지를 다운로드한다.

예제 구현

타깃 디바이스가 부팅하면 다음 절차에 따라 네이티브 GDB로 wvdial 애플리케이션을 실행한다.

1. 타깃 명령 프롬프트에서 인자로 애플리케이션을 넣고 GDB 디버거를 실행한다.

   ```
   $ gdb wvdial
   ```

2. 애플리케이션을 실행하기 위해 GDB에게 알려준다.

   ```
   (gdb) run
   Starting program: /usr/bin/wvdial
   Cannot access memory at address 0x0
   Cannot access memory at address 0x0

   Program received signal SIGILL, Illegal instruction.
   0x7698afe8 in ?? () from /lib/libcrypto.so.1.0.0
   (gdb) sharedlibrary libcrypto
   Symbols already loaded for /lib/libcrypto.so.1.0.0
   ```

3. 다음과 같이 역추적한다.

   ```
   (gdb) bt
   #0  0x7698afe8 in ?? () from /lib/libcrypto.so.1.0.0
   #1  0x769878e8 in OPENSSL_cpuid_setup () from /lib/libcrypto.
   so.1.0.0
   #2 0x76fe715c in ?? () from /lib/ld-linux-armhf.so.3
   Cannot access memory at address 0x48535540
   ```

   코어 덤프를 분석할 때와 같은 역추적 내용이 아니다. 무슨 일이 발생했는가? 단서는 OpenSSL 라이브러리의 일부인 libcrypto에 있다.

OpenSSL은 기능과 불법적인 명령어 에러를 찾아 시스템 성능을 탐색한다. 따라서 시작할 때 보이는 SIGILL 신호는 정상이며, 계속해서 GDB를 실행한다.

4. GDB를 계속 실행한다.

```
(gdb) c
Continuing.
--> WvDial: Internet dialer version 1.61
--> Initializing modem.
--> Sending: ATZ
ATZ
OK
--> Sending: ATQ0 V1 E1 S0=0 &C1 &D2 +FCLASS=0
ATQ0 V1 E1 S0=0 &C1 &D2 +FCLASS=0
OK
--> Sending: AT+CGDCONT=1,"IP","internet"
AT+CGDCONT=1,"IP","internet"
OK
--> Modem initialized.
--> Idle Seconds = 3000, disabling automatic reconnect.

Program received signal SIGSEGV, Segmentation fault.
0x76db74c4 in WvTaskMan::_stackmaster() () from
/usr/lib/libwvbase.so.4.6
```

이제 이 결과는 이전 절에서 살펴본 코어 덤프와 같다.

부연 설명

애플리케이션을 디버깅할 때 컴파일러의 최적화 수준을 낮추는 것도 가끔은 유용하다. 이것은 애플리케이션의 성능을 떨어트리지만 디버깅 정보의 정확성을 높여 디버깅을 하기 쉽게 한다. conf/local.conf 파일에 다음 코드를 추가해 최적화를 줄이고, 디버그 정보를 추가하기 위해 빌드 시스템을 설정한다.

```
DEBUG_BUILD = "1"
```

이 설정을 사용하면 최적화 수준은 FULL_OPTIMIZATION (-O2)에서 DEBUG_OPTIMIZATION (-O -fno-omit-frame-pointer)로 내려간다. 그러나 가끔은 이것으로 충분하지 않아서 최적화를 하지 않게 전체나 특정 예제에서 DEBUG_OPTIMIZATION 변수를 재정의한다.

참고 사항

- 다음 '크로스 GDB 디버깅' 절에서 디버그에 최적화된 빌드를 사용한 예제를 보여준다.

크로스 GDB 디버깅

타깃에서 실행 중인 네이티브 gdbserver에 연결하기 위해 크로스컴파일한 GDB를 호스트 시스템에서 실행하는 것을 크로스디버깅이라고 한다. 이클립스에서 TCF[Target Communications Framework]를 사용한 점을 제외하고는 이전의 '이클립스 IDE 사용' 절에서 살펴본 것과 같은 시나리오다. 이미 호스트 시스템에 있는 것을 사용할 수 있기 때문에 크로스디버깅은 타깃 이미지에 디버그 정보가 필요 없는 장점이 있다.

이 절에서는 크로스 GDB와 gdbserver를 사용하는 방법을 설명한다.

준비

타깃 이미지에 gdbserver를 포함하기 위해 -sdk 이미지를 사용하거나 conf/local.conf 파일에 다음과 같이 이미지에 tools-debug 특성을 추가한다.

```
EXTRA_IMAGE_FEATURES += "tools-debug"
```

GDB가 공유 라이브러리와 실행 파일의 디버그 정보를 사용하게 conf/local.conf에 다음을 추가한다.

```
EXTRA_IMAGE_FEATURES += "dbg-pkgs"
```

타깃에서 실행 중인 이미지와 툴체인의 sysroot는 같아야 한다. 예를 들어 core-image-minimal 이미지를 사용한다면 툴체인은 같은 프로젝트에서 다음과 같이 만들어야 한다.

```
$ bitbake -c populate_sdk core-image-minimal
```

이 명령어를 실행하면 바이너리와 라이브러리에 디버그 정보를 포함해 sysroot를 만든다.

예제 구현

툴체인을 설치하면 gdbserver를 사용해 타깃에서 디버깅하기 위한 애플리케이션을 실행한다. 여기서는 다음 절차에 따라 wvdial을 실행한다.

1. 인자로 실행할 애플리케이션을 넣고 gdbserver를 실행한다.

   ```
   # gdbserver localhost:1234 /usr/bin/wvdial
   Process wvdial created; pid = 879
   Listening on port 1234
   ```

   gdbserver는 로컬 시스템의 1234 포트로 실행하고 원격 GDB의 연결을 기다린다.

2. 호스트 시스템에서 설치한 툴체인을 사용해 환경을 설정한다.

   ```
   $ cd /opt/poky/1.7.1/
   $ source environment-setup-cortexa9hf-vfp-neon-poky-linux-
     gnueabi
   ```

   디버깅을 위해 sysroot의 .debug 디렉토리에 있는 디버그 버전 애플리케이션의 절대 경로를 인자로 넘겨 크로스 GDB를 실행한다.

```
$ arm-poky-linux-gnueabi-gdb
  /opt/poky/1.7.1/sysroots/cortexa9hf-vfp-neon-poky-linux-
  gnueabi/usr/bin/.debug/wvdial
Reading symbols from /opt/poky/1.7.1/sysroots/cortexa9hf-vfp-
  neon-poky-linux-gnueabi/usr/bin/.debug/wvdial...done.
(gdb)
```

3. 필요한 모든 파일을 자동으로 로딩하게 GDB를 설정한다.

```
(gdb) set auto-load safe-path /
```

4. 앞 절에서 살펴봤듯이 wvdial은 디버깅 세션을 방해하는 SIGILL 신호를 보낸다. 따라서 다음과 같이 이 신호를 무시하게 설정한다.

```
(gdb) handle SIGILL nostop
```

5. 다음과 같이 1234 포트로 원격 타깃에 접속한다.

```
(gdb) target remote <target_ip>:1234
Remote debugging using 192.168.128.6:1234
Cannot access memory at address 0x0
0x76fd7b00 in ?? ()
```

6. GDB가 동적으로 로딩된 라이브러리를 찾기 위해 sysroot를 설정한다.

```
(gdb) set sysroot /opt/poky/1.7.1/sysroots/cortexa9hf-vfp-
  neon-poky-linux-gnueabi
Reading symbols from /opt/poky/1.7.1/sysroots/cortexa9hf-
  vfp-neon-poky-linux-gnueabi/lib/ld-linux-
  armhf.so.3...done.
Loaded symbols for /opt/poky/1.7.1/sysroots/cortexa9hf-vfp-
  neon-poky-linux-gnueabi/lib/ld-linux-armhf.so.3
```

7. 프로그램 실행을 계속하기 위해 c를 누른다. 타깃에서 wvdial을 계속해서 실행한다.

```
--> WvDial: Internet dialer version 1.61
--> Initializing modem.
--> Sending: ATZ
```

```
ATZ
OK
--> Sending: ATQ0 V1 E1 S0=0 &C1 &D2 +FCLASS=0
ATQ0 V1 E1 S0=0 &C1 &D2 +FCLASS=0 OK
--> Sending: AT+CGDCONT=1,"IP","internet"
AT+CGDCONT=1,"IP","internet"
OK
--> Modem initialized.
--> Idle Seconds = 3000, disabling automatic reconnect.
```

8. GDB는 호스트에서 SIGILL과 SEGSEGV 신호를 가로챈다.

```
Program received signal SIGILL, Illegal instruction.

Program received signal SIGSEGV, Segmentation fault.
0x76dc14c4 in WvTaskMan::_stackmaster () at
    utils/wvtask.cc:416
416    utils/wvtask.cc: No such file or directory.
```

9. 역추적을 한다.

```
(gdb) bt
#0  0x76dc14c4 in WvTaskMan::_stackmaster () at
    utils/wvtask.cc:416
#1  0x00000000 in ?? ()
```

제한적이지만 역추적은 애플리케이션을 디버깅하는 데 유용하다.

예제 분석

컴파일한 바이너리는 스택 프레임stack frame 정보를 생략해서 디버깅에 적합하지 않기 때문에 제한적인 역추적 내용을 보게 된다. 스택 프레임에서 정보를 유지하기 위해 conf/local.conf 설정 파일에 다음을 추가한다.

```
DEBUG_BUILD = "1"
```

이것은 다음과 같이 컴파일 플래그를 디버깅에 최적화하게 변경한다.

```
DEBUG_OPTIMIZATION = "-O -fno-omit-frame-pointer ${DEBUG_FLAGS} -
   pipe"
```

-fno-omit-frame-pointer 플래그는 gcc가 스택 프레임을 유지하게 한
다. 컴파일러에 더 좋은 디버그 환경을 제공하기 위해 최적화 수준도 낮게
한다.

또한 디버그 빌드는 다른 일반적인 디버깅 특성과 같이 변수를 추적하고 중
단점breakpoint과 감시점watchpoint을 설정할 수 있다.

다시 타깃 이미지와 툴체인을 빌드하고 설치한 후에 다음과 같이 앞 절에서
한 것과 같은 절차를 따라 한다.

1. 원격지 타깃에 연결하기 위해 다음 코드를 사용한다.

   ```
   (gdb) target remote <target_ip>:1234
   Remote debugging using 192.168.128.6:1234
   warning: Unable to find dynamic linker breakpoint function.
   GDB will be unable to debug shared library initializers
   and track explicitly loaded dynamic code.
   Cannot access memory at address 0x0
   0x76fdd800 in ?? ()
   ```

   다음과 같이 sysroot를 설정한다.

   ```
   (gdb) set sysroot /opt/poky/1.7.1/sysroots/cortexa9hf-vfp-
      neon-poky-linux-gnueabi
   Reading symbols from /opt/poky/1.7.1/sysroots/cortexa9hf-
      vfp-neon-poky-linux-gnueabi/lib/ld-linux-
      armhf.so.3...done.
   Loaded symbols for /opt/poky/1.7.1/sysroots/cortexa9hf-vfp-
      neon-poky-linux-gnueabi/lib/ld-linux-armhf.so.3
   ```

2. 설정이 끝나면 다음과 같이 계속해서 실행하도록 명령어를 준다.

   ```
   (gdb) c
   Continuing.
   ```

```
Program received signal SIGILL, Illegal instruction.

Program received signal SIGABRT, Aborted.
0x76b28bb4 in __GI_raise (sig=sig@entry=6) at
    ../sysdeps/unix/sysv/linux/raise.c:55
55    ../sysdeps/unix/sysv/linux/raise.c: No such file or
    directory.
(gdb) bt
#0  0x76b28bb4 in __GI_raise (sig=sig@entry=6) at
 ../sysdeps/unix/sysv/linux/raise.c:55
#1  0x76b2cabc in __GI_abort () at abort.c:89
#2 0x76decfa8 in __assert_fail (__assertion=0x76df4600
    "magic_number == -0x123678",
        __file=0x1 <error: Cannot access memory at address
    0x1>, __line=427,
        __function=0x76df4584
    <WvTaskMan::_stackmaster()::__PRETTY_FUNCTION__> "static
    void WvTaskMan::_stackmaster()")
        at utils/wvcrashbase.cc:98
#3  0x76dc58c8 in WvTaskMan::_stackmaster () at
    utils/wvtask.cc:427
Cannot access memory at address 0x123678
#4  0x00033690 in ?? ()
Cannot access memory at address 0x123678
Backtrace stopped: previous frame identical to this frame
    (corrupt stack?)
```

이제 완벽하게 역추적 결과를 볼 수 있다.

애플리케이션 디버깅을 위한 strace 사용

디버깅은 항상 소스코드의 동작에만 관련 있는 것은 아니다. 가끔은 외부 요인에 의해 문제가 발생하기도 한다.

strace는 설정 파일, 입력 데이터, 커널 인터페이스와 같이 바이너리 외부에서 문제를 찾는 시나리오에 대한 유용한 도구다. 이 절에서는 strace를 사용하는 방법을 설명한다.

준비

시스템에 strace를 넣기 위해 conf/local.conf 파일에 다음을 추가한다.

```
IMAGE_INSTALL_append = " strace"
```

strace는 tools-debug 이미지 특성의 일부이기 때문에 다음과 같이 추가해도 된다.

```
EXTRA_IMAGE_FEATURES += "tools-debug"
```

-sdk 이미지는 strace를 포함하기도 한다.

시작하기 전에 이름으로 프로세스 ID를 찾아 디버깅을 쉽게 하는 프로세스 유틸리티 pgrep도 추가한다. 이를 위해 conf/local.conf 설정 파일에 다음을 추가한다.

```
IMAGE_INSTALL_append = " procps"
```

예제 구현

시스템 콜^{system call}을 출력할 때 strace는 커널로 보내는 값이나 커널에서 오는 값을 출력한다. verbose 옵션으로 시스템 콜의 자세한 정보를 출력한다.

다음과 같이 단일 ping의 sendto() 시스템 콜만 필터링할 수 있다.

```
# strace -f -t -e sendto /bin/bash -c "ping -c 1 127.0.0.1"
5240 17:18:04 sendto(0,
    "\10\0;\220x\24\0\0\225m\256\355\0\0\0\0\0\0\0\0\0\0\0\0\
    0\0\0\0\ 0\0"..., 64, 0, {sa_family=AF_INET, sin_port=htons(0),
```

```
sin_addr=inet_addr("127.0.0.1")}, 28) = 64
```

예제 분석

strace는 리눅스 커널에서 실행 중인 프로세스의 시스템 콜을 모니터링할 수 있다. 이를 위해 ptrace() 시스템 콜을 사용한다. 이것은 gdb처럼 ptrace()를 사용하는 다른 프로그램과 동시에 실행할 수 없다는 것을 의미한다.

strace는 기본 동작에 영향을 크게 주는 모니터링 도구고, 모니터링에 의해 프로세스는 더 느려지며, 좀 더 많은 문맥 교환이 발생한다. 프로그램에서 strace를 실행하는 일반적인 방법은 다음과 같다.

strace -f -e <filter> -t -s<num> -o <log file>.strace <program>

인자에 대한 설명은 다음과 같다.

- **f** 모든 자식 프로세스를 추적한다.

- **e** 콤마로 구분하고 시스템 콜 결과를 필터링한다.

- **t** 절대적인 타임스탬프를 출력한다. 마지막 시스템 콜과 관련된 타임스탬프를 위해서 r을 사용하고, syscall에서 보낸 시간을 추가하기 위해 T를 사용한다.

- **s** 기본 32인 문자열의 최대 길이를 증가시킨다.

- **o** 오프라인에서 분석할 수 있게 파일로 결과를 저장한다.

다음 명령어를 사용해 실행 중인 프로세스를 strace에 붙인다.

$ strace -p $(pgrep <program>)

또는 다음 명령어를 사용해 프로세스의 여러 인스턴스를 붙인다.

$ strace $(pgrep <program> | sed 's/^/-p')

strace 동작을 취소하기 위해서는 Ctrl + C만 누르면 된다.

- http://man7.org/linux/man-pages/man1/strace.1.html에 strace의 자세한 정보가 있다.

커널 성능 카운터 사용

하드웨어 성능 카운터^{Performance Counters}는 특히 단일 워크로드의 임베디드 시스템에서 코드를 최적화하는 데 유용하다. 성능 카운터는 추적과 프로파일링 도구에서 폭넓게 사용한다. 이 절에서는 리눅스 성능 카운터 서브시스템을 소개하고 사용하는 방법을 설명한다.

준비

`linux_perf`로 알려진 리눅스 커널 성능 카운터 서브시스템^{LPC, Linux Kernel Performance Counters Subsystem}은 CPU별 성능 측정에 대한 추상화 인터페이스다.

`perf_events` 서브시스템은 CPU 하드웨어 성능 카운터와 같은 API를 사용하는 커널 소프트웨어 이벤트를 알려준다. 성능 오버헤드가 있지만, 이것은 프로세스에서 이벤트 매핑^{mapping}도 할 수 있다. 또한 모든 아키텍처에서 일반화된 이벤트를 제공한다.

다음과 같은 세 가지 주요 그룹으로 이벤트를 분류한다.

- **소프트웨어 이벤트** 커널 카운터를 기반으로 문맥 교환과 사소한 결함 주석과 같은 것을 위해 사용한다.
- **하드웨어 이벤트** 프로세서의 CPU 성능 모니터링 유닛^{PMU, Performance Monitoring Unit}에서 발생하고, 사이클 수, 캐시 실패 등과 같은 아키텍처에 특화된 항목을 추적하는 데 사용한다. 각각의 프로세스 유형에 따라 다르다.

- **하드웨어 캐시 이벤트** 실제 하드웨어 이벤트에 매핑할 때만 사용 가능한 일반적인 하드웨어 이벤트다.

perf_event 지원 여부를 알기 위해 /proc/sys/kernel/perf_event_paranoid 파일의 존재를 확인한다. 이 파일은 성능 카운터에 대한 접근을 제한하는 데 사용한다. 기본은 사용자와 커널 측정을 모두 허용하게 설정돼 있고, 다음과 같은 값을 설정할 수 있다.

- **2** 사용자 공간 측정만 허용
- **1** 사용자와 커널 공간 모두 측정 허용(기본 값)
- **0** CPU별 데이터에 접근을 허용하지만 raw tracepoint samples는 아님
- **-1** 제한 없음

i.MX6 SoC는 프로세서와 메모리의 동작에 대한 통계를 모으기 위해 6개의 카운터를 제공하는 PMU가 있는 Cortex-A9 CPU를 갖고 있다. 각각의 카운터는 58개의 가용한 이벤트 중 어떤 것이라도 모니터링할 수 있다.

Cortex-A9 기술 레퍼런스 매뉴얼에서 사용 가능한 이벤트에 대한 설명을 볼 수 있다.

i.MX6 성능 카운터는 사용자 또는 커널 공간 측정만 접근하는 것을 허용하지 않는다. 또한 이상적으로 인터럽트가 발생하는 CPU만 받게 해야 하지만, 불행히도 i.MX6 SoC 디자이너는 모든 CPU 코어에서 인터럽트를 받게 설계했다. perf_events 인터페이스를 사용하기 위해 i.MX6에서 maxcpus=1 커널 커맨드라인 인자를 넣으면 하나의 코어만 사용하게 설정할 수 있다.

하나의 코어로 부팅하게 리눅스 커널을 설정하기 위해 U-Boot 프롬프트에서 다음과 같이 mmcargs 환경 변수를 변경한다.

```
> setenv mmcargs 'setenv bootargs console=${console},${baudrate}
root=${mmcroot} ${extra_bootargs}; run videoargs'
```

```
> setenv extra_bootargs maxcpus=1
```

 mmcargs 환경 변수는 마이크로SD 카드와 같이 MMC 디바이스로 부팅할 때만 사용한다. 타깃이 네트워크와 같은 다른 소스로 부팅하면 해당 환경 변수를 변경해야 한다. printenv U-Boot 명령어로 전체 U-Boot 환경 변수를 보고 setenv로 필요한 변수를 변경할 수 있다.

예제 구현

perf 인터페이스는 ioctls를 사용해서 시작하고 멈추는 카운터로 sys_perf_event_open() 시스템 콜로 초기화하고, 원형 버퍼에서 read() 콜이나 mapping 샘플로 읽는다. 다음과 같이 perf_event_open() 시스템 콜을 정의한다.

```
#include <linux/perf_event.h>
#include <linux/hw_breakpoint.h>

int perf_event_open(struct perf_event_attr *attr,
                    pid_t pid, int cpu, int group_fd,
                    unsigned long flags);
```

C 라이브러리 래퍼가 없기 때문에 syscall()을 사용해서 호출해야 한다.

예제 분석

다음은 printf 콜의 인스드럭션 카운터를 측정하기 위해 perf_event_open man 페이지를 보고 수정한 perf_example.c 프로그램 예제다.

```
#include <stdlib.h>
#include <stdio.h>
#include <unistd.h>
#include <string.h>
```

```c
#include <sys/ioctl.h>
#include <linux/perf_event.h>
#include <asm/unistd.h>

static long
perf_event_open(struct perf_event_attr *hw_event, pid_t pid,
                int cpu, int group_fd, unsigned long flags)
{
    int ret;

    ret = syscall(__NR_perf_event_open, hw_event, pid, cpu,
                    group_fd, flags);
    return ret;
}

int
main(int argc, char **argv)
{
    struct perf_event_attr pe;
    long long count;
    int fd;

    memset(&pe, 0, sizeof(struct perf_event_attr));
    pe.type = PERF_TYPE_HARDWARE;
    pe.size = sizeof(struct perf_event_attr);
    pe.config = PERF_COUNT_HW_INSTRUCTIONS;
    pe.disabled = 1;

    fd = perf_event_open(&pe, 0, -1, -1, 0);
    if (fd == -1) {
        fprintf(stderr, "Error opening leader %llx\n", pe.config);
        exit(EXIT_FAILURE);
    }

    ioctl(fd, PERF_EVENT_IOC_RESET, 0);
    ioctl(fd, PERF_EVENT_IOC_ENABLE, 0);

    printf("Measuring instruction count for this printf\n");
```

```
    ioctl(fd, PERF_EVENT_IOC_DISABLE, 0);
    read(fd, &count, sizeof(long long));

    printf("Used %lld instructions\n", count);

    close(fd);

    return 0;
}
```

이 프로그램을 컴파일하기 위해 다음 명령어를 사용한다.

```
$ source /opt/poky/1.7.1/environment-setup-cortexa9hf-vfp-neon-poky-
  linux-gnueabi
$ ${CC} perf_example.c -o perf_example
```

타깃으로 바이너리를 복사하고 다음 코드를 실행한다.

```
# ./perf_example
Measuring instruction count for this printf
Used 0 instructions
```

printf() 호출에 어떤 명령어도 사용하지 않았다는[zero instruction] 것은 에러가 분명하다. 가능한 원인을 찾아보면 i.MX6 프로세서 문서에 PMU를 사용하려면 전원을 리셋한 후 최소 4 JTAG 클록 사이클을 수신해야 한다고 적힌 에러 보고서[ERR006259]가 있다.

JTAG를 연결하고 예제를 다시 실행한다.

```
# ./perf_example
Measuring instruction count for this printf
Used 3977 instructions
```

does not apply.

부연 설명

이전 예제에서 perf_events 인터페이스에 접근할 수 있었지만 이것을 사용하기 위해 추천하는 방법은 5장의 'perf를 사용한 추적 및 프로파일링' 절에서 설명할 perf와 같은 사용자 공간 애플리케이션을 이용하는 것이다.

참고 사항

- Cortex-A9 PMU에 대한 자세한 설명은 http://infocenter.arm.com/help/index.jsp?topic=/com.arm.doc.ddi0388f/BEHGGDJC.html에 있는 기술 레퍼런스 매뉴얼에 있다.

정적 커널 추적

매우 작은 오버헤드를 갖는 추적점tracepoint이라고 불리는 정적 프로브static probe를 이용해서 리눅스 커널을 지속적으로 측정한다. 추적점은 2장에서 설명한 함수 추적기ftracer보다 많은 정보를 기록한다. 욕토에서는 추적점을 추적과 프로파일링 도구로 사용한다.

이 절에서는 사용자 공간 도구인 정적 추적점을 독립적으로 사용하고 정의하는 방법을 설명한다.

준비

정적 추적점은 커스텀 커널 모듈이나 이벤트 추적 기능을 통해 사용할 수 있다. 커널에서 추적 특성을 활성화하면 2장의 '커널 추적 시스템 사용' 절에서 설명한 것과 같이 /sys/kernel/debug/tracing/ 디렉토리를 만든다.

이 절을 계속 설명하기 전에 앞에서 설명했던 리눅스 커널에서 함수 추적 특성을 설정해야 한다.

예제 구현

정적 추적 기능은 debugfs 파일 시스템으로 활성화한다. 다음 인터페이스들은 정적 추적 기능을 제공한다.

- 이벤트 리스트

  sysfs와 다음과 같은 하위 디렉토리에서 사용 가능한 추적점 목록을 볼 수 있다.

  ```
  # ls /sys/kernel/debug/tracing/events/
  asoc           ftrace         migrate       rcu          spi
  block          gpio           module        regmap       sunrpc
  cfg80211       header_event   napi          regulator    task
  compaction     header_page    net           rpm          timer
  drm            irq            oom           sched        udp
  enable         jbd            power         scsi         vmscan
  ext3           jbd2           printk        signal       workqueue
  ext4           kmem           random        skb          writeback
  filemap        mac80211       raw_syscalls  sock
  ```

  또는 다음과 같은 명령어를 사용해 <subsystem>:<event> 형식으로 available_events 파일에서 볼 수 있다.

  ```
  # grep 'net' /sys/kernel/debug/tracing/available_events
  net:netif_rx
  net:netif_receive_skb
  net:net_dev_queue
  net:net_dev_xmit
  ```

- 이벤트 설명

  각 이벤트는 다음과 같이 로그 이벤트에 있는 정보를 설명하는 특정 출력 형식을 갖고 있다.

```
#cat /sys/kernel/debug/tracing/events/net/netif_receive_skb/format
name: netif_receive_skb
ID: 378
format:
    field:unsigned short common_type; offset:0; size:2;
    signed:0;
    field:unsigned char common_flags; offset:2; size:1;
    signed:0;
    field:unsigned char common_preempt_count; offset:3;
    size:1; signed:0;
    field:int common_pid; offset:4; size:4; signed:1;

    field:void * skbaddr; offset:8; size:4; signed:0;
    field:unsigned int len; offset:12; size:4; signed:0;
    field:__data_loc char[] name; size:4; offset:16; signed:0;

    print fmt: "dev=%s skbaddr=%p len=%u", __get_str(name), REC-
        >skbaddr, REC->len
```

- 이벤트 활성화와 비활성화

  다음 방법으로 이벤트를 활성화하거나 비활성화할 수 있다.

  □ 이벤트 enable 파일에 0이나 1을 echo 명령어로 넣는다.

  ```
  # echo 1 >
      /sys/kernel/debug/tracing/events/net/netif_receive_skb/
  enable
  ```

  □ 디렉토리/서브시스템에서 모든 하위 시스템의 추적점을 활성화하거
    나 비활성화한다.

  ```
  # echo 1 > /sys/kernel/debug/tracing/events/net/enable
  ```

  □ set_event 파일에서 특정 추적점 이름을 echo 명령어로 넣는다.

  ```
  # echo netif_receive_skb >>
      /sys/kernel/debug/tracing/set_event
  ```

  연산자를 사용해 이전의 이벤트 내용을 지우지 않도록 한다.

□ 이름에 느낌표(!) 표시를 추가해 이벤트를 비활성화한다.

```
# echo '!netif_receive_skb' >>
    /sys/kernel/debug/tracing/set_event
```

□ 서브 시스템을 활성화/비활성화할 수 있다.

```
# echo 'net:*' > /sys/kernel/debug/tracing/set_event
```

□ 모든 이벤트를 비활성화한다.

```
# echo > /sys/kernel/debug/tracing/set_event
```

커널 커맨드라인 인자에 trace_event=<comma separated event list>를 넣어 부트에서 추적점을 활성화할 수도 있다.

● **추적 버퍼에 이벤트 추가**

추적 버퍼에 있는 추적점을 보기 위해 추적을 켠다.

```
# echo 1 > /sys/kernel/debug/tracing/tracing_on
```

추적점 이벤트는 ftrace 서브시스템에 통합돼 있다. 따라서 추적점이 활성화되면 trace 내에 나타난다. 다음 명령어를 살펴본다.

```
# cd /sys/kernel/debug/tracing
# echo 1 > events/net/netif_receive_skb/enable
# echo netif_receive_skb > set_ftrace_filter
# echo function > current_tracer
# cat trace
          <idle>-0     [000] ..s2   1858.542206:
    netif_receive_skb <-napi_gro_receive
          <idle>-0     [000] ..s2   1858.542214:
    netif_receive_skb: dev=eth0 skbaddr=dcb5bd80 len=168
```

예제 분석

추적점은 TRACE_EVENT 매크로를 사용해 추가한다. 인자로 추적점 매개변수를 넣는 커널 소스에 콜백을 추가한다. TRACE_EVENT 매크로로 추가한 추적점은 ftrace나 다른 추적기를 사용할 수 있다. 콜백은 추적기의 링 버퍼에 추적을 넣는다.

리눅스 커널에 새로운 추적점을 넣기 위해 특정 형식의 신규 헤더 파일을 정의한다. 기본적으로 추적점 커널 파일은 include/trace/events에 있지만, 다른 경로에 위치하게도 할 수 있다. 이것은 커널 모듈에 추적점을 정의할 때 유용하다.

추적점을 사용하기 위해 추적점을 추가한 파일에는 헤더 파일이 포함돼야 하고, 각 C 파일은 CREATE_TRACE_POINT를 정의해야 한다. 예를 들어 추적점과 같이 4장에서 살펴본 helloworld 리눅스 커널 모듈을 확장하기 위해 다음 코드를 meta-bsp-custom/recipes-kernel/hello-world-tracepoint/files/hello_world.c에 추가한다.

```
#include <linux/module.h>
#include "linux/timer.h"
#define CREATE_TRACE_POINTS
#include "trace.h"

static struct timer_list hello_timer;

void hello_timer_callback(unsigned long data)
{
    char a[] = "Hello";
    char b[] = "World";
    printk("%s %s\n",a,b);
    /* Insert the static tracepoint */
    trace_log_dbg(a, b);
    /* Trigger the timer again in 8 seconds */
    mod_timer(&hello_timer, jiffies + msecs_to_jiffies(8000));
}

static int hello_world_init(void)
{
```

```
    /* Setup a timer to fire in 2 seconds */
    setup_timer(&hello_timer, hello_timer_callback, 0);
    mod_timer(&hello_timer, jiffies + msecs_to_jiffies(2000));
    return 0;
}

static void hello_world_exit(void)
{
    /* Delete the timer */
    del_timer(&hello_timer);
}

module_init(hello_world_init);
module_exit(hello_world_exit);

MODULE_LICENSE("GPL v2");
```

추적점 헤더 파일은 meta-bsp-custom/recipes-kernel/hello-world-tracepoint/
files/trace.h에 포함돼 있다.

```
#undef TRACE_SYSTEM
#define TRACE_SYSTEM log_dbg

#if !defined(_HELLOWORLD_TRACE) || defined(TRACE_HEADER_MULTI_READ)
#define _HELLOWORLD_TRACE

#include <linux/tracepoint.h>

TRACE_EVENT(log_dbg,
        TP_PROTO(char *a, char *b),
        TP_ARGS(a, b),
        TP_STRUCT__entry(
                __string(a, a)
                __string(b, b)),
        TP_fast_assign(
                __assign_str(a, a);
                __assign_str(b, b);),
        TP_printk("log_dbg: a %s b %s",
```

```
                    __get_str(a), __get_str(b))
        );
#endif

/* This part must be outside protection */
#undef TRACE_INCLUDE_PATH
#undef TRACE_INCLUDE_FILE
#define TRACE_INCLUDE_PATH .
#define TRACE_INCLUDE_FILE trace
 #include <trace/define_trace.h>
```

그리고 meta-bsp-custom/recipes-kernel/hello-world-tracepoint/files/Makefile
에 있는 모듈의 Makefile은 다음과 같다.

```
obj-m    := hello_world.o
CFLAGS_hello_world.o    += -I$(src)

SRC := $(shell pwd)

all:
    $(MAKE) -C "$(KERNEL_SRC)" M="$(SRC)"

modules_install:
    $(MAKE) -C "$(KERNEL_SRC)" M="$(SRC)" modules_install

clean:
    rm -f *.o *~ core .depend .*.cmd *.ko *.mod.c
    rm -f Module.markers Module.symvers modules.order
    rm -rf .tmp_versions Modules.symvers
```

위에서 include 파일을 위해 검색 경로에 현재 디렉토리를 포함한 줄은 강조
했다.

2장의 '외부 커널 모듈 빌드' 절에서 본 것처럼 외부 모듈을 빌드한다. 연
관된 욕토 예제는 이 책과 함께 제공하는 소스에 있다. 다음 명령어를 실행
한다.

```
$ cd /opt/yocto/fsl-community-bsp/sources/meta-bsp-custom/recipes-
  kernel/hello-world-tracepoint/files/
$ source /opt/poky/1.7.1/environment-setup-cortexa9hf-vfp-neon-poky-
  linux-gnueabi
$ KERNEL_SRC=/opt/yocto/linux-wandboard make
```

완드보드의 루트 파일 시스템에서 hello_world.ko 모듈을 복사하고 다음과
같이 로드한다.

```
# insmod hello_world.ko
Hello World
```

이제 /sys/kernel/debug/tracing/events에서 새로운 log_dbg 디렉토리를 볼 수
있다. 다음과 같은 형식의 log_dbg 이벤트 추적점이 있다.

```
# cat /sys/kernel/debug/tracing/events/log_dbg/log_dbg/format
name: log_dbg
ID: 622
format:
      field:unsigned short common_type; offset:0;
   size:2; signed:0;
      field:unsigned char common_flags; offset:2;
   size:1; signed:0;
      field:unsigned char common_preempt_count; offset:3;
   size:1; signed:0;
      field:int common_pid; offset:4; size:4; signed:1;

      field:__data_loc char[] a; offset:8; size:4;
   signed:0;
      field:__data_loc char[] b; offset:12; size:4;
   signed:0;

print fmt: "log_dbg: a %s b %s", __get_str(a), __get_str(b)
```

그리고 나서 hello_timer_callbck 함수에서 ftrace를 활성화한다.

```
# cd /sys/kernel/debug/tracing
```

```
# echo 1 > events/log_dbg/log_dbg/enable
# echo 1 > /sys/kernel/debug/tracing/tracing_on
# cat trace
   <idle>-0         [000] ..s2       57.425040: log_dbg: log_dbg: a
  Hello b World
```

부연 설명

정적 추적점을 필터링할 수도 있다. 이벤트가 필터 집합과 일치하면 유지되고, 그렇지 않으면 버려진다. 이벤트에 필터가 없으면 항상 유지한다.

예를 들어 이전 코드에서 넣은 log_dbg 이벤트에 필터를 설정하면 a 또는 b 변수 중 하나와 일치할 수 있다.

```
# echo "a == \"Hello\"" >
 /sys/kernel/debug/tracing/events/log_dbg/log_dbg/filter
```

참고 사항

- 정적 추적점 이벤트에 대한 자세한 정보는 리눅스 커널 문서 https://git.kernel.org/cgit/linux/kernel/git/torvalds/linux.git/plain/Documentation/trace/events.txt에 있다.

- 스티븐 로스테트Steven Rostedt에 의해 작성된 TRACE_EVENT() 매크로를 사용하는 설명서는 http://lwn.net/Articles/379903/에서 볼 수 있다.

동적 커널 추적

kprobes는 커널 디버깅 기법으로 디버깅과 프로파일링 정보를 수집하기 위해 kprobe를 제외한 대부분의 커널 함수에 중단점을 걸 수 있다. 일부 아키텍처에서는 블랙리스트 함수 배열을 갖고 있어 kprobe를 사용할 수 없다.

하지만 ARM에서 이 리스트는 비어있다.

kprobes는 함수의 데이터나 레지스터를 변경하는 데도 사용할 수 있으므로 개발 환경에서만 사용해야 한다.

3가지 방식의 프로브가 있다.

- **kprobes** 어느 위치에나 삽입할 수 있는 커널 프로브로 필요에 따라 한 지점에 여러 개의 kprobe를 추가할 수 있다.

- **jprobe** 커널 함수의 진입 지점에 삽입해 함수의 인자에 접근할 수 있는 점퍼^{jumper} 프로브다. 주어진 위치에 오직 한 개의 jprobe만 추가할 수 있다.

- **kretprobe** 함수 리턴 지점에서 작동하는 리턴 프로브다. 또한 같은 지점에 한 개의 kretprobe를 추가할 수 있다.

이들은 프로브를 등록하는 init 함수와 이를 해제하는 exit 함수를 가진 커널 모듈로 패키지한다.

이 절에서는 모든 종류의 동적 프로브를 사용하는 방법을 설명한다.

준비

kprobes를 지원하는 리눅스 커널을 설정하려면 다음 사항이 필요하다.

- CONFIG_KPROBES 변수를 정의한다.

- 프로브를 등록하기 위해 모듈을 사용할 수 있도록 CONFIG_MODULES와 CONFIG_MODULE_UNLOAD를 정의한다

- CONFIG_KALLSYMS와 CONFIG_KALLSYMS_ALL(권장 사항)을 정의해 커널 심벌을 찾아볼 수 있게 한다.

- 선택 사항으로서 CONFIG_DEBUG_INFO 구성 변수를 정의해 함수 중간 지점을 함수 진입 지점에서의 오프셋^{offset}으로 프로브를 지정할 수 있게

한다. 다음 do_sys_open 함수에서 발췌한 것과 같이 objdump를 사용
해 삽입 지점을 찾을 수 있다.

```
arm-poky-linux-gnueabi-objdump -d -l vmlinux | grep
  do_sys_open
8010bfa8 <do_sys_open>:
do_sys_open():
8010c034:       0a000036        beq        8010c114
   <do_sys_open+0x16c>
8010c044:       1a000031        bne        8010c110
   <do_sys_open+0x168>
```

kprobes API 정의는 kprobes.h 헤더 파일에 있으며, 세 가지 종류의 프로브
에 대한 등록/등록 해제 함수와 활성화/비활성화 함수는 다음과 같다.

```
#include <linux/kprobes.h>
int register_kprobe(struct kprobe *kp);
int register_jprobe(struct jprobe *jp);
int register_kretprobe(struct kretprobe *rp);

void unregister_kprobe(struct kprobe *kp);
void unregister_jprobe(struct jprobe *jp);
void unregister_kretprobe(struct kretprobe *rp);
```

기본적으로 KPROBE_FLAG_DISABLED 플래그를 전달하는 경우를 제외하고,
kprobe 프로브는 등록 시점에 활성화된다. 다음의 함수 정의는 프로브를
활성화하거나 비활성화한다.

```
int disable_kprobe(struct kprobe *kp);
int disable_kretprobe(struct kretprobe *rp);
int disable_jprobe(struct jprobe *jp);

int enable_kprobe(struct kprobe *kp);
int enable_kretprobe(struct kretprobe *rp);
int enable_jprobe(struct jprobe *jp);
```

등록된 kprobe 프로브 목록은 debugfs를 통해 볼 수 있다.

```
$ cat /sys/kernel/debug/kprobes/list
```

다음과 같이 전역적으로 활성화하거나 비활성화한다.

```
$ echo 0/1 > /sys/kernel/debug/kprobes/enabled
```

예제 구현

등록 시점에 kprobe 프로브는 탐색할 명령어의 시작 지점에 중단점(최적화 시에는 점프)을 지정한다. 중단점에 도달하면 트랩이 발생하고 레지스터는 저장되며 제어권이 kprobes에게 넘어가 pre-handler를 호출한다. 이후 하나의 명령 단위로 실행되고 post-handler를 호출한다. 오류[fault]가 발생하면 fault handler를 호출한다. 핸들러는 원할 경우 NULL로 지정할 수 있다.

kprobe는 오프셋 필드를 이용해 함수명이나 메모리 주소를 통해 위치를 지정할 수 있지만, 두 가지 방식을 동시에 사용할 수는 없다.

 kprobes는 인터럽트 컨텍스트에서 호출할 때 함수가 느려지거나 스케줄링에 영향을 주어 문제가 될 수 있으므로 경우에 따라 디버깅에 방해가 될 수 있다.

예를 들어 kprobe 프로브를 open 시스템 콜 안에 지정하기 위해 meta-bsp-custom/recipes-kernel/open-kprobe/files/kprobe_open.c 커스텀 모듈을 사용한다.

```
#include <linux/kernel.h>
#include <linux/module.h>
#include <linux/kprobes.h>

static struct kprobe kp = {
```

```
    .symbol_name  = "do_sys_open",
};

static int handler_pre(struct kprobe *p, struct pt_regs *regs)
{
    pr_info("pre_handler: p->addr = 0x%p, lr = 0x%lx,"
        " sp = 0x%lx\n",
    p->addr, regs->ARM_lr, regs->ARM_sp);


    /* A dump_stack() here will give a stack backtrace */
    return 0;
}

static void handler_post(struct kprobe *p, struct pt_regs *regs,
    unsigned long flags)
{
    pr_info("post_handler: p->addr = 0x%p, status = 0x%lx\n",
        p->addr, regs->ARM_cpsr);
}

static int handler_fault(struct kprobe *p, struct pt_regs *regs,
    int trapnr)
{
    pr_info("fault_handler: p->addr = 0x%p, trap #%dn",
        p->addr, trapnr);

    /* Return 0 because we don't handle the fault. */
    return 0;
}

static int kprobe_init(void)
{
    int ret;
    kp.pre_handler = handler_pre;
    kp.post_handler = handler_post;
    kp.fault_handler = handler_fault;

    ret = register_kprobe(&kp);
```

```
    if (ret < 0) {
        pr_err("register_kprobe failed, returned %d\n", ret);
        return ret;
    }
    pr_info("Planted kprobe at %p\n", kp.addr);
    return 0;
}

static void kprobe_exit(void)
{
    unregister_kprobe(&kp);
    pr_info("kprobe at %p unregistered\n", kp.addr);
}

module_init(kprobe_init)
module_exit(kprobe_exit)
MODULE_LICENSE("GPL");
```

2장의 '외부 커널 모듈 빌드' 절에서 설명한 욕토 레시피로 이를 컴파일한다. 다음은 meta-bsp-custom/recipes-kernel/open-kprobe/open-kprobe.bb 욕토 레시피 파일이다.

```
SUMMARY = "kprobe on do_sys_open kernel module."
LICENSE = "GPLv2"
LIC_FILES_CHKSUM = "file://${COMMON_LICENSE_DIR}/GPL-
    2.0;md5=801f80980d171dd6425610833a22dbe6"

inherit module

PV = "0.1"

SRC_URI = " \
    file://kprobe_open.c \
    file://Makefile \
"

S = "${WORKDIR}"
```

meta-bsp-custom/recipes-kernel/open-kprobe/files/Makefile의 내용은 다음과 같다.

```
obj-m  := kprobe_open.o

SRC := $(shell pwd)

all:
   $(MAKE) -C "$(KERNEL_SRC)" M="$(SRC)"

modules_install:
   $(MAKE) -C "$(KERNEL_SRC)" M="$(SRC)" modules_install

clean:
   rm -f *.o *~ core .depend .*.cmd *.ko *.mod.c
   rm -f Module.markers Module.symvers modules.order
   rm -rf .tmp_versions Modules.symvers
```

모듈과 링크했던 커널이 동작하는 타깃에 모듈을 복사하고 다음과 같이 적재한다.

```
$ insmod kprobe_open.ko
Planted kprobe at 8010da84
```

파일이 열릴 때 콘솔에서 핸들러에 의해 다음과 같이 출력되는 것을 확인할 수 있다.

```
pre_handler: p->addr = 0x8010da84, lr = 0x8010dc34, sp = 0xdca75f98
post_handler: p->addr = 0x8010da84, status = 0x80070013
```

부연 설명

jprobe는 kprobe를 사용해 구현한다. 주어진 심벌이나 주소에 중단점을 지정하고 스택의 일부를 복사한다. 중단점은 함수의 첫 번째 명령어 위치로 지정해야 한다. 중단점에 도달하면 호출 시점의 레지스터와 스택을 사용해

핸들러로 점프한다. 핸들러는 반드시 지정된 함수와 동일한 인자 리스트와
리턴형을 가져야 한다. 그리고 kprobes로 다시 제어를 전달하기 전에
jprobe_return()을 호출한다. 그러면 원본 스택과 CPU 상태를 복구하고
지정된 함수를 호출한다.

다음은 meta-bsp-custom/recipes-kernel/open-jprobe/files/jprobe_open.c
파일의 open 시스템 콜에서의 jprobe 예제다.

```c
#include <linux/kernel.h>
#include <linux/module.h>
#include <linux/kprobes.h>

static long jdo_sys_open(int dfd, const char __user *filename, int
    flags, umode_t mode)
{
    pr_info("jprobe: dfd = 0x%x, filename = 0xs "
        "flags = 0x%x mode umode %x\n", dfd, filename, flags, mode);

    /* Always end with a call to jprobe_return(). */
    jprobe_return();
    return 0;
}

static struct jprobe my_jprobe = {
    .entry      = jdo_sys_open,
    .kp = {
        .symbol_name  = "do_sys_open",
    },
};

static int jprobe_init(void)
{
    int ret;

    ret = register_jprobe(&my_jprobe);
    if (ret < 0) {
        pr_err("register_jprobe failed, returned %d\n", ret);
```

```
        return -1;
    }
    pr_info("Planted jprobe at %p, handler addr %p\n",
        my_jprobe.kp.addr, my_jprobe.entry);
    return 0;
}

static void jprobe_exit(void)
{
    unregister_jprobe(&my_jprobe);
    pr_info("jprobe at %p unregistered\n", my_jprobe.kp.addr);
}

module_init(jprobe_init)
module_exit(jprobe_exit)
MODULE_LICENSE("GPL");
```

kretprobe는 kprobe를 주어진 심벌이나 함수 주소에 지정한다. 그리고 kprobe가 등록된 지점에서 보통 nop 명령어인 트램펄린trampoline으로 리턴 주소를 교체한다. 지정한 함수가 리턴될 때 트램펄린상의 kprobe 프로브 지점에 도달하게 되고, 리턴 핸들러를 호출하며 실행을 재개하기 전에 원래의 리턴 주소로 복귀한다.

다음은 meta-bsp-custom/recipes-kernel/open-kretprobe/files/kretprobe_open.c 파일의 open 시스템 콜 kretprobe 예제다.

```
#include <linux/kernel.h>
#include <linux/module.h>
#include <linux/kprobes.h>
#include <linux/ktime.h>
#include <linux/limits.h>
#include <linux/sched.h>

/* per-instance private data */
struct my_data {
    ktime_t entry_stamp;
```

```c
};

static int entry_handler(struct kretprobe_instance *ri, struct
    pt_regs *regs)
{
    struct my_data *data;

    if (!current->mm)
        return 1;  /* Skip kernel threads */

    data = (struct my_data *)ri->data;
    data->entry_stamp = ktime_get();
    return 0;
}

static int ret_handler(struct kretprobe_instance *ri, struct
    pt_regs *regs)
{
    int retval = regs_return_value(regs);
    struct my_data *data = (struct my_data *)ri->data;
    s64 delta;
    ktime_t now;

    now = ktime_get();
    delta = ktime_to_ns(ktime_sub(now, data->entry_stamp));
    pr_info("returned %d and took %lld ns to execute\n",
        retval, (long long)delta);
    return 0;
}

static struct kretprobe my_kretprobe = {
    .handler    = ret_handler,
    .entry_handler  = entry_handler,
    .data_size  = sizeof(struct my_data),
    .maxactive  = 20,
};

static int kretprobe_init(void)
```

```
{
    int ret;

    my_kretprobe.kp.symbol_name = "do_sys_open";
    ret = register_kretprobe(&my_kretprobe);
    if (ret < 0) {
        pr_err("register_kretprobe failed, returned %d\n", ret);
            return -1;
    }
    pr_info("Planted return probe at %s: %p\n",
    my_kretprobe.kp.symbol_name, my_kretprobe.kp.addr);
    return 0;
}

static void kretprobe_exit(void)
{
    unregister_kretprobe(&my_kretprobe);
    pr_info("kretprobe at %p unregistered\n", my_kretprobe.kp.addr);

    /* nmissed > 0 suggests that maxactive was set too low. */
    pr_info("Missed probing %d instances of %s\n",
        my_kretprobe.nmissed, my_kretprobe.kp.symbol_name);
}

module_init(kretprobe_init)
module_exit(kretprobe_exit)
MODULE_LICENSE("GPL");
```

굵게 표시한 maxactive 변수는 kretprobe에서 리턴 주소 저장 공간의 개수이고, 기본 값은 CPU 개수다(선점형preemptive 시스템에서는 CPU 개수의 2배 값으로 최대 10까지 설정할 수 있다).

전체 예제는 책에서 제공된 소스코드에 포함돼 있다.

- kprobes 리눅스 커널 문서는 https://git.kernel.org/cgit/linux/kernel/git/ torvalds/linux.git/tree/Documentation/kprobes.txt 링크에 있다.

동적 커널 이벤트 사용

동적 추적은 유용한 기능이지만 커스텀 커널 모듈은 사용자에게 익숙한 인터페이스가 아니다. 리눅스 커널은 kprobe 이벤트를 지원해 debugfs 인터페이스를 사용한 kprobes 프로브를 설정할 수 있다.

준비

이 기능을 사용하기 위해 CONFIG_KPROBE_EVENT 설정 변수를 정의해 커널을 구성해야 한다.

예제 구현

debugfs 인터페이스는 /sys/kernel/debug/tracing/kprobe_events 파일을 통해 프로브를 추가한다. 예를 들어 example_probe라는 kprobe를 do_sys_open 함수에 추가하기 위해 다음 명령어를 수행한다.

```
# echo 'p:example_probe do_sys_open dfd=%r0 filename=%r1 flags=%r2
  mode=%r3' > /sys/kernel/debug/tracing/kprobe_events
```

프로브는 다음의 함수 정의에 언급된 바와 같이 함수 선언의 인자에 따라서 함수 인자 리스트를 출력한다.

```
long do_sys_open(int dfd, const char __user *filename, int flags,
    umode_t mode);
```

sysfs를 통해 다음과 같이 `kprobes`를 관리할 수 있다.

- 등록된 모든 프로브 조회

```
# cat /sys/kernel/debug/tracing/kprobe_events
p:kprobes/example_probe do_sys_open dfd=%r0 filename=%r1
  flags=%r2 mode=%r3
```

- 프로브 형식 출력

```
# cat
  /sys/kernel/debug/tracing/events/kprobes/example_probe/format
name: example_probe
ID: 1235
format:
        field:unsigned short common_type;       offset:0;
size:2; signed:0;
        field:unsigned char common_flags;       offset:2;
size:1; signed:0;
        field:unsigned char common_preempt_count;
offset:3;        size:1; signed:0;
        field:int common_pid;       offset:4;    size:4;
signed:1;
        field:unsigned long __probe_ip; offset:8;
size:4; signed:0;
    field:u32 dfd;   offset:12;       size:4;   signed:0;
    field:u32 filename;        offset:16;       size:4;
signed:0;
    field:u32 flags;           offset:20;       size:4;
signed:0;
    field:u32 mode; offset:24;       size:4;   signed:0;
print fmt: "(%lx) dfd=%lx filename=%lx flags=%lx mode=%lx",
    REC->__probe_ip, REC->dfd, REC->filename, REC->flags,
    REC->mode
```

- 프로브 활성화

```
# echo 1 >
```

```
/sys/kernel/debug/tracing/events/kprobes/example_probe/enable
```

- trace 또는 trace_pipe 파일로 프로브 출력

```
# cat /sys/kernel/debug/tracing/trace
# tracer: nop
#
# entries-in-buffer/entries-written: 59/59    #P:4
#
#                               _-----=> irqs-off
#                              / _----=> need-resched
#                             | / _---=> hardirq/softirq
#                             || / _--=> preempt-depth
#                             ||| /     delay
#           TASK-PID   CPU#  ||||    TIMESTAMP  FUNCTION
#              | |       |   ||||       |          |
            sh-737    [000] d... 1610.378856: example_probe:
    (do_sys_open+0x0/0x184) dfd=ffffff9c filename=f88488
    flags=20241 mode=16
              sh-737    [000] d... 1660.888921: example_probe:
    (do_sys_open+0x0/0x184) dfd=ffffff9c filename=f88a88
    flags=20241 mode=16
```

- 프로브 클리어(프로브 비활성화 후)

```
# echo '-:example_probe' >>
  /sys/kernel/debug/tracing/kprobe_events
```

- 모든 프로브 클리어

```
# echo > /sys/kernel/debug/tracing/kprobe_events
```

- 프로브의 이벤트의 hit와 miss 체크

```
# cat /sys/kernel/debug/tracing/kprobe_profile
example_probe                        78              0
```

출력 값은 다음과 같은 형식을 갖는다.

```
<event name> <hits> <miss-hits>
```

다음 문법을 사용해 프로브를 설정한다.

`<type>:<event name> <symbol> <fetch arguments>`

매개변수는 각각 다음과 같다.

- **type** kprobe를 위한 p 또는 리턴 프로브를 위한 r 중 하나다.
- **event name** 선택 사항으로 `<group/event>` 형태를 갖는다. 그룹 이름을 생략할 경우 기본적으로 kprobes가 되며, 이벤트 이름을 생략할 경우 심벌을 기반으로 자동 생성된다. 이벤트 이름이 주어질 때 /sys/kernel/debug/tracing/events/kprobes/ 아래 다음의 디렉토리를 추가한다.

  - □ **id** 프로브 이벤트의 id다.

  - □ **filter** 사용자 필터링 규칙을 기술한다.

  - □ **format** 프로브 이벤트의 형태다.

  - □ **enabled** 프로브 이벤트를 활성화하거나 비활성화하기 위해 사용한다.

- **symbol** 프로브를 추가하는 심벌 + 오프셋 위치 또는 메모리 주소다.
- **fetch arguments** 선택 사항이다. 추출하기 위한 정보를 나타내며, 최대 128개의 인자를 갖는다. 형식은 다음과 같다.

  `<name>=<offset>(<argument>):<type>`

  각 인자는 다음과 같다.

  - □ **name** 인자 이름을 설정한다.

  - □ **offset** 주소 인자에 오프셋을 추가한다.

  - □ **argument** 다음과 같은 형식을 가질 수 있다.

%<register> 명시한 레지스터를 읽어 들인다. ARM에서는 다음과 같다.

```
r0 to r10
fp
ip
sp
lr
pc
cpsr
ORIG_r0
```

@<address> 명시한 커널 주소에서 메모리를 읽는다.

@<symbol><offset> 명시한 심벌과 오프셋의 메모리를 읽는다.

$stack 스택 주소를 읽는다.

$stack<N> 스택의 n번째 엔트리를 읽는다.

리턴 프로브를 위한 인자는 다음과 같다.

$retval 반환 값을 읽는다.

- **type** 다음의 옵션으로 메모리에 접근하기 위해 kprobe에서 사용하는 인자 타입을 설정한다.

u8, u16, u32, u64 부호 없는^{unsigned} 타입

s8, s16, s32, s64 부호 있는^{signed} 타입

string null로 종료하는 문자열

bitfield 다음의 형태를 갖는다.

```
b<bit-width>@<bit-offset>/<container-size>
```

리눅스 커널 3.14 버전부터 kprobes 이벤트와 유사한 인터페이스를 갖는 사용자 공간의 프로브 이벤트(uprobes)도 지원한다.

욕토의 추적과 프로파일링 도구

추적 및 프로파일링 도구는 애플리케이션과 시스템의 성능, 효율성, 품질을 향상시키기 위해 사용한다. 사용자 공간 추적 및 프로파일링 도구는 리눅스 커널이 제공하는 성능 카운터와 정적 추적 및 동적 추적 기능을 사용한다.

추적 기능은 애플리케이션 동작을 분석하고 최적화하며 수정할 수 있게 애플리케이션의 활동을 기록한다.

욕토는 다음을 포함한 여러 가지의 추적 도구를 제공한다.

- **trace-cmd** ftrace 커널 서브시스템의 커맨드라인 인터페이스며, kernelshark는 trace-cmd의 그래픽 인터페이스다.

- **perf** 성능 카운터 이벤트 서브시스템을 위한 커맨드라인 인터페이스로서 리눅스 커널에서 유래한 도구다. 여러 가지 다른 추적 메커니즘이 추가되고 확장돼 왔다.

- **blktrace** 블록 레이어의 입출력에 대한 정보를 제공하는 도구다.

- **LTTng(Linux Trace Toolkit Next Generation)** 리눅스 커널, 애플리케이션, 라이브러리의 상관 추적이 가능하다. 욕토는 추적 데이터를 읽기 쉽게 변환해주는 babeltrace 도구도 포함한다.

- **SystemTab** 리눅스 커널을 동적으로 검사할 수 있는 도구다.

프로파일링은 애플리케이션이 사용하는 자원과 애플리케이션 실행 시간을 측정하는 데 사용하는 기술이다. 프로파일링 데이터는 애플리케이션의 성능을 개선하고 이를 최적화하는 데 사용한다. perf와 SystemTab처럼 앞서 언급한 일부 도구는 강력한 추적과 프로파일링 도구로서 발전해오고 있다.

이 외에도 욕토는 여러 가지 프로파일링 도구를 제공한다.

- **OProfile** 전체 실행 코드 분석 도구로, 작업 부하가 낮은 통계적 프로파일러다.
- **Powertop** 시스템의 전력 소비 분석과 전력 관리에 사용하는 도구다.
- **Latencytop** 시스템 지연 분석에 사용하는 도구다.
- **Sysprof** 인텔 아키텍처의 X11 그래픽 이미지에 포함된 도구로, ARM 아키텍처에서 동작하지 않는다.

예제 구현

이러한 도구들은 개별적으로 이미지에 추가하거나 `tools-profile` 특성을 추가해 타깃 이미지에 포함할 수 있다. 도구를 사용하기 위해서는 디버그 정보를 애플리케이션에 포함시켜야 한다. `-dbg` 버전의 패키지를 사용하거나 `dbg-pkgs` 이미지 기능을 사용해 디버그 정보를 생성하도록 욕토를 구성한다. 후자의 방법이 더 좋다. 두 가지 특성을 모두 이미지에 추가하기 위해 conf/local.conf 파일에 다음을 작성한다.

```
EXTRA_IMAGE_FEATURES = "tools-profile dbg-pkgs"
```

`-sdk` 버전의 타깃 이미지는 이미 이 특성이 포함돼 있다.

앞에서 살펴본 도구 외에 욕토는 리눅스 시스템에서 사용 가능한 표준 감시 도구를 제공한다.

- htop 프로세스 감시가 가능한 도구로, `meta-oe` 레이어에서 이용 가능 하다.

- iotop 프로세스의 블록 디바이스 I/O 통계를 제공하는 도구로, `meta-oe` 에 포함돼 있다.

- procps 포키에서 사용할 수 있고 다음 도구를 포함한다.

  - ps 프로세스 상태 리스트를 만드는 데 사용한다.

  - vmstat 가상 메모리 통계에 사용한다.

  - uptime 평균 부하율 감시에 사용한다.

  - free 메모리 사용량 감시 도구로 감시 대상에 커널 캐시도 포함한다.

  - slabtop 커널 슬랩 할당자에 대한 메모리 사용량 통계를 제공한다.

- sysstat 포키에서 사용 가능하며, 다음 도구를 포함한다.

  - pidstat 프로세스 통계에 사용한다.

  - iostat 블록 I/O 통계를 제공한다.

  - mpstat 멀티프로세서 통계를 제공한다.

그리고 욕토는 다음과 같은 네트워크 도구도 제공한다.

- tcpdump `meta-openembedded`의 `meta-networking` 레이어에 속한 네트워크 도구다. 네트워크 트래픽을 캡처하고 분석한다.

- netstat 포키에서 `net-tools` 패키지의 일부다. 네트워크 프로토콜 통 계를 제공한다.

- ss 포키의 `iproute2` 패키지에 속한 도구다. 소켓 통계를 제공한다.

perf를 사용한 추적 및 프로파일링

perf는 정적 및 동적 커널 추적점과 같이 하드웨어와 소프트웨어 성능 카운터 이벤트 모두를 사용해 리눅스 커널을 검사하는 도구다. perf는 이에 대한 공통 인터페이스를 제공하는 커널 기능을 사용한다.

이 도구는 애플리케이션, 부하, 또는 (프로세스, 커널, 애플리케이션을 포함한) 전체 시스템을 디버깅, 트러블슈팅, 최적화, 측정하는 데 사용한다. perf는 리눅스에서 사용할 수 있는 가장 완벽한 추적 및 프로파일링 도구다.

준비

perf의 소스코드는 리눅스 커널에 있다. 시스템에 포함시키려면 다음을 conf/local.conf 파일에 추가한다.

```
IMAGE_INSTALL_append = " perf"
```

perf는 `tools-profile` 이미지 기능 중의 일부로 타깃에 다음과 같이 추가할 수도 있다.

```
EXTRA_IMAGE_FEATURES += "tools-profile"
```

`-sdk` 이미지도 perf를 포함한다.

이 도구의 장점을 최대한 활용하기 위해서는 리눅스 커널과 같이 사용자 공간 애플리케이션과 라이브러리 심벌이 필요하다. 다음 구문을 conf/local.conf 파일에 추가함으로써 바이너리 심벌이 삭제되는 것stripping을 막을 수 있다.

```
INHIBIT_PACKAGE_STRIP = "1"
```

또한 애플리케이션의 디버그 정보를 이미지에 추가하기 위해 권장하는 방법은 다음을 추가하는 것이다.

```
EXTRA_IMAGE_FEATURES += "dbg-pkgs"
```

기본적으로 디버그 정보는 바이너리와 같은 위치의 .debug 디렉토리에 있다. perf는 모든 디버그 정보를 찾기 위한 중심 위치가 필요하므로 perf가 인식할 수 있는 구조로 디버그 정보를 구성해야 한다. 이를 위해 다음 구문을 conf/local.conf 파일에 추가한다.

```
PACKAGE_DEBUG_SPLIT_STYLE = 'debug-file-directory'
```

마지막으로 디버그 정보를 포함시키기 위한 CONFIG_DEBUG_INFO 변수와 디버그 심벌을 커널에 추가하기 위한 CONFIG_KALLSYMS 변수와 스택 추적을 위한 CONFIG_FRAME_POINTER 변수를 정의해 리눅스 커널을 설정해야 한다.

 모든 코어는 PMU 인터럽트를 공유하기 때문에 '커널 성능 카운터 사용' 절에서 살펴 봤던 것처럼 i.MX6 PMU를 사용하기 위해 maxcpus=1(또는 SMP를 비활성화하기 위해 maxcpus=0)을 리눅스 커널로 전달해야 한다. 또한 i.MX6 프로세서에서 PMU 를 사용하려면 SoC은 파워 온 리셋 이후 적어도 4 JTAG 클록 사이클을 받아야 한다. 관련 내용은 errata 문서 번호 ERR006259에 있다.

이 글의 작성 시점에 perf 기능은 욕토 1.7 meta-fsl-arm 레이어에서 비활성화돼 있다. 앞으로 살펴볼 perf 예제를 사용하려면 meta-fsl-arm 레이어의 /opt/yocto/fsl-community-bsp/sources/meta-fsl-arm/conf/machine/include/imx-base.inc 파일에서 다음 구문을 삭제해야 한다.

```
-PERF_FEATURES_ENABLE = ""
```

최신 버전의 욕토에서는 위 내용이 기본적으로 적용될 것이다.

예제 구현

특정 부하에 대한 이벤트 통계를 살펴보기 위해 perf를 다음과 같이 사용한다.

```
# perf stat <command>
```

예를 들어 단일 ping에서는 다음과 같은 결과를 얻는다.

```
# perf stat ping -c 1 192.168.1.1
PING 192.168.1.1 (192.168.1.1): 56 data bytes
64 bytes from 192.168.1.1: seq=0 ttl=64 time=6.489 ms

--- 192.168.1.1 ping statistics ---
1 packets transmitted, 1 packets received, 0% packet loss
round-trip min/avg/max = 6.489/6.489/6.489 ms

 Performance counter stats for 'ping -c 1 192.168.1.1':
      8.984333 task-clock              #      0.360 CPUs utilized
            15 context-switches        #      0.002 M/sec
             0 cpu-migrations          #      0.000 K/sec
           140 page-faults             #      0.016 M/sec
       3433188 cycles                  #      0.382 GHz
        123948 stalled-cycles-frontend #      3.61% frontend
cycles idle
        418329 stalled-cycles-backend  #     12.18% backend
cycles idle
        234497 instructions            #      0.07  insns per
cycle
                                       #      1.78  stalled
cycles per insn
         22649 branches                #      2.521 M/sec
          8123 branch-misses           #     35.86% of all
branches

   0.024962333 seconds time elapsed
```

특정 이벤트 집합에 대해 관심이 있다면 -e 옵션을 사용해 정보를 출력할 이벤트를 구체적으로 명시할 수 있다.

또한 나중에 분석할 수 있도록 데이터를 수집하고 기록해 둘 수 있다.

```
# perf record <command>
```

더 좋은 방법으로는 -g 옵션을 사용해 스택 추적을 추가하는 방법이 있다.

```
# perf record -g -- ping -c 1 192.168.1.1
```

데이터가 perf.data 파일에 저장되고, 이를 다음 명령어를 사용해 분석할 수 있다.

```
# perf report
```

출력된 스크린샷은 다음과 같다.

```
Samples: 22 of event 'cycles', Event count (approx.): 2307629
+   20.76%  ping  [kernel.kallsyms]   [k] queue_work_on
+   18.23%  ping  [kernel.kallsyms]   [k] do_page_fault
+   10.02%  ping  [kernel.kallsyms]   [k] __percpu_counter_add
+    9.80%  ping  [kernel.kallsyms]   [k] handle_mm_fault
+    8.26%  ping  ld-2.19.so          [.] __udivsi3
+    7.59%  ping  [kernel.kallsyms]   [k] filemap_fault
+    6.82%  ping  [kernel.kallsyms]   [k] __memzero
+    5.95%  ping  ld-2.19.so          [.] open_verify
+    4.96%  ping  [kernel.kallsyms]   [k] __sync_icache_dcache
+    3.84%  ping  ld-2.19.so          [.] _dl_start
+    2.58%  ping  [kernel.kallsyms]   [k] padzero
+    1.02%  ping  [kernel.kallsyms]   [k] do_brk
+    0.15%  ping  [kernel.kallsyms]   [k] mprotect_fixup
+    0.03%  ping  [kernel.kallsyms]   [k] perf_event_comm
```

--sort 옵션을 사용해 함수 순서를 커스터마이즈할 수도 있다

perf가 사용자 공간과 커널 심벌을 해석resolve하는 방법을 살펴볼 수 있다. perf는 커널 심벌을 /boot 아래 리눅스 커널 ELF 파일로부터 읽는다. 비표준 경로에 파일이 저장돼 있을 경우 -k 옵션을 통해 위치를 전달할 수 있다.

파일을 찾지 못하면 CONFIG_KALLSYMS 설정을 사용해 커널을 빌드한 경우에 사용자 공간에 제공되는 커널 심벌 테이블 /proc/kallsyms를 사용한다.

 perf report 명령에서 커널 심벌이 보이지 않는다면 ELF 파일이 실행 중인 커널과 일치하지 않기 때문일 것이다. 파일명을 바꿔 /proc/kallsyms가 동작하는지 확인할 수 있다.

또한 완벽한 역추적(backtrace)을 얻기 위해 앞에서 살펴본 것처럼 DEBUG_BUILD 설정 변수를 사용해 애플리케이션이 디버그 최적화되도록 컴파일해야 한다.

기본적으로 perf는 coreutils의 일부인 expand 유틸리티를 필요로 하는 newt 인터페이스TUI를 사용한다. coreutils가 루트 파일 시스템에 없다면 텍스트 출력을 하도록 요청할 수 있다.

```
# perf report -stdio
```

위 명령어를 실행하면 다음과 같이 출력한다.

```
# ========
# captured on: Fri Mar  6 21:34:41 2015
# hostname : ccimx6sbc
# os release : 3.10.54-dey+g8f13306f52e0
# perf version : 3.10.54
# arch : armv7l
# nrcpus online : 4
# nrcpus avail : 1
# cpudesc : (null)
# total memory : 0 kB
# cmdline :
# event : name = cycles, type = 0, config = 0x0, config1 = 0x0, config2 = 0x0, excl_usr = 0, excl_kern = 0, excl_host = 0, excl_guest = 1, precise_ip = 0
# pmu mappings: not available
# ========
#
# Samples: 22  of event 'cycles'
# Event count (approx.): 2307629
#
# Overhead  Command    Shared Object          Symbol
# ........  .........  ....................   ...................
#
    20.76%  ping       [kernel.kallsyms]  [k] queue_work_on
            --- queue_work_on
                tty_flip_buffer_push
                pty_write
                do_output_char
                process_output
                n_tty_write
                tty_write
                vfs_write
                SyS_write
                ret_fast_syscall
                0[...]lib_write
                |
                |--50.86%-- 0x676e6970
                |--49.14%-- [...]

    18.23%  ping       [kernel.kallsyms]  [k] do_page_fault
            --- do_page_fault
                do_DataAbort
                __dabt_usr
                |
                |--51.41%-- strcmp
                |--48.59%-- _dl_addr
```

출력 결과에서 각 열은 다음의 의미를 갖는다.

- **Overhead** 수집한 데이터에서 함수가 차지하는 비율을 나타낸다.
- **Command** perf record로 전달한 명령어 이름이다.
- **Shared Object** ELF 이미지 이름이다(커널에 대해서는 `kernel.kallsyms`로 나타날 것이다).
- **Privilege Level** 다음의 모드가 있다.
  - □ 사용자 모드
  - □ **k** 커널 모드
  - □ **g** 가상화된 게스트 커널
  - □ **u** 가상화된 호스트 사용자 공간
  - □ **H** 하이퍼바이저
- **Symbol** 심벌 이름이다

TUI 인터페이스에서는 함수명에서 엔터를 눌러 다음의 출력을 보여주는 서브메뉴로 진입한다.

```
Annotate strcmp
Zoom into ping(1020) thread
Zoom into libc-2.19.so DSO
Browse map details
Run scripts for samples of thread [ping]
Run scripts for samples of symbol [do_page_fault]
Run scripts for all samples
Switch to another data file in PWD
Exit
```

예를 들면 다음의 스크린샷처럼 코드를 추가할 수 있다.

```
do_page_fault
                Disassembly of section .text:

                80018be4 <do_page_fault>:
                  mov    ip,
                  push   {r4, r5, r6, r7, r8, r9, sl, fp, ip, lr, pc}
                  sub    fp, ip, #4
                  sub    sp, sp, #116    ; 0x74
                  mov    r3,
                  bic    r5, r3, #8128    ; 0x1fc0
                  bic    r3, r5, #63      ; 0x3f
                  mov    r6,
                  mov    r4,
                  ldr    r2, [r2, #64]    ; 0x40
                  ands   r1, r1, #2048    ; 0x800
                  ldr    r9, [r3, #12]
                  str    r1, [fp, #-128] ; 0x80
                  mov    r8,
                  moveq  r3, #40 ; 0x28
                  movne  r3, #41 ; 0x29
                  tst    r2, #128          ; 0x80
                  str    r3, [fp, #-124] ; 0x7c
                  ldr    r7, [r9, #196]  ; 0xc4
                  bne    80018c38 <do_page_fault+0x54>
                  cpsie  i
  50.00           bic    r3, r5, #63      ; 0x3f
                  ldr    r3, [r3, #4]
                  bics   r1, r3, #1073741824      ; 0x40000000
                  bne    80018d4c <do_page_fault+0x168>
```

텍스트 모드에서는 다음 명령으로 소스코드 레벨의 정보가 추가된 출력을
얻는다.

 # perf annotate -d <command>

perf는 특정 부하에 집중하는 대신에 시스템 전체 범위를 프로파일링하는
것도 가능하다. 예를 들면 5초 동안 시스템을 감시하기 위해 다음 명령어를
실행한다.

```
# perf stat -a sleep 5
Performance counter stats for 'sleep 5':
     5006.660002 task-clock                    #   1.000  CPUs
utilized[100.00%]
             324 context-switches              #   0.065  K/sec
[100.00%]
               0 cpu-migrations                #   0.000  K/sec
```

```
        [100.00%]
                    126 page-faults           #   0.025  K/sec
               12200175 cycles                #   0.002  GHz [100.00%]
                2844703 stalled-cycles-frontend  # 23.32%  frontend
cycles idle   [100.00%]
                9152564 stalled-cycles-backend  # 75.02%  backend
cycles idle   [100.00%]
                4645466 instructions          #   0.38   insns per
cycle
                                              #   1.97   stalled
cycles per insn [100.00%]
                 479051 branches              #   0.096  M/sec
[100.00%]
                 222903 branch-misses         #  46.53% of all
branches
           5.006115001 seconds time elapsed
```

또는 5초 동안 시스템 성능 데이터를 수집하기 위해 다음을 실행한다.

```
# perf record -a -g -- sleep 5
```

시스템 단위의 측정을 할 경우 명령어 옵션은 측정 기간을 정의하기 위해 사용된다. sleep 명령은 추가 사이클을 소비하지 않는다.

예제 분석

perf 도구는 시스템에서 발생하는 사용자 이벤트와 커널 이벤트 모두에 대한 통계를 제공한다. 두 가지 모드로 사용한다.

- **이벤트 계산(perf stat)** 커널 컨텍스트에서 이벤트를 계산하고 마지막에 통계 값을 출력한다. 오버헤드가 적다.

- **이벤트 수집(perf record)** 주어진 기간에 수집한 데이터를 파일에 기록한다. 성능 데이터는 프로파일링(perf report) 또는 데이터 추적(perf script)에 사용한다. 데이터를 파일로 수집하는 작업은 자원을 많이 사용하며, 파일 크기 역시 순식간에 커질 수 있다.

기본적으로 perf는 주어진 명령어의 실행을 종료하거나 인터럽트가 걸릴 때까지 자식 프로세스를 포함한 모든 스레드에 대한 이벤트를 계산한다. 일반적인 perf 실행 방법은 다음과 같다.

```
perf stat|record [-e <comma separated event list> --filter '<expr>']
    [-o <filename>] [--] <command> [<arguments>]
```

옵션은 다음과 같다.

- **e** 기본 설정된 이벤트 대신 사용할 이벤트 목록이다. Documentation/trace/events.txt에 위치한 리눅스 커널 소스 문서에 설명된 문법을 사용해 이벤트 필터를 명시한다.

- **o** 출력 파일명을 지정한다. 기본 값은 perf.data다.

- **--** 명령어에 인자가 필요할 경우 사용하는 구분자다.

모든 사용 가능한 이벤트 목록을 위해 다음 명령어를 실행한다.

```
# perf list
```

또는 특정 서브시스템에 대해 다음을 수행한다.

```
# perf list '<subsystem>:*'
```

r<event> 옵션을 사용해 원시 PMU^{raw PMU} 이벤트에 접근할 수 있으며, 예를 들어 ARM 코어싱에서 캐시 미스 데이터를 읽는 방법은 다음과 같다.

```
# perf stat -e r3 sleep 5
```

명시하지 않는 한 perf record는 하드웨어 이벤트를 평균 1000Hz로 수집한다. 그러나 -F <freq> 인자를 사용해 이 비율을 조정할 수 있다. 추적점은 각각의 경우에 계산된다.

추적 데이터 읽기

Perf는 추적 데이터를 수집해 파일로 기록한다. 다음 명령으로 시간별로 기록된 원시 추적 데이터를 볼 수 있다.

perf script

명령어를 실행하면 다음을 출력한다.

```
# ========
# captured on: Fri Mar  6 21:44:19 2015
# hostname : ccimx6sbc
# os release : 3.10.54-dey+g8f13306f52e0
# perf version : 3.10.54
# arch : armv7l
# nrcpus online : 4
# nrcpus avail : 1
# cpudesc : {null}
# total memory : 0 kB
# cmdline :
# event : name = cycles, type = 0, config = 0x0, config1 = 0x0, config2 = 0x0, excl_usr = 0, excl_kern = 0, excl_host = 0, excl_guest = 1, precise_ip = 0
# pmu mappings: not available
# ========
perf  1045 [000]   620.536754: cycles:
                8006c690 smp_call_function_single ([kernel.kallsyms])
                80083ca0 cpu_function_call ([kernel.kallsyms])
                80083eb8 perf_event_enable ([kernel.kallsyms])
                80084260 perf_event_for_each_child ([kernel.kallsyms])
                80086104 perf_ioctl ([kernel.kallsyms])
                800d9ac4 do_vfs_ioctl ([kernel.kallsyms])
                800d9cdc sys_ioctl ([kernel.kallsyms])
                8000e480 ret_fast_syscall ([kernel.kallsyms])
                769bc8cc __GI___ioctl (/lib/libc-2.19.so)
                7eafcadc [unknown] ([unknown])

perf  1045 [000]   620.536770: cycles:
                8006c690 smp_call_function_single ([kernel.kallsyms])
                80083ca0 cpu_function_call ([kernel.kallsyms])
                80083eb8 perf_event_enable ([kernel.kallsyms])
                80084260 perf_event_for_each_child ([kernel.kallsyms])
                80086104 perf_ioctl ([kernel.kallsyms])
                800d9ac4 do_vfs_ioctl ([kernel.kallsyms])
                800d9cdc sys_ioctl ([kernel.kallsyms])
                8000e480 ret_fast_syscall ([kernel.kallsyms])
                769bc8cc __GI___ioctl (/lib/libc-2.19.so)
                7eafcadc [unknown] ([unknown])
```

앞에서 살펴본 대로 perf report 명령어를 사용해 프로파일링 분석 서식에 맞춰 수집한 데이터를 살펴볼 수 있다. 다음과 같이 데이터 표현 형식을 수정할 수 있는 파이썬 스크립트를 생성할 수도 있다.

perf script -g python

이 명령어는 다음과 같이 perf-script.py 스크립트를 생성한다.

```
import os
import sys

sys.path.append(os.environ['PERF_EXEC_PATH'] + \
        '/scripts/python/Perf-Trace-Util/lib/Perf/Trace')

from perf_trace_context import *
from Core import *

def trace_begin():
        print "in trace_begin"

def trace_end():
        print "in trace_end"

def trace_unhandled(event_name, context, event_fields_dict):
                print ' '.join(['%s=%s'%(k,str(v))for k,v in sorted(event_fields_dict.items())])

def print_header(event_name, cpu, secs, nsecs, pid, comm):
        print "%-20s %5u %05u.%09u %8u %-20s " % \
        (event_name, cpu, secs, nsecs, pid, comm),
```

생성된 스크립트를 사용하는 방법은 다음과 같다.

perf script -s perf-script.py

다음과 같이 `perf-python` 패키지를 타깃 이미지에 설치해야 한다.

IMAGE_INSTALL_append = " perf-python"

이전에 살펴봤던 `perf` 스크립트와 유사한 결과를 얻을 수 있다. 하지만 필요에 맞게 수집한 데이터를 후처리하도록 파이선 코드의 `print` 구문을 수정할 수 있다.

부연 설명

perf는 이벤트 목록을 확장하기 위해 동적 이벤트를 `kprobe`의 위치에서 사용할 수 있다. 이를 위해서는 동적 커널 이벤트 절에서 살펴봤듯이 `kprobe`와 `uprobe`를 지원하도록 커널을 구성해야 한다.

프로브 지점을 특정 함수 실행에 다음과 같이 추가한다.

perf probe --add "tcp_sendmsg"
Added new event:
   probe:tcp_sendmsg   (on tcp_sendmsg)

파일 다운로드 프로파일링 예제와 같이 추가된 프로브를 모든 perf 도구에서 사용할 수 있다.

```
# perf record -e probe:tcp_sendmsg -a -g -- wget
  http://downloads.yoctoproject.org/releases/yocto/yocto-
  1.7.1/RELEASENOTES
Connecting to downloads.yoctoproject.org (198.145.29.10:80)
RELEASENOTES    100% |******************************************
****************************************| 11924     0:00:00 ETA
[ perf record: Woken up 1 times to write data ]
[ perf record: Captured and wrote 0.025 MB perf.data (~1074 samples)
  ]
```

다음 명령어를 실행해 프로파일링 데이터를 출력한다.

```
# perf report
```

그 결과 다음의 출력을 볼 수 있다.

```
Samples: 14  of event 'probe:tcp sendmsg', Event count (approx.): 14
- 92.86%  dropbear  [kernel.kallsyms]  [k] tcp_sendmsg
     tcp_sendmsg
     sock_aio_write
     do_sync_readv_writev
     do_readv_writev
     vfs_writev
     SyS_writev
     ret_fast_syscall
     __libc_writev
     0
-  7.14%     wget  [kernel.kallsyms]  [k] tcp_sendmsg
     tcp_sendmsg
     sock_aio_write
     do_sync_write
     vfs_write
     SyS_write
     ret_fast_syscall
     __GI___libc_write
```

wget 명령어를 사용하려면 타깃 이미지상에서 DNS 서버 구성이 필요하다. 구글의 공공 DNS 서버를 사용하기 위해 /etc/resolv.conf 파일에 다음을 추가한다.

```
nameserver 8.8.8.8
nameserver 8.8.4.4
```

프로브를 다음과 같이 삭제한다.

```
# perf probe --del tcp_sendmsg
/sys/kernel/debug//tracing/uprobe_events file does not exist - please
  rebuild kernel with CONFIG_UPROBE_EVENT.
Removed event: probe:tcp_sendmsg
```

프로파일 도표

시스템 동작은 perf 시간 도표를 사용해 시각화할 수 있다. 데이터 수집을 위해 다음을 실행한다.

```
# perf timechart record -- <command> <arguments>
```

다음 명령어를 통해 svg 파일로 변환한다.

```
# perf timechart
```

perf로 starce 대체하기

perf는 다음과 같이 부하가 적은 strace 대안으로 사용 가능하다.

```
# perf trace record <command>
```

그러나 perf를 위한 욕토 예제는 현재 이것을 포함해 빌드하지 않는다. 컴파일 로그에서 누락된 라이브러리를 확인할 수 있다.

```
Makefile:681: No libaudit.h found, disables 'trace' tool, please
  install audit-libs-devel or libaudit-dev
```

참고 사항

- 사용 가능한 ARM i.MX6 PMU 이벤트 목록은 http://infocenter.arm. com/help/index.jsp?topic=/com.arm.doc.ddi0388f/BEHGGDJC.html 에 있다.

- perf 사용의 확장된 예제는 https://perf.wiki.kernel.org/index.php/ Tutorial에 있다.

- Brendan Gregg의 perf 사이트 http://www.brendangregg.com/perf.html 에는 고급 예제들이 있다.

SystemTab 사용

SystemTab은 실행 중인 리눅스 시스템에서 추적 데이터와 프로파일링 데이터를 수집할 수 있는 GPLv2 라이선스인 범용 시스템 도구다. 사용자는 실행하는 커널과 같은 커널 소스로 링크한 커널 모듈에서 컴파일한 systemtap 스크립트에 기록한다.

스크립트는 지정한 이벤트와 핸들러를 설정하고 특정 이벤트 트리거 시에 커널 모듈에서 호출한다. 이를 위해 이전에 '동적 커널 이벤트 사용' 절에서 알아본 것처럼 커널에 있는 kprobes와 uprobes(이용 가능하면)를 사용한다.

준비

SystemTab을 사용하기 위해서는 다음과 같이 별도로 타깃 이미지에 추가해야 한다.

```
IMAGE_INSTALL_append = " systemtap"
```

또한 `tools-profile`이나 `-sdk` 이미지를 통해 추가할 수 있다.

타깃에서 실행하기 위해서는 SSH 서버가 필요하다. `-sdk` 이미지에서는 기본으로 ssh를 사용할 수 있다. 다음과 같이 추가할 수도 있다.

```
EXTRA_IMAGE_FEATURES += "ssh-server-openssh"
```

앞 절에서 설명한 것처럼 성능 이벤트 카운터와 `kprobes` 디버그 정보를 포함하기 위해 `CONFIG_DEBUG_INFO` 설정 변수와 함께 커널을 컴파일해야 한다.

예제 구현

욕토 시스템에서 SystemTab을 사용하기 위해서는 호스트에서 크로스탭^{crosstap} 유틸리티를 실행해야 한다. 이를 systemtap 스크립트에 추가한다. 예를 들면 `sys_open.stp` 샘플 스크립트를 실행하기 위해 다음 코드를 실행할 수 있다.

```
probe begin
{
   print("Monitoring starts\n")
   printf("%6s %6s %16s\n", "UID", "PID", "NAME");
}

probe kernel.function("sys_open")
{
   printf("%6d %6d %16s\n", uid(), pid(), execname());
}

probe timer.s(60)
{
   print("Monitoring ends\n")
```

```
    exit()
}
```

다음 명령어를 실행해야 한다.

```
$ source setup-environment wandboard-quad
$ crosstap root@<target_ip> sys_open.stp
```

욕토는 타깃에서의 스크립트 실행을 지원하지 않는다. 이는 타깃에서 모듈 빌드를 필요로 하기 때문이다. 그리고 이것은 테스트되지 않았다.

예제 분석

SystemTab 스크립트는 C/awk 같은 언어를 사용한다. 다음과 같은 위치에서 커널 코드를 측정함으로써 이벤트를 추적 가능하게 한다.

- SystemTab 세션의 시작과 끝
- 커널과 사용자 공간 함수의 엔트리[entry], 리턴[return] 혹은 특정 오프셋
- 타이머 이벤트
- 하드웨어 성능 카운터 이벤트

다음과 같은 데이터도 추출할 수 있다.

- 스레드, 프로세스나 사용자 ID
- 현재 CPU
- 프로세스 이름
- 시간
- 지역 변수
- 커널과 사용자 공간에 대한 역추적

추가로 SystemTab은 수집한 데이터를 분석하고 함께 동작하는 다른 조사 기능을 제공한다. SystemTab은 다양한 예제 스크립트와 공유 가능한 스크립트 라이브러리 생성을 위한 프레임워크를 갖고 있다. 이러한 tabset은 기본적으로 설치된다. 그리고 사용자 스크립트로 확장할 수 있다. 스크립트에 심벌이 정의돼 있지 않으면 시스템 탭은 tabset 라이브러리를 탐색한다.

참고 사항

- tabset 참조 위치는 https://sourceware.org/systemtap/tapsets/다.
- 소스를 포함하는 모든 예제는 https://sourceware.org/systemtap/examples/에 있다.
- systemtap 스크립트 언어는 https://sourceware.org/systemtap/langref/에 있다.

오프로파일 사용

오프로파일^{Oprofile}은 GNU GPL라이선스로 배포하는 통계 프로파일러다. 욕토 1.7 배포판은 하드웨어 성능 카운터 데이터를 샘플링하기 위한 커널 모듈과 이것들을 파일로 기록하기 위해 사용자 공간의 데몬을 가진 레거시 프로파일 모드를 지원하는 시스템 프로파일러를 포함한다. 더 최신의 욕토 배포판은 '커널 성능 카운터 사용' 절에서 소개한 성능 이벤트 서브시스템을 이용하는 최신 버전을 사용한다. 따라서 실행 부하와 프로세스를 프로파일할 수 있다.

욕토 1.7이 포함하고 있는 버전은 커널 모듈과 샘플 데이터를 수집하는 사용자 공간 데몬과 수집한 데이터를 분석하기 위한 여러 프로파일링 도구로 이뤄져 있다.

이 절은 1.7 욕토 배포판에 있는 오프로파일 버전을 설명하고자 한다.

시스템에 오프로파일을 추가하기 위해 conf/local.conf 파일에 다음 사항을
추가한다.

```
IMAGE_INSTALL_append += " oprofile"
```

오프로파일 또한 tools-profile 이미지 특성^{image feature}의 일부다. 따라서
다음과 같이 추가할 수 있다.

```
EXTRA_IMAGE_FEATURES += "tools-profile"
```

-sdk 이미지도 오프로파일을 포함한다.

오프로파일에서 주석이 있는 결과물을 필요로 하지 않는다면 애플리케이션
의 디버그 심벌이 필요하지 않다. 호출 그래프 분석을 위해서 바이너리는
스택 프레임 정보를 갖고 있어야 한다. 따라서 conf/local.conf 파일에
DEBUG_BUILD 변수 설정을 통해 디버그 최적화 상태로 빌드해야 한다.

```
DEBUG_BUILD = "1"
```

커널 드라이버 빌드를 위해서 오프로파일 모듈을 빌드하기 위한 프로파일
지원 변수인 CONFIG_PROFILING와 CONFIG_OPROFILE 설정 변수를 이용해
서 리눅스 커널을 설정한다.

오프로파일은 SoC에서 지원하는 하드웨어 카운터를 사용한다. 그러나 타이
머 기반으로도 동작할 수 있다. 타이머 기반 방식으로 동작하기 위해서 리눅
스 커널에 oprifile.timer=1 인자를 전달하거나 다음 사항과 함께 오프로
파일을 로드해야 한다.

 # modprobe oprofile timer=1

오프로프일은 i.MX6 성능 카운터에 의존적이기 때문에 i.MX6 SoC에서 프로파일링을 하나의 코어로 제한하기 위해서 maxcups=1을 사용해 부팅할 필요가 있다.

예제 구현

하나의 핑을 프로파일하기 위해 다음과 같이 프로파일 세션을 시작한다.

```
# opcontrol --start --vmlinux=/boot/vmlinux --callgraph 5
Using 2.6+ OProfile kernel interface.
Reading module info.
Using log file /var/lib/oprofile/samples/oprofiled.log
Daemon started.
Profiler running
```

하나의 핑을 프로파일하기 위한 실행 부하를 실행한다.

```
# ping -c 1 192.168.1.1
PING 192.168.1.1 (192.168.1.1): 56 data bytes
64 bytes from 192.168.1.1: seq=0 ttl=64 time=5.421 ms

--- 192.168.1.1 ping statistics ---
1 packets transmitted, 1 packets received, 0% packet loss
round-trip min/avg/max = 5.421/5.421/5.421 ms
```

그리고 다음 명령어를 이용해 데이터 수집을 중단한다.

```
# opcontrol --stop
```

다음을 이용해서 수집된 데이터를 볼 수 있다.

```
# opreport -f
Using /var/lib/oprofile/samples/ for samples directory.
CPU: ARM Cortex-A9, speed 996000 MHz (estimated)
Counted CPU_CYCLES events (CPU cycle) with a unit mask of 0x00 (No unit
  mask) count 1500000
CPU_CYCLES:150...|
  samples| %|
------------------
   401 83.0228 /boot/vmlinux-3.10.17-1.0.2-wandboard+gbe8d6872b5eb
    31  6.4182 /bin/bash
    28  5.7971 /lib/libc-2.20.so
    18  3.7267 /lib/ld-2.20.so
     3  0.6211 /usr/bin/oprofiled
     1  0.2070 /usr/bin/ophelp
     1  0.2070 /usr/sbin/sshd
```

호출 그래프와 심벌이 있는 출력 내용은 다음과 같다.

```
# opreport -cl
Using /var/lib/oprofile/samples/ for samples directory.
warning: [heap] (tgid:790 range:0x3db000-0x4bc000) could not be
```

```
    found.
warning: [stack] (tgid:785 range:0x7ee11000-0x7ee32000) could not be
    found.
CPU: ARM Cortex-A9, speed 996000 MHz (estimated)
Counted CPU_CYCLES events (CPU cycle) with a unit mask of 0x00 (No unit
    mask) count 1500000
samples  %               app name                 symbol name
-----------------------------------------------------------------
------
    102    48.8038   vmlinux-3.10.17-1.0.2-wandboard+gbe8d6872b5eb
    __do_softirq
    107    51.1962   vmlinux-3.10.17-1.0.2-wandboard+gbe8d6872b5eb
    do_softirq
102    21.1180       vmlinux-3.10.17-1.0.2-wandboard+gbe8d6872b5eb
    __do_softirq
    102    47.4419   vmlinux-3.10.17-1.0.2-wandboard+gbe8d6872b5eb
    __do_softirq
102    47.4419       vmlinux-3.10.17-1.0.2-wandboard+gbe8d6872b5eb
__do_softirq [self]
    7   3.2558       vmlinux-3.10.17-1.0.2-wandboard+gbe8d6872b5eb
net_rx_action
    4   1.8605       vmlinux-3.10.17-1.0.2-wandboard+gbe8d6872b5eb
run_timer_softirq
-----------------------------------------------------------------
    ----------
31         6.4182 bash                /bin/bash
```

예제 분석

오프로파일 데몬은 다중 실행으로 데이터를 축적하면서 연속으로 기록한다.
새로운 데이터를 수집을 시작하거나 중단하기 위해 --start와 --stop 옵
션을 사용한다. 처음부터 새로 데이터를 수집하려면 앞부분에 --reset을
사용한다.

프로파일 세션을 실행하기 전에 오프로파일 데몬이 커널 프로파일링과 함께 실행할지 여부를 설정해야 한다. 커널 프로파일 옵션을 지정하는 것은 필수 설정 변수다.

오프로파일 데몬이 실행 중이라면 데몬을 설정하기 위해 먼저 --shutdown 옵션을 이용해서 중단한다. --stop 옵션은 데이터 수집만을 중단하고 데몬을 죽이지는 않는다.

커널 프로파일링 없이 오프로파일을 설정하기 위해서는 다음 명령어를 실행한다.

```
opcontrol --no-vmlinux <options>
```

그리고 커널 프로파일링을 설정하기 위해 다음 명령어를 실행할 수 있다.

```
opcontrol --vmlinux=/boot/path/to/vmlinux <options>
```

두 가지 방법 모두 데몬을 설정하고 필요하다면 오프로파일 커널 모듈을 로드한다. 몇 가지 일반적인 옵션은 다음과 같다.

- **--separate=<type>** 다음 타입을 통해 다른 파일로 프로파일 데이터를 분리하는 방법을 제어한다.
  - □ **none** 프로파일을 분리하지 않는다.
  - □ **library** 각 애플리케이션마다 공유 라이브러리 프로파일을 분리한다. 샘플 파일명은 라이브러리와 실행 파일명을 포함한다.
  - □ **kernel** 커널 프로파일을 추가한다.
  - □ **thread** 각 스레드 프로파일을 추가한다.
  - □ **cpu** 각 CPU 프로파일을 추가한다.
  - □ **all** 위의 모든 것을 추가한다.
- **--callgraph=<depth>** 호출 함수와 피호출 함수를 기록하고 함수 동작 시간을 기록한다.

데몬을 설정하면 프로파일 세션을 시작할 수 있다.

현재 설정 상태를 확인하기 위해 다음을 실행한다.

```
# opcontrol --status
Daemon not running
Session-dir: /var/lib/oprofile
Separate options: library kernel
vmlinux file: /boot/vmlinux
Image filter: none
Call-graph depth: 5
```

/var/lib/oprofile/samples/ 디렉토리에 샘플 데이터를 저장한다.

다음을 통해서 수집된 데이터를 분석할 수 있다.

```
opreport <options>
```

다음 옵션은 유용하다.

- **-c** 가능하면 호출 그래프 정보를 보여준다.

- **-g** 각 심벌의 소스 파일과 줄 번호를 보여준다.

- **-f** 전체 오브젝트 경로를 보여준다.

- **-o** stdout 대신에 지정한 파일로 출력한다.

오프로파일은 사용자 공간에서 설정 사항을 입수해서 기록할 용도로 /dev/oprifile에 유사pseudo 파일 시스템을 마운트한다. 또한 커널 모듈에서 사용자 공간 데몬으로 샘플된 데이터를 전달하기 위해 문자 장치 노드를 포함하고 있다.

부연 설명

욕토는 호스트에서 실행 가능한 오프로파일을 위한 그래픽 사용자 인터페이스 갖고 있다. 그러나 포키에 포함돼 있지 않기 때문에 따로 다운로드해서 설치해야 한다.

https://git.yoctoproject.org/cgit/cgit.cgi/oprofileui/ 에 oprofileui 저장소의 README 파일에서 사용 방법을 참조하거나 http://www.yoctoproject.org/docs/1.7.1/profile-manual/profile-manual.html에 있는 'Yocto Project's Profiling and Tracing Manual'를 참조한다.

참고 사항

- 오프로파일에 대한 자세한 정보가 있는 프로젝트 홈페이지는 http://oprofile.sourceforge.net/news/다.

LTTng 사용

LTTng는 GPLv2와 LGPL 라이선스를 따르는 애플리케이션과 커널 모두에 대한 추적 및 프로파일 도구 집합이다. 생성에 최적화된 CFT^{Compact Trace} ^{Format}으로 바이너리 추적 파일을 생성하고 babeltrace와 같은 도구로 분석할 수 있다.

준비

시스템에 여러 LTTng 도구를 설치하기 위해 conf/local.conf 파일에 다음 내용을 추가한다.

```
IMAGE_INSTALL_append = " lttng-tools lttng-modules lttng-ust"
```

LTTng는 `tools-profile` 이미지 기능의 일부분이다. 다음과 같이 추가할 수 있다.

```
EXTRA_IMAGE_FEATURES += "tools-profile"
```

`-sdk` 이미지도 포함하고 있다.

집필 시점에는 욕토 1.7에서 lttng-modules가 tools-profile 피처와 ARM용 sdk 이미지에서 제거됐다. 따라서 수동으로 추가해야만 한다.

LTTng 커맨드라인 도구는 LTTng의 주요 사용자 인터페이스다. 사용자 공간의 애플리케이션 추적과 앞 절에서 살펴봤던 커널 추적 인터페이스를 사용하는 리눅스 커널 추적에도 사용할 수 있다.

예제 구현

커널 프로파일링 작업 흐름은 다음과 같다.

1. 다음을 통해 프로파일링 세션을 생성한다.

```
# lttng create test-session
Session test-session created.
Traces will be written in /home/root/lttng-traces/testsession-
    20150117-174945
```

2. 추적하고 싶은 이벤트를 활성화한다.

```
# lttng enable-event --kernel sched_switch,sched_process_fork
Warning: No tracing group detected
Kernel event sched_switch created in channel channel0
Kernel event sched_process_fork created in channel channel0
```

다음을 통해 사용 가능한 커널 이벤트 목록을 얻을 수 있다.

```
# lttng list --kernel
```

이것은 리눅스 커널에서 사용 가능한 정적 추적점 이벤트에 해당한다.

3. 프로파일링을 활성화한다.

```
# lttng start
Tracing started for session test-session
```

4. 프로파일하고 싶은 작업 부하를 실행한다.

   ```
   # ping -c 1 192.168.1.1
   ```

5. 명령 수행이 완료되거나 중단될 때 프로파일링 데이터 수집을 멈춘다.

   ```
   # lttng stop
   Waiting for data availability.
   Tracing stopped for session test-session
   ```

6. 다음 명령어로 프로파일링 세션을 제거한다. 유의할 점은 추적 데이터
   는 유지하고 단지 세션만 제거한다는 것이다.

   ```
   # lttng destroy
   Session test-session destroyed
   ```

7. 가독성 높은 프로파일링 데이터를 보기 위해 다음과 같이 babeltrace
   를 실행한다.

   ```
   # babeltrace /home/root/lttng-traces/test-session-20150117-
     174945
   ```

분석을 위해 프로파일링 데이터를 호스트에 복사할 수 있다.

사용자 공간 애플리케이션이나 라이브러리도 liblttng-ust 라이브러리에
링킹해서 프로파일할 수 있다.

그렇게 하면 애플리케이션은 출력 추적을 위해 printf()와 같은 형식을 가
진 tracef 함수를 호출해 사용할 수 있다. 예를 들면 4장에서 살펴봤던
helloworld.c 예제 애플리케이션을 측정하기 위해 다음과 같이 meta-
custom/recipes-example/helloworld/helloworld-1.0/helloworld.c 소스를 수
정한다.

```
#include <stdio.h>
#include <lttng/tracef.h>

main(void)
{
```

```
   printf("Hello World");
   tracef("I said: %s", "Hello World");
}
```

다음과 같이 meta-custom/recipes-exmaple/helloworld/helloworld_1.0.bb
에서 욕토 레시피를 수정한다.

```
DESCRIPTION = "Simple helloworld application"
SECTION = "examples"
LICENSE = "MIT"
LIC_FILES_CHKSUM =
  "file://${COMMON_LICENSE_DIR}/MIT;md5=0835ade698e0bcf8506ecda2f
  7b4f302"

SRC_URI = "file://helloworld.c"
DEPENDS = "lttng-ust"

S = "${WORKDIR}"

do_compile() {
   ${CC} helloworld.c -llttng-ust -o helloworld
}

do_install() {
   install -d ${D}${bindir}
   install -m 0755 helloworld ${D}${bindir}
}
```

패키지를 빌드하고 타깃에 복사하고 다음과 같이 프로파일 세션을 시작한다.

1. 다음 명령어를 실행해서 프로파일 세션을 생성한다.

   ```
   # lttng create test-user-session
   Session test-user-session created.
   Traces will be written in /home/root/lttng-traces/test-user-
     session-20150117-185731
   ```

2. 프로파일 대상 이벤트를 동작한다. 이 경우는 모든 사용자 공간 이벤트
가 대상이 된다.

```
# lttng enable-event -u -a
Warning: No tracing group detected
All UST events are enabled in channel channel0
```

3. 프로파일링 데이터 수집을 시작한다.

```
# lttng start
Tracing started for session test-user-session
```

4. 작업 부하를 실행한다. 이 경우는 hello world 예제 프로그램이다.

```
# helloworld
Hello World
```

5. 동작이 완료되면 데이터 수집을 중단한다.

```
# lttng stop
Waiting for data availability.
Tracing stopped for session test-user-session
```

6. 세션을 제거하지 않고 바로 babeltrace 수행을 시작할 수 있다.

```
# lttng view
[18:58:22.625557512] (+0.001278334) wandboard-quad
  lttng_ust_tracef:event: { cpu_id = 0 }, { _msg_length = 19,
  msg = "I said: Hello World" }
```

7. 마지막으로 프로파일 세션을 제거한다.

```
# lttng destroy test-user-session
Session test-user-session destroyed
```

예제 분석

커널 추적은 앞 절에서 알아본 것처럼 리눅스 커널에서 사용 가능한 추적
기능을 사용한다. 다음 예제가 동작하기 위해 이전의 해당 절에서 알아본

것처럼 리눅스 커널에 적절한 설정을 해야 한다.

LTTng는 다음과 같이 이전에 알아본 일부 커널 추적 기능을 제어하기 위해 일반적인 사용자 인터페이스를 제공한다.

- **정적 추적점 이벤트**

  다음을 통해 특정 추적점을 활성화할 수 있다.

  ```
  # lttng enable-event <comma separated event list> -k
  ```

  다음을 통해 모든 추적점을 활성화할 수 있다.

  ```
  # lttng enable-event -a -k --tracepoint
  ```

  또한 다음으로 모든 시스템 콜을 활성화할 수 있다.

  ```
  # lttng enable-event -a -k --syscall
  ```

  모든 추적점과 시스템 콜을 활성화할 수 있다.

  ```
  # lttng enable-event -a -k
  ```

- **동적 추적점 이벤트**

  다음으로 동적 추적점을 추가할 수 있다.

  ```
  # lttng enable-event <probe_name> -k --probe <symbol>+<offset>
  ```

  또한 다음을 통해 추가할 수 있다.

  ```
  # lttng enable-event <probe_name> -k --probe <address>
  ```

- **함수 추적**

  다음으로 함수 추적 커널 기능을 사용할 수 있다.

  ```
  # lttng enable-event <probe_name> -k --function <symbol>
  ```

- **성능 카운터 이벤트**

  그리고 하드웨어 성능 카운터를 추가한다. 예를 들면 다음과 같이 CPU 사이클을 추가할 수 있다.

  ```
  # lttng add-context -t perf:cpu:cpu-cycles -k
  ```

더 많은 컨텍스트 옵션이나 perf 카운터를 나열하기 위해 `add-context`
`--help` 옵션을 사용한다.

애플리케이션 프로파일링 확장

템플릿 파일(.tp)을 작성하고 `lttng-gen-tp` 스크립트를 사용해 `tracepoint()`
호출을 통한 좀 더 유연한 애플리케이션 추적이 가능하다.

이를 위해 애플리케이션에 링크할 수 있는 오브젝트 파일을 생성한다.

집필 시점에 욕토는 사용자 공간 애플리케이션을 교차 측정하기 위한 표준
방법이 없지만, 기본적으로 `-sdk` 이미지를 사용하거나 conf/local.conf 파일
에 다음 이미지 기능을 추가해서 대응할 수 있다.

```
EXTRA_IMAGE_FEATURES += "tools-sdk dev-pkgs"
```

예를 들면 다음과 같이 hw.tp 파일 추적점을 정의한다.

```
TRACEPOINT_EVENT(
    hello_world_trace_provider,
    hw_tracepoint,
    TP_ARGS(
        int, my_integer_arg,
        char*, my_string_arg
    ),
    TP_FIELDS(
        ctf_string(my_string_field, my_string_arg)
        ctf_integer(int, my_integer_field, my_integer_arg)
    )
)
```

hw.c, hw.h와 hw.o 파일을 얻기 위해 `lttng-gen-tp` 도구로 전달한다.

```
# lttng-gen-tp hw.tp
```

lttng-gen-tp 도구는 lttng-ust 패키지가 아니고 lttng-ust-bin 패키지에서 설치한 다는 점을 주의한다. conf/local.conf 파일에 다음을 추가해서 설치할 수 있다.

```
IMAGE_INSTALL_append = " lttng-ust-bin"
```

이제 hw.h 헤더 파일을 helloworld.c 파일이 있는 helloworld 애플리케이션에 추가할 수 있다. 다음과 같이 tracepoint()를 사용한다.

```c
#include <stdio.h>
#include "hw.h"

main(void)
{
    printf("Hello World");

    tracepoint(hello_world_trace_provider, hw_tracepoint, 1,
        "I said: Hello World");
}
```

다음과 같이 네이티브 gcc로 애플리케이션을 링크한다.

```
# gcc -o hw helloworld.c hw.o -llttng-ust -ldl
```

 타깃에서 gcc를 사용하기 위해 -sdk 이미지를 빌드하거나 다음과 같이 이미지에 일부 기능을 추가할 필요가 있다는 점을 주의해야 한다.

```
EXTRA_IMAGE_FEATURES = "tools-sdk dev-pkgs"
```

애플리케이션을 프로파일하기 위해 다음을 수행한다.

1. 프로파일 세션을 생성한다.

```
# lttng create test-session
Spawning a session daemon
```

```
Warning: No tracing group detected
Session test-session created.
Traces will be written in /home/root/lttng-traces/testsession-
   20150117-195930
```

2. 프로파일하기를 원하는 특정 이벤트를 활성화한다.

```
# lttng enable-event --userspace
   hello_world_trace_provider:hw_tracepoint
Warning: No tracing group detected
UST event hello_world_trace_provider:hw_tracepoint created in
   channel channel0
```

3. 프로파일링 데이터 수집을 시작한다.

```
# lttng start
Tracing started for session test-session
```

4. 프로파일하려는 작업 부하를 실행한다. 이 경우는 hello world 애플
리케이션이다.

```
# ./hw
Hello World
```

5. 데이터 수집을 중단한다.

```
# lttng stop
```

6. babeltrace를 실행한다.

```
# lttng view
[20:00:43.537630037] (+0.001278334) wandboard-quad
   hello_world_trace_provider:hw_tracepoint: { cpu_id = 0 }, {
   my_string_field = "I said: Hello World", my_integer_field =
   1 }
```

7. 마지막으로 프로파일링 세션을 제거한다.

```
# lttng destroy test-session
```

Trace Compass 애플리케이션이나 http://projects.eclipse.org/projects/tools.tracecompass/downloads를 방문해 호스트에서 추적 분석을 하기 위한 이클립스 플러그인을 사용할 수 있다. 안정 버전은 집필 시점에 사용 가능하지 않았다.

- LTTng 사용하기 위한 세부 사항은 http://lttng.org/docs/를 참조한다.

- C 애플리케이션의 측정에 대한 세부 사항은 http://lttng.org/docs/#doc-c-application 참조한다.

- lttng-ust 소스에서 tracepoint() 예제는 http://git.lttng.org/?p=lttng-ust.git;a=tree;f=tests/hello;h=4ae310caf62a8321a253fa84a04982edab52829c;hb=HEAD를 참조한다.

blktrace 사용

블록 장치block device I/O를 모니터링하거나 프로파일링를 수행하는 데 사용할 수 있는 몇 가지 도구가 있다.

시스템이나 특정 프로세스상의 처리량에 대한 일반적인 아이디어를 제공한 '욕토의 추적과 프로파일링 도구' 절에서 언급한 iotop이 있다. CPU 사용이나 장치 사용에 대한 더 많은 통계를 제공하지만 프로세스별보 세부 내용은 제공하지 않는 iostat도 있다. 그리고 특정 블록 장치 I/O를 저수준에서 모니터링하고 초당 I/O 동작IOPS을 계산할 수 있는 GPLv2 라이선스를 가진 blktrace가 있다.

이 절에서는 블록 디바이스를 추적하기 위한 blktrace 사용 방법과 가독성이 높은 형식으로 추적 결과를 변환하기 위한 `blkparse` 사용 방법을 설명한다.

준비

`blktrace`와 `blkparse`를 사용하기 위해 다음과 같이 명시적으로 추가해서 타깃 이미지에 포함한다.

```
IMAGE_INSTALL_append = " blktrace"
```

또는 `tools-profile` 이미지 기능이나 `-sdk` 이미지를 사용할 수 있다.

블록 I/O 동작을 추적하기 위해 `CONFIG_FTRACE`와 `CONFIG_BLK_DEV_IO_TRACE`를 사용하도록 리눅스 커널을 설정해야 한다.

블록 장치를 프로파일링할 때 추적이 동작에 미치는 영향을 최소화하는 것이 중요하다. 예를 들면 프로파일하는 블록 디바이스에 추적 데이터를 저장하지 말아야 한다.

이를 만족하기 위한 여러 가지 방법이 있다.

- 다른 블록 장치에서 추적 실행
- /var/volatile와 같은 램 기반 `tmpfs` 장치에서 추적 실행으로, 메모리 기반 장치에서 실행은 저장할 수 있는 추적 데이터의 양을 제한한다.
- 네트워크 파일 시스템에서 추적 실행
- 네트워크를 통한 추적 실행

또한 저널링과 같은 파일 시스템 기능은 I/O 통계 값을 왜곡하기 때문에 프로파일할 블록 장치에서 사용하는 파일 시스템은 중요한 요소다. 사용자 공간에 블록 장치로 제공하지만, 플래시 파일 시스템은 `blktrace`로 프로파일링할 수 없다.

예제 구현

완드보드에 마이크로SD 카드를 위한 I/O를 프로파일하고 싶다고 가정해본다면 1장의 '개발을 위한 네트워크 부팅 환경 설정' 절에서 살펴본 바와 같이 네트워크로 부팅함으로써 시스템이 디바이스에 불필요하게 접근하는 것을 피할 수 있다.

이번 예제에서는 저널링을 피하기 위해 ext2 파티션으로 마운트하려고 한다. 그러나 특정 워크로드에 대한 효과적인 프로파일링을 위해 다른 변경이 필요할 수 있다.

```
# mount -t ext2 /dev/mmcblk0p2 /mnt
EXT2-fs (mmcblk0p2): warning: mounting ext3 filesystem as ext2
EXT2-fs (mmcblk0p2): warning: mounting unchecked fs, running e2fsck
  is recommended
```

특정 워크로드를 프로파일링하기 위한 작업 흐름은 다음과 같다.

1. 다음과 같이 /dev/mmcblk0 장치에 추적 데이터를 수집하도록 `blktrace`를 시작한다.

   ```
   # blktrace /dev/mmcblk0
   ```

2. 예를 들면 10KB 파일 생성에 대해 프로파일하기 위해서 워크로드를 시작한다. 타깃에 SSH를 열고 다음을 실행한다.

   ```
   # dd if=/dev/urandom of=/mnt/home/root/random-10k-file bs=1k
     count=10 conv=fsync
   10+0 records in
   10+0 records out
   10240 bytes (10 kB) copied, 0.00585167 s, 1.7 MB/s
   ```

3. 콘솔에서 Ctrl + C로 프로파일을 중단한다. 이것은 mmcblk0.blktrace.0 디렉토리에 파일을 생성한다. 다음 출력을 볼 수 있다.

```
^C=== mmcblk0 ===
    CPU 0:                30 events,         2 KiB data
    Total:                30 events (dropped 0),        2
    KiB data
```

blktrace의 유용한 옵션은 다음과 같다.

- **-w** 지정한 수 초 동안만 실행하기 위해 사용한다.
- **-a** 현재 파일에 마스크^{mask}를 추가한다. 마스크에는 다음이 올 수 있다.

  - □ **barrier** 배리어^{barrier} 속성을 참조한다.
  - □ **complete** 드라이버가 완료한 동작을 참조한다.
  - □ **fs** FS 요청 사항이다.
  - □ **issue** 드라이버가 제기한 동작을 참조한다.
  - □ **pc** 패킷 명령어 이벤트를 참조한다.
  - □ **queue** 큐 동작을 나타낸다.
  - □ **read** 읽기 추적을 참조한다.
  - □ **requeue** requeue 동작을 위해 사용한다.
  - □ **sync** 동기화 속성을 나타낸다.
  - □ **write** 쓰기 추적을 참조한다.

예제 분석

추적 데이터를 수집하면 다음과 같이 blkparse로 가공할 수 있다.

 # blkparse mmcblk0

이것은 다음과 같이 수집한 모든 데이터에 대한 stdout 출력과 최종 요약을
제공한다.

```
Input file mmcblk0.blktrace.0 added
179,0    0        1    0.000000000  521    A   W 1138688 + 8 <-
    (179,2) 1114112
179,0    0        2    0.000003666  521    Q   W 1138688 + 8
    [kworker/u8:0]
179,0    0        3    0.000025333  521    G   W 1138688 + 8
    [kworker/u8:0]
179,0    0        4    0.000031000  521    P   N [kworker/u8:0]
179,0    0        5    0.000044666  521    I   W 1138688 + 8
    [kworker/u8:0]
179,0    0        0    0.000056666    0    m   N cfq519A
    insert_request
179,0    0        0    0.000063000    0    m   N cfq519A
    add_to_rr
179,0    0        6    0.000081000  521    U   N [kworker/u8:0] 1
179,0    0        0    0.000121000    0    m   N cfq workload
    slice:6
179,0    0        0    0.000132666    0    m   N cfq519A
    set_active wl_class:0 wl_type:0
179,0    0        0    0.000141333    0    m   N cfq519A Not
    idling. st->count:1
179,0    0        0    0.000150000    0    m   N cfq519A fifo=
    (null)
179,0    0        0    0.000156000    0    m   N cfq519A
    dispatch_insert
179,0    0        0    0.000167666    0    m   N cfq519A
    dispatched a request
179,0    0        0    0.000175000    0    m   N cfq519A activate
    rq, drv=1
179,0    0        7    0.000181333   83    D   W 1138688 + 8
    [mmcqd/2]
179,0    0        8    0.735417000   83    C   W 1138688 + 8 [0]
179,0    0        0    0.739904333    0    m   N cfq519A complete
    rqnoidle 0
179,0    0        0    0.739910000    0    m   N cfq519A
```

```
   set_slice=4
179,0    0        0     0.739912000    0    m   N cfq schedule
   dispatch
CPU0 (mmcblk0):
Reads Queued:        0,        0KiB   Writes Queued:1,4KiB
Read Dispatches:     0,        0KiB   Write Dispatches:1,4KiB
Reads Requeued:      0                Writes Requeued:0
Reads Completed:     0,        0KiB   Writes Completed:1,4KiB
Read Merges:         0,        0KiB   Write Merges:0,0KiB
Read depth:          0                Write depth:1
IO unplugs:          1                Timer unplugs:0

Throughput (R/W): 0KiB/s / 5KiB/s
Events (mmcblk0): 20 entries
Skips: 0 forward (0 - 0.0%)
```

blkparse의 출력 형식은 다음과 같다.

**179,0   0   7   0.000181333   83   D   W 1138688 + 8
  [mmcqd/2]**

이는 다음과 같은 형식을 따른다.

**\<mayor,minor\> \<cpu\> \<seq_nr\> \<timestamp\> \<pid\> \<actions\> \<rwbs\>
  \<start block\> + \<nr of blocks\> \<command\>**

열은 다음에 대응한다.

- **A** 다른 장치에 I/O 재배치
- **B** I/O 중계
- **C** I/O 완료
- **D** 드라이버에 I/O 발행
- **F** 큐 요청 I/O 전위 합병
- **G** 요청 접수

- **I** 요청 큐에 I/O 삽입

- **M** 큐 요청 I/O 후위 합병

- **P** 플러그^{plug} 요청

- **Q** 큐 코드 요청에 의한 I/O 취급

- **S** 슬립^{sleep} 요청

- **T** 타임아웃으로 인한 언플러그^{unplug}

- **U** 요청 언플러그

- **X** 분리

RWBS 필드는 다음에 대응한다.

- **R** 읽기

- **W** 쓰기

- **B** 배리어^{Barrier}

- **S** 동기

중단 없는 추적의 다른 방법은 실시간 모니터링을 사용하는 것이다. 즉, 다음 과 같이 디스크에 아무것도 기록하지 않고 바로 blktrace 출력을 blkparse 로 보내는 것이다.

```
# blktrace /dev/mmcblk0 -o - | blkparse -i -
```

이것은 한 줄로도 수행할 수 있다.

```
# btrace /dev/mmcblk0
```

부연 설명

blktrace 명령은 네트워크를 통해 추적 데이터를 전송해서 다른 장치에 저 장할 수도 있다.

이를 위해 다음과 같이 타깃 시스템에서 blktrace를 시작한다.

```
# blktrace -l /dev/mmcblk0
```

그리고 다른 장치에서 다른 인스턴스를 다음과 같이 실행한다.

```
$ blktrace -d /dev/mmcblk0 -h <target_ip>
```

타깃으로 와서 추적하고 싶은 특정 작업 부하를 실행할 수 있다.

```
# dd if=/dev/urandom of=/mnt/home/root/random-10k-file bs=1k
  count=10
conv=fsync
10+0 records in
10+0 records out
10240 bytes (10 kB) copied, 0.00585167 s, 1.7 MB/s
```

종료하기 위해서 Ctrl+C를 이용해 원격 blktrace를 중단한다. 요약 내용을 타깃과 호스트 모두에 출력한다.

이제 수집한 데이터를 가공하기 위해서 blkparse를 실행할 수 있다.

찾아보기

에이콘출판의 기틀을 마련하신 故 정완재 선생님 (1935-2004)

Embedded Linux Projects Using Yocto Project Cookbook

임베디드 리눅스 전문가들의 Yocto 노하우 70가지 레시피

인 쇄 | 2016년 11월 23일
발 행 | 2016년 11월 30일

지은이 | 알렉스 곤잘레스
옮긴이 | 배창혁 · 손현수 · 조주희

펴낸이 | 권 성 준
편집장 | 황 영 주
편 집 | 나 수 지
디자인 | 이 승 미

에이콘출판주식회사
서울특별시 양천구 국회대로 287 (목동 802-7) 2층 (07967)
전화 02-2653-7600, 팩스 02-2653-0433
www.acornpub.co.kr / editor@acornpub.co.kr

한국어판 ⓒ 에이콘출판주식회사, 2016, Printed in Korea.
ISBN 978-89-6077-938-9
ISBN 978-89-6077-210-6 (세트)
http://www.acornpub.co.kr/book/embedded-linux-yocto-cookbook

이 도서의 국립중앙도서관 출판시도서목록(CIP)은 서지정보유통지원시스템 홈페이지(http://seoji.nl.go.kr)와
국가자료공동목록시스템(http://www.nl.go.kr/kolisnet)에서 이용하실 수 있습니다.(CIP제어번호: CIP2016028259)

책값은 뒤표지에 있습니다.